JN097289

「ビックリハウス」と政治関心の戦後史

サブカルチャー雑誌がつくった若者共同体

富永京子
TOMINAGA Kyoko

晶文社

1975年9月号、表紙、画・佐藤憲吉

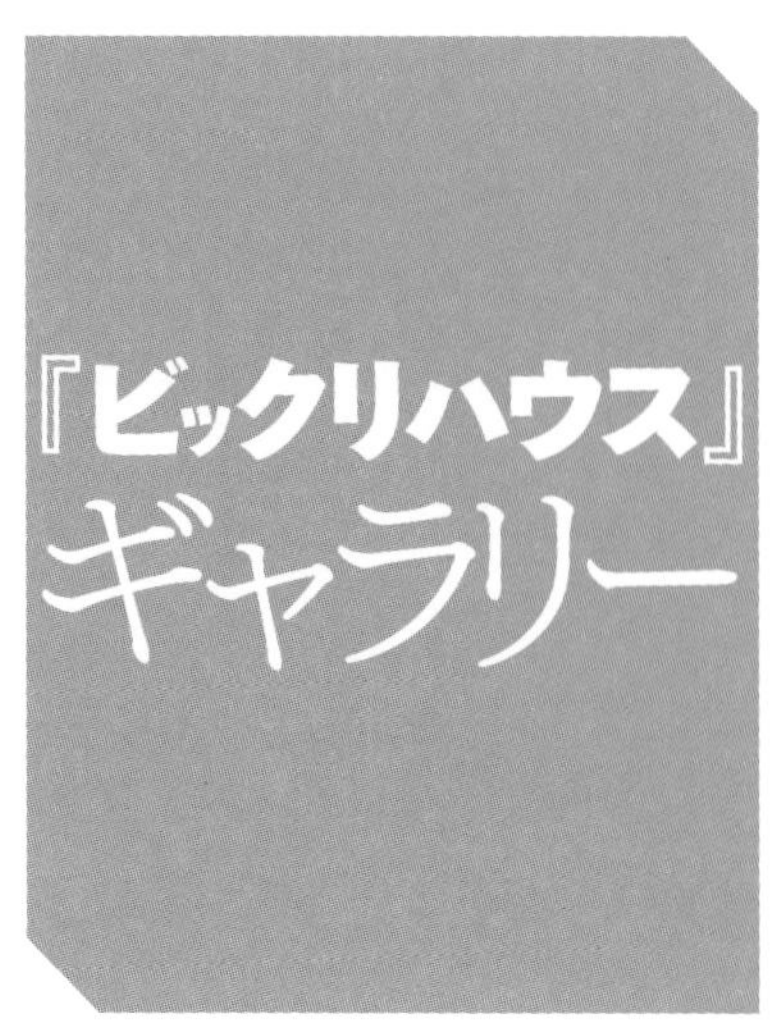

1977年8月号、表紙、画・原田治

1976年9月号、表紙、画・鴨沢祐仁

1979年3月号、表紙

1978年12月号、表紙、画・鴨沢祐仁

1981年1月号、表紙、画・楳図かずお

1980年6月号、表紙、画・秋山育

1983年5月号、表紙、モデル・高橋章子

1982年7月号、表紙、画・湯村輝彦

1985年11月号、表紙、画・鴨沢祐仁

1984年10月号、表紙、画・湯村輝彦

「最近ビックリした出来事」を投稿する人気コーナー「ビックラゲーション」／1981年3月号、40-41頁

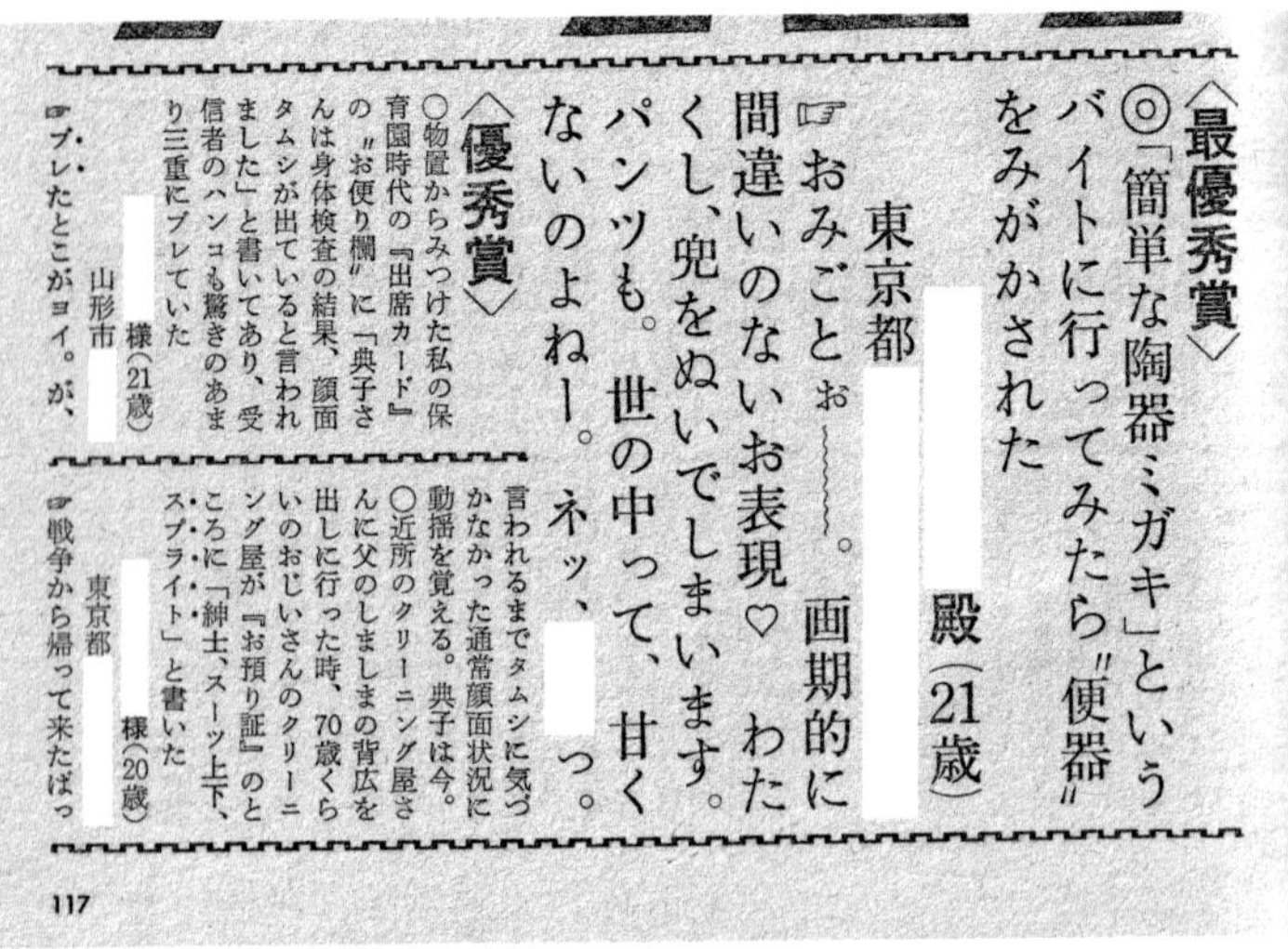

〈最優秀賞〉

◎「簡単な陶器ミ、ガキ」というバイトに行ってみたら"便器"をみがかされた

東京都　殿(21歳)

☞おみごとぉ~~~。画期的に間違いのないお表現♡ わたくし、兜をぬいでしまいます。パンツも。世の中って、甘くないのよねー。ネッ、　っ。

〈優秀賞〉

○物置からみつけた私の保育園時代の『出席カード』の"お便り欄"に「典子さんは身体検査の結果、顔面タムシが出ていると言われました」と書いてあり、受信者のハンコも驚きのあまり三重にブレていた

山形市　様(21歳)

☞ブ・レ・たとこがヨイ。が、言われるまでタムシに気づかなかった通常顔面状況に動揺を覚える。典子は今。

○近所のクリーニング屋さんに父のしましまの背広を出しに行った時、70歳くらいのおじいさんのクリーニング屋が『お預り証』のところに「紳士、スーツ上下、スプライト」と書いた

東京都　様(20歳)

☞戦争から帰って来たばっ

117

「ビックラゲーション」の〈最優秀賞〉投稿／1981年12月号、117頁

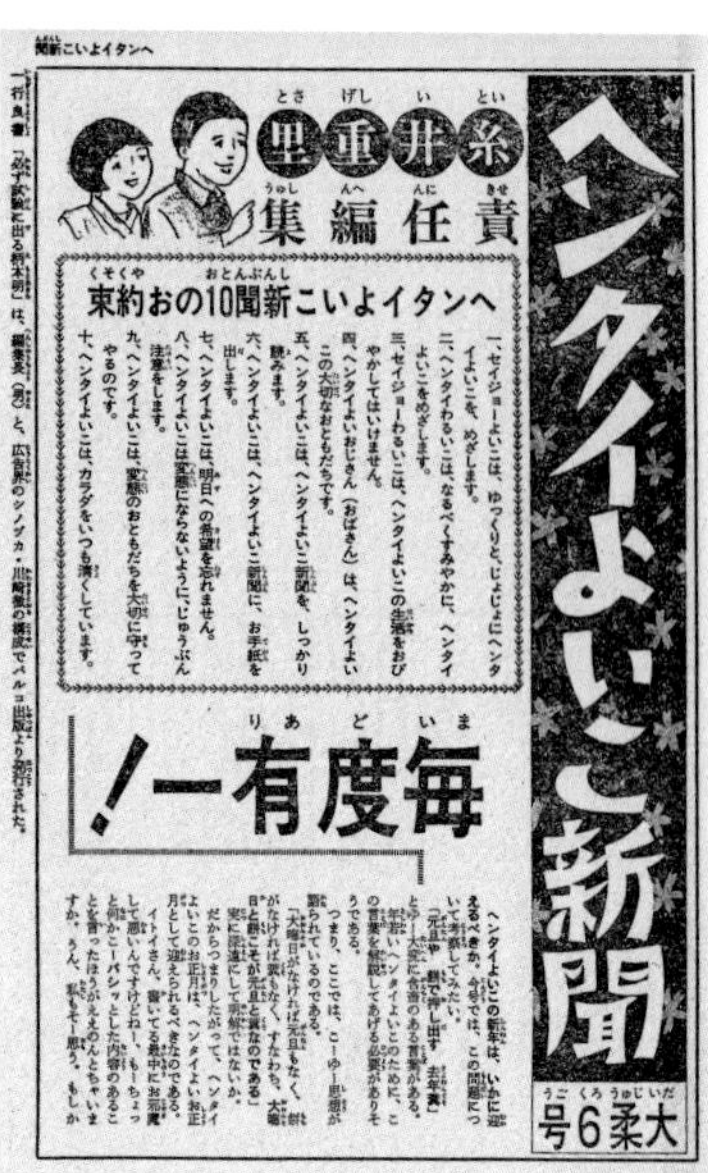

ヘンタイよいこ新聞

大柔6号

責任編集　糸井重里

ヘンタイよいこ新聞のお約束

一、セイジョーよいこは、ゆっくりと、じょじょにヘンタイよいこを、めざします。
二、ヘンタイわるいこは、なるべくすみやかに、ヘンタイよいこをめざします。
三、セイジョーわるいこは、ヘンタイよいこの生活をおびやかしてはいけません。
四、ヘンタイよいおじさん（おばさん）は、ヘンタイよいこの大切なおともだちです。
五、ヘンタイよいこは、ヘンタイよいこ新聞を、しっかり読みます。
六、ヘンタイよいこは、ヘンタイよいこ新聞に、お手紙を出します。
七、ヘンタイよいこは、明日への希望を忘れません。
八、ヘンタイよいこは変態にならないように、じゅうぶん注意をします。
九、ヘンタイよいこは、変態のおともだちを大切に守ってやるのです。
十、ヘンタイよいこは、カラダをいつも清くしています。

毎度有一！

ヘンタイよいこの新年は、いかに迎えるべきか。今号では、この問題について考察してみたい。「元旦や　餅で押し出す　去年糞」とゆー大変に含蓄のある言葉がある。年若いヘンタイよいこのために、この言葉を解説してあげる必要がありそうである。

つまり、ここでは、こーゆー思想が語られているのである。「大晦日がなければ元旦もなく、餅がなければ糞もなく、すなわち、大晦日と餅こそが元旦と糞なのである」実に深遠にして明解ではないか。

だからつまりしたがって、ヘンタイよいこのお正月は、ヘンタイよいお正月として迎えられるべきなのである。

イトイさん、書いてる最中にお糞して悪いんですけどねー、もーちょっと何かこーパシッとした内容のあることを言ったほうがええのんとちゃいますか。うん、私もそー思う。もしか

33

ヘンタイよいこ新聞

今月のヒットコーナー！

爆弾宣言

仲良し

ビンボー編

つけものぐらい

スケベ編

先の方だけ

35

ヘンタイよいこ新聞

恥ずかしい根っ子

ヘンタイよいこ新聞の永遠のテーマ

A　キモチワルイものとは何か？
B　コワイものとは何か？
C　キモチイイものとは何か？
D　オイシイものとは何か？
E　スケベなものとは何か？
F　オカシイものとは何か？
G　キタナイものとは何か？
H　カワイイものとは何か？
I　ホシイものとは何か？
J　ビンボーとは何か？

▶我が、「ヘンタイよいこ新聞の永遠のテーマ・10本柱」である。え、これは、ハッキリ言って、もっとあってもよいのだが、10本という数字がキリもいいので、この10本に決めたのである。こーゆーテーマで、各地から通信していただきたい。文体や、絵、なども日本一選手の際、おおいに考慮されるから気をつけなさい。

しかし、この10本柱以外のテーマを発見して、しかもそれに答えるとゆー作業も、エライことである。だから、それも、どんどんしなさい。

先生！

ヘンタイよい学校

カッコイイ編

キモチワルイ編

34

糸井重里が責任編集を務めた「ヘンタイよいこ新聞」（1980年10月号〜82年7月号）。人気を博し、書籍化もした／1982年1月号、33-35頁

これがBHハウサーの実態だ！

私、ごく普通サイズで、テニスなどたしなむ女の子。4人家族で、ビデオがないからビンボーな方かなあ。でも、ブランド物は持ってるわよ私。ラコステなんかね。スヌーピーも好き。タモリさんが大好きでBHにも登場してほしいな。支持政党はナシ。今年は通り魔が続出してビックリしちゃった。つき合ってる彼も、もちろんBHハウサー。でも漫画も好きみたい。そんなに背が高くないし、ちょっとやせぎみだけど、学校の先生のものまねなんかやっちゃうの。つきあってる人がいるコでセックスまでススんでるコは少なくないけど私達は野球観戦したり、ネ。一緒にアメリカ行けたらナ〜。将来は彼のお嫁さんになりたいの。そんなわけでまあまあ生活をエンジョイしてまーす!!

72

1981年度版

BHレポート集計結果発表

応募総数1784（男625、女1159）通！ BHハウサーの実像と、'81年総括が、手にとるようにわかってしまう〝Bレポ'81年度版〟集計結果。キミは何%かナ？

先に募集しました「ビックリハウスレポート'81年度版」に、今年もたくさんの御回答を、ありがとうございました。昨年を大きく上回る応募総数1784通に、うれしい悲鳴をあげながら、無事集計が終りました。

この「ビックリハウスレポート」通称Bレポは、編集部が提起した、36項目のアンケートに、読者諸君が自由に回答するというユニークなもので、今回は、アンケート内容を10月号に掲載、9月30日までに寄せられた回答を集計しました。残念ながら回答を見逃してしまった諸君、ガッカリしないで結果だけを楽しもう。また、来年も実施すっから、来年こそは回答しよう。

女子が急増！ 女のコはアンケートがお好き!? 平均年齢は変わらず

今年の大きな特徴として、女子の回答数が男子を大きく上まわったことがあげられます。昨年が、ほぼ同数だったのに対し、今年は実に女が男の約2倍！ しかもその回答内容は、ほとんどの人が事細かに回答してあって、アンケート好きな女のコ像が浮かびあがりました。

また、平均年齢は、男女共に昨年と大差なく、18〜19歳。ちなみに、最年少は男女共11歳、最年長は、男40歳、女35歳（いずれも各1名ずつ）という結果でした。これは、毎月寄せられるBHとじ込みアンケート・カードの集計結果ともほぼ同じで、後で述べる職業の集計と合わせて考えると、平均的BHハウサーは、高校3年生もしくは浪人、大学1年生ということがわかります。勉強してっか!?

今年も圧倒的に多かった〝学生〟さん。他は全くバラエティーに富んでいました

職業別では、今年も〝学生〟が非常に多く、全体の7割（昨年より1割増）を占め、次いで会社員／浪人／無職／公務員／教員……という順番。他には、コピーライター、トリマー、ヘアデザイナー、フリーカメラマン、科学者、金網職人、歯科医、ホステス、和服仕立、ホテルマン、歌手、研究助手、保夫、自衛官などなど、全部御紹介できないのが残念なほどバラエティーに富んでおりました。

おおBHハウサー、あなたのおうちは、どこお〜♪

また、地域別では今年も関東が全体の5割を占め、次いで近畿、東海、九州、東北、北海道、中国・四国、北陸・信越という順番で、沖縄はゼロ。来年に期待したいぜ沖縄ハウサー。都道府県別では今年も東京都がトップでした。

'81年は〝参加にめざめたBHハウサー。〟'82年は〝参加にヒタる〟か!?

アンケート内容は昨年と若干ちがいがありますが、「今年、何回BHに載りましたか？」「1ヶ月間に、BHに出す作品の数は？」という質問は昨年と同じ。結果は、〝0回（作）〟が、いずれも男女共に減少。良ーい傾向だネ！ これからもブリブリ参加しよう。これは、昨年「今年、最も重大だったニュースは？（BH篇）」の第7位にランクされていた、〝（自分の）名前が載らないこと〟が今年は圏外に去っていることからも、'81年は参加に目ざめたBHハウサー像が浮かびます。来年はどうなるか!?

さあ！それでは、以下、グラフや各界のコメントなどを交えながら集計結果の御報告をいたしますです。

BIKKURIHOUSE REPORT 1981

73

「ビックリハウスレポート」1981年度版。1980年以降12月号に、性別・年齢・職業から愛読誌、「お父さんの好きな芸能人」のような項目までたずねた「ビックリハウスレポート」が掲載された。読者のイメージイラスト（右）が興味深い／1981年12月号、72-73頁

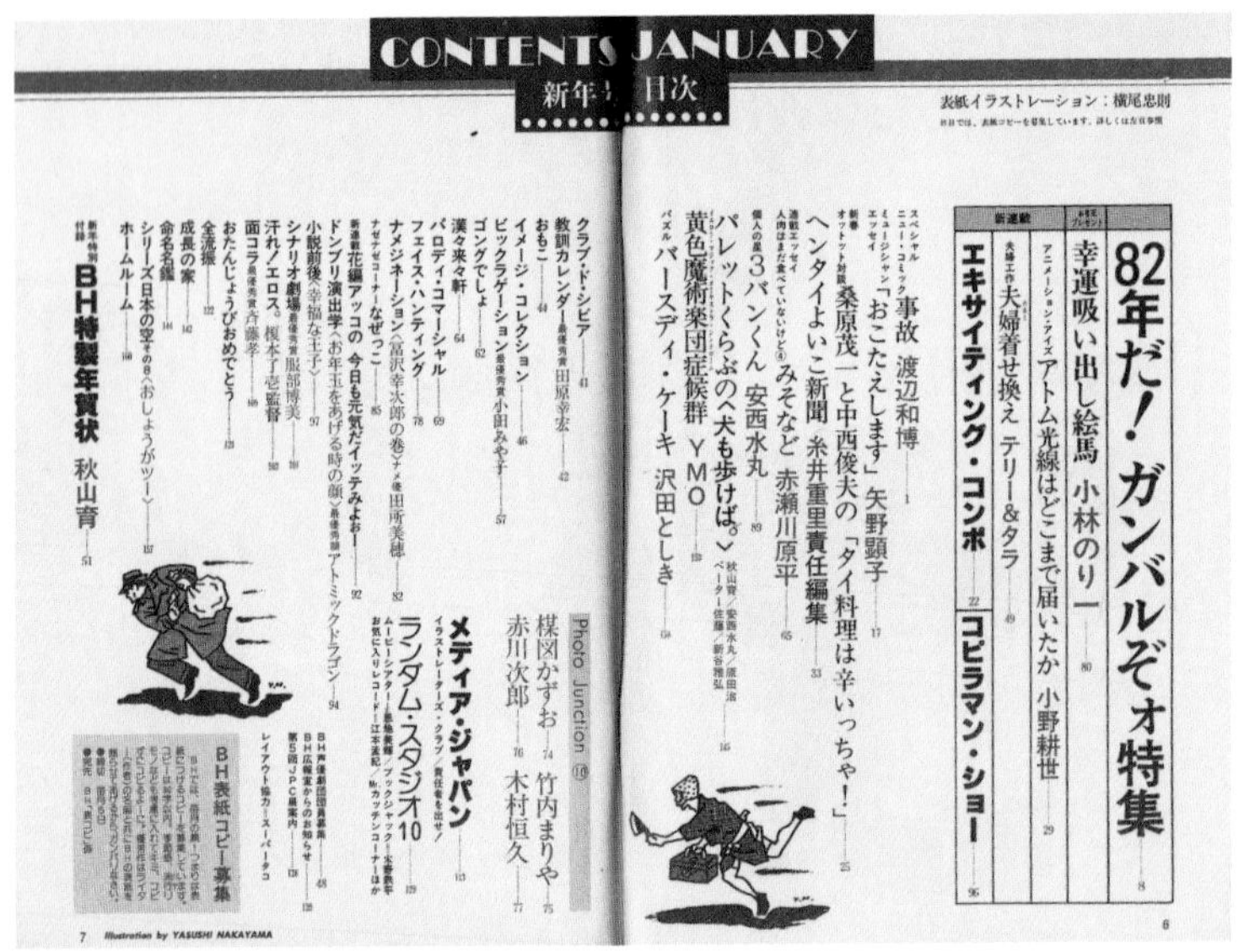

CONTENTS JANUARY

新年号目次

表紙イラストレーション：横尾忠則

BH表紙コピー募集

7 Illustration by YASUSHI NAKAYAMA

6

目次／1982年1月号、6-7頁

花編アッコのスペシャル・インタヴュー(2) 撮影＝百瀬恒彦

つまんないことでヤなこと言ってる人の顔って、大体ロクな顔してないね。

糸井重里の巻

糸井クン、コピーライター・糸井重里の大ヒットってナーニ？って聞いたら「うーん、ないねえ……」なんてことを言う。イラストレーター・湯村輝彦さんたちとコンビを組んで手がけたさまざまな仕事を始め、並みいる名コピー群。漫画原作をやり、エッセイを書き、脚本家でも絵本作家でも歌手でも、沢田研二『トキオッ』などの作詞家でもあり、そして――あの話題を呼んだ矢沢永吉『成りあがり』（小学館）の取材構成＆CMコピー《よろしく》も糸井クンの手に成るもの。……糸井クン、こーいうの「うーん、ないねえ」って言うの？　男、31歳。妻1名、愛犬1匹。息する言葉をクールにあやつる若手コピーライターの奇才に、原宿のまん中で会いました。

原宿の不良だった、なんてウソだよ

糸

章子　聞いたところによると、糸井クンは、〝原宿の不良〟として風の様に生きていたけど、ある日突然「頑張ろう！」とか思ってさ、コピーライターになるべく、お勉強を始めたんだって？

重里　ウソだよ。大学をやめちゃって、することがなくって、でぇー、とにかく普通に就職できないからさ、帽子のデザイナーとか願書をいっぱい取り寄せたわけよ。で、一番ラクそうなのがコピーライターだったから、久保田宣伝研究所、今は

65

「花編」こと高橋章子編集長による糸井重里へのインタビュー／ 1980年3月号、65頁

YMOの坂本龍一と高橋幸宏(当時・ユキヒロ)は誌面の常連／1980年2月号、154-155頁

ライブ篇

空飛ぶ教室

ものだから、うれしい」
㊍「持つとか、所有するっていうのは、自分とは関係のないものでないと持てないですね。自分と本当に一体化してしまったら、それは持ったことにならないです。人の袋もそうだし、自分の体の外にあるものしか〝持った〟という感じにならないです。それが、この質問の彼女はいやなんだろうと思う。形って非常に重要なんですね。体が形なんですね、こう。体の外と中を区別する。で、外のものを欲するんですね。で、内部は無視するようにされてきたけど、最近は目が内部にむいてるわけでしょ。人の袋は外のもので、自分も袋が(内部に)いるんだよね。多分ね。それなのに、外の袋が見えてしまうことで、(自分が)黙っている、怒っているというとオーバーだけど」
博士「人の袋だ、と意識されたとたんに、その人が他者として見えてくるわけですね」
㊍「そうですね。(持ちたいだけでなく)見ることや見えることもそうです」
博士「ただ人がいたりしている、ただガヤガヤしている雑音と、ただガヤガヤしている雑音のようなものだと、それが人の袋は、そのガヤガヤに〝他人が所有している〟というガクブチがついているおかげで見えてしまっていると」
㊍「意識するとしないにかかわらず、自分の目がいくものがあるんだよね。あれどうしてなんだろうなあと、彼女が気がついているところが面白いですね。どうしてボクが気がついたかというと、この質問票、(最初に出してもらった時じゃなくて)後からもってきたんですよね? 写真とられちゃって可哀そうでしたね」
博士「『フォーカス』に出ます」

(爆笑)

㊍「しかし、自分の袋が横にいてさ、人の袋にしか興味もてません、あたし、なんていって。われわれはそれに利用されちゃったね。全員で。

これはどうですか?『ネコとイヌとウサギではどれが好きですか?』と」

博士「うーん、あそびとしての心理テストでね、どの動物が好きかで性格判断しますというのあるでしょ」

㊍「知らない」

博士「あるんですよ。いちばん好きな動物、その理由を言いなさい。にばんめ、その理由。と、さんばんまであって。えー、いちばんめに好きな動物ってゆーのが、自分の思っている自分を指示していると、そのゲームの答えにはあるんですよね。にばんめが、他人からみた自分。さんばんめが、こうなりたいと思う自分と。で、やってみると、ね、半信半疑でもやってみると結構面白いんだけど。僕はいちばんがイヌだったんです。なんでというと可愛いから(笑)。で、にばんめっていうのが、オランウータン(笑)。あいつも結構しっかりしているんだ。で、さんばんめがペンギンで、えー要するにドーモーでムクであるからと、これが願望であると。自分でやってみたら〝ボーッ〟と思って、で、(忌野)清志郎クンにやったんですよ。これは面白いね。清志郎はなんといったかというと、いちばんは、オーム。(じわじわ笑い声)にばんがね、ヤモリ(笑)。で、さんばんめは忘れちゃったなぁ。で、清志郎クンがいまいちば

67 Photo by YOICHI IWASE

66

糸井重里と栗本慎一郎の連載「空飛ぶ教室」ライブ版が慶應義塾大学の三田祭で行われた／1983年2月号、66-67頁

橋本　重荷がなくなったというか。個人的なこととも関係するんだけど、もう若いヤツの面倒みなくてもいいや、ということがあるわけ。それで、ビックリハウスが終りということを聞いて、若者文化とももう関係なくていいんだ、と思ったわけ。ここ何年か、ビックリハウスは教育的だったじゃない？　高橋章子編集長は母親のようだったしさ。つまり、冗談の雑誌が教育的であることはなんかおかしいんじゃない、というね。若い子が元気ないから元気になろうよ、という教育をやってたような気がしてさ、ぼくには、もう若い子にそんなことはしなくていいんだという気があってさ。

高橋　もう、元気のないままでよい、と……。

橋本　若いヤツなんかいなくてもいい。オレなんか、妻も子もないのに、なんでこう教育的に生きてきたんだろうと思って、そういう個人的なこととビックリハウスがなくなって、若者文化がなくていいということになれば、明日からオレはおおっぴらに独身貴族でさ……。

糸井　家庭を捨てる必要もない、蒸発もしなくてよい。（笑）

高橋　ビックリハウスは教育的だというところで糸井さんがうなずいていらしたけれど……。

糸井　え〜……。

橋本　だって、「ヘンタイよいこ新聞」は完全に教育的なものでしょう。（ビックリハウスには）このままじゃあんまりだからなんとかしないと、っていうのはあったよね。

糸井　だから、（「ヘンよい新聞」は）やめざるを得なかったんだよね。あのままいっちゃったらホントに〝教育〟になっちゃうから。

橋本　「エンピツ賞」に審査員が導入されたんだって基本的には同じようなことじゃないかと思うんだ。もうちょっと指針になるようなものがあった方がいいんじゃないか、という……。

高橋　「エンピツ賞」の審査にお呼びしたというのは、あれは、編集部ばかりで選んでいたから、そろそろ著名な方にも見てもらいたいんじゃないかしら、読者がね。そういう、単純なノリだったんですけどね。

左から橋本治、萩原朔美、浅田彰、糸井重里、高橋章子編集長
／1985年11月号、終刊号特別座談会、14頁

おめでとう

大滝詠一様より
100号ヲ祝シ、深夜、久々「ビックリハウス音頭」ヲ聴キ、我落涙ス。翌朝、天気晴朗也、我枕ヲ干セリ。

山口小夜子様より
わたくしも、とても大好きな本です。100号おめでとうございます。

桑原茂一様より
つづけることです。10年ぐらいつづければ、きっとごほおびがもらえると思います。と、ジョン・レノンの奥さんも言ってますから。

川崎徹様より
キチガイの雑誌になれ！

筑紫哲也様より
雑誌は安定期に入ると、とかくつまらなくなるので、初心を忘れずにがんばって、ますますいろいろな冒険をしてください。

長友啓典様より
もう100号ですか？ 雑誌の氾濫している中で、よーがんばってはるなーと感心しとります。いつまでも、えーかげんさを大切に、楽しんで本を作ってはる気持ち、わすれんといてください。

和田アキ子様より
おめでとうございます。非常にユニークな雑誌なので楽しみにしています。わたしも新曲「恋はこりごり」(⅒発売)で、がんばります！

忌野清志郎様より
RCの特集をどんどん組んで、どんどん売って

道下匡子様より
ビックリハウスは初めて私にものを書く場を与えてくれた勇敢な雑誌です。ありがとうございました。これからも戦争が嫌いで愛(セックス)が好きという軽薄人間をますます大量に生産しつづけてください！

大顔少年つかたんくろう様より
創刊は丁度、僕が20歳の時。で、ニッポン放送に入社してからはズーッと、「ラジオが忘れかけていたものがここにあるな」という感じをし続けているのです。大顔章子お姉様、いつまでも少女のようでいてください。ビックリハウスバンザ〜イ！

篠原勝之様より
雑誌が目まぐるしく発生しては消滅する今ドキ、100号とはお目出たい。今後もよい子達の屁のような努力にオモネりながら、千代に八千代に続く亡国マガジンになるのも面白い。が、たとえ101号で亡びたとしても、それはそれでお目出たい。

黒田征太郎様より
おめでとうございます。

第100号に寄せられた祝辞。大瀧詠一、和田アキ子、山口小夜子、忌野清志郎、黒田征太郎の名前が見られ、前後の頁では青島幸男、伊武雅刀、松任谷由実、村上春樹、浅葉克己、沢田研二、安野光雅、矢野顕子、所ジョージ、郷ひろみ、アントニオ猪木、田中康夫、坂本龍一、椎名誠、吉行淳之介、タモリ、寺山修司らがコメントを寄せている／ 1983年5月号、12-13頁上部

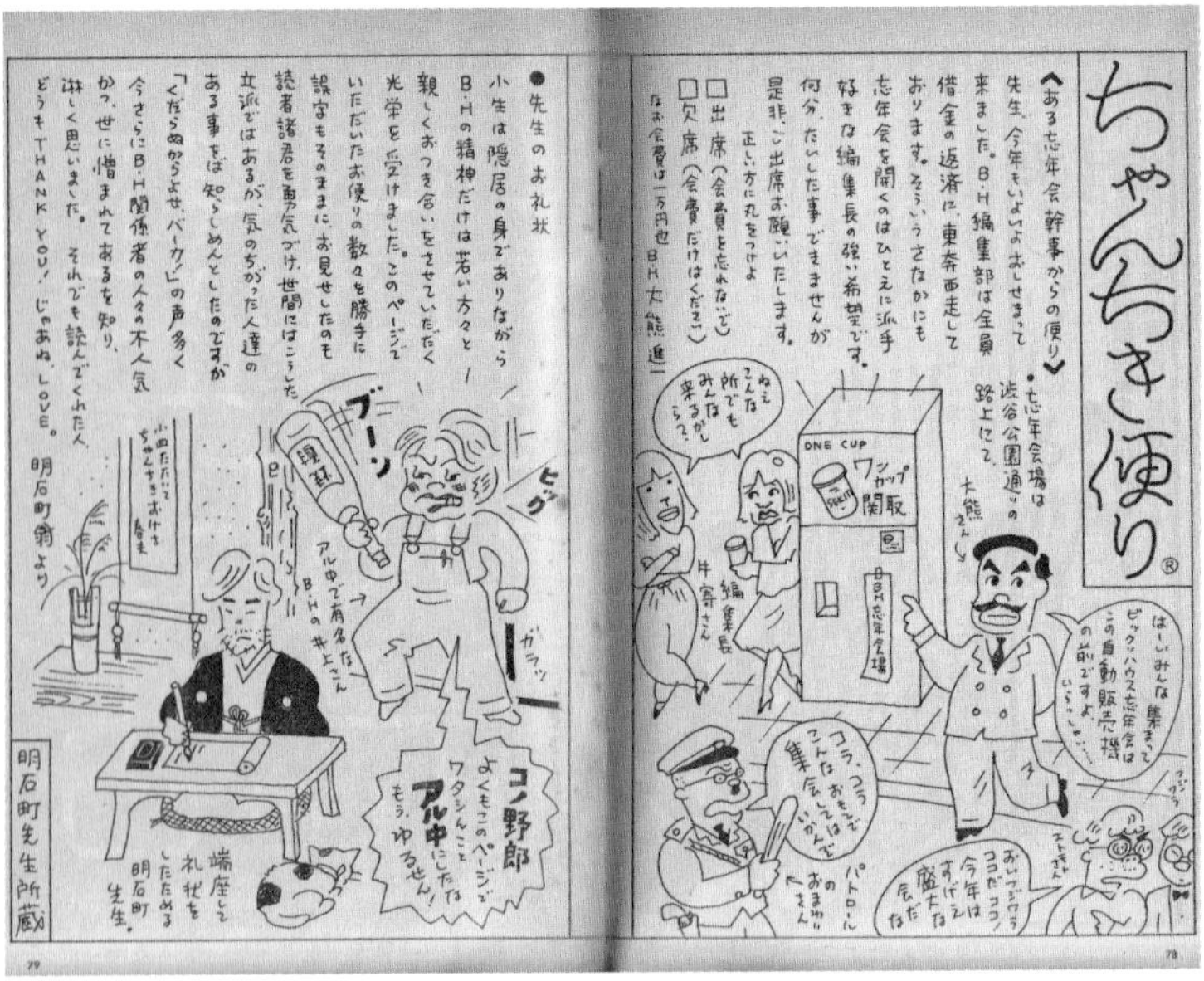

ちゃんちき便り®

〈ある忘年会幹事からの便り〉
先生、今年もいよいよおしせまって来ました。B・H編集部は全員借金の返済に、東奔西走しております。そういうさなかにも忘年会を開くのはひとえに派手好きな編集長の強い希望です。何分、たいした事できませんが是非、ご出席お願いいたします。
正しい方に丸をつけよ
□出席（会費を忘れないで）
□欠席（会費だけはください）
なお会費は一万円也 BH 大熊進一

●先生のお礼状
小生は隠居の身でありながらB・Hの精神だけは若い方々と親しくおつき合いをさせていただく光栄を受けました。このページでいただいたお便りの数々を勝手に誤字もそのままにお見せしたのも読者諸君を勇気づけ世間にはこうした立派ではあるが、気のちがった人達のある事をば知らしめんとしたのですが「くだらぬからよせ、バーカ」の声多く今さらにB・H関係者の人々の不人気かつ、世に憎まれてあるを知り、淋しく思いました。それでも読んでくれた人どうもTHANK YOU! じゃあね。LOVE。
明石町翁より

イラストレーターの原田治（明石町先生）によるビックリハウス編集部の面々
／ 1978年12月号、78-79頁

「ビックリハウス」と政治関心の戦後史——サブカルチャー雑誌がつくった若者共同体◉**目次**

第2部　戦後社会の価値変容――戦争体験、ジェンダー、ロックの視点から

第3部　みんなの正しさという古い建前、個人の本音という新しい正義

はじめに

「日本人はなぜ社会運動が嫌いなのか」「若者はなぜ政治への関与を避けるのか」といった形で、政治参加や社会運動、とりわけ若者のそれについては、日本ではネガティブな文脈で語られることがよくある。

しかし、若者であれ日本人であれ、彼らは本当に政治に「無関心」で「参加しない」のだろうか。仮に若者が政治に無関心で、日本人が社会運動に関与することを避けるのだとしたら、いつから彼らは無関心で非関与的だったのだろう。

このような話になると必ず出てくるのが、一九六〇年代以降の「高度経済成長」や「学生運動」というキーワードである。具体的には、高度経済成長以降の豊かな社会に満足した日本人は政治に参加しなくなった、六〇年代に生じた学生運動の過激化とその帰結は、日本人の社会運動への失望を招いたというものだ。

しかし、話はそれほど簡単だろうか。

高度経済成長に限らず豊かな社会において私生活が充実したことで、日本人の政治への関心が低下し、社会運動への参加意欲がなくなったという話はよく聞かれるが、この命題は検討の余地があるだろう。私たちが豊かな生活を送り、私生活を充実させれば、直ちに公的な事柄に関心をもたなくなるわけではない。豊かな私生活を楽しみながら公的な事柄に関心をもち、政治に参加することも十分可能だからだ。

過激化する学生運動や全共闘運動への失望が、そのまま社会運動や政治参加への関心を失わせるというのも不思議な話だ。政治や社会に対して人々が興味をもち、関与しようとする方法は、何もデモや座り込みだけではない。若者が社会運動をすることへの忌避が今なおあったとしても、五〇年以上も前の学生運動がそのまま原因になっているとは考えづらい。

経済的に充足したことでの私生活への満足と過激化し失敗した社会運動への失望が、七〇、八〇年代、さらにはそれ以降と、単純に世代を超えて引き継がれたというのも、どうにも考えづらい。しかし、この仮説が未だに多くの人に支持されているのは、我々の私生活を規定する「消費社会」が政治と無関係であるように見える実態と、「社会運動」に対する嫌悪、忌避、さらには揶揄（やゆ）の眼差しが、現代社会にも依然として存在する点にあるだろう。

――消費社会が発展したことで、私生活が充実した日本人は公的な政治に関与しなくなった。
――学生運動の過激化と失敗の影響で、日本人は社会運動そのものを忌避するのみならず、そうした試みを揶揄・冷笑するようになってしまった。

本研究は、日本社会でよく語られるこのような主張に対し、政治参加や社会運動への忌避を最も代表すると言われる時代であり世代——七〇—八〇年代における、いわゆる「しらけ」世代が中心に享受した若者文化であるサブカルチャー雑誌（サブカル誌）を対象に、政治参加と社会運動への忌避、揶揄、冷笑がなぜ生じてしまったのかを明らかにする。

結論を先取りすると、日本社会に生きる人々は、政治参加や社会運動そのものの価値を否定したいわけでも、公正や平等といった価値を認めないわけでもない。それは本書で主な対象とする「しらけ世代」の若者たちも同様だった。

彼らは、強い意志や意図をもって「しらけ」たのでもなければ、政治に無関心になろうとしてなったわけでもない。ただ、過去に対して新しくありたいという気概や熱意、それまで自分たちを縛っていた因習的な価値・規範への疑念と対抗が、若者共同体の参加メカニズムと組み合わさることで「政治に無関心な若者文化」として結晶化してしまったのだ。本書は、七〇—八〇年代の若者文化史を手掛かりに、現代史の「意図せざる結果」として、日本人の政治に対する忌避・揶揄・冷笑に至る歴史的経緯を紐解く試みである。

凡例

＊引用文中［　］内の補足は引用者のものである。
＊引用文中にルビは必要と思われる箇所は［　］でルビを示した。
＊単行本、雑誌、新聞名は『　』、記事や論稿の題は「　」表記を用いた。
＊刊行物の表記は巻数表記ではなく発行年月日に基づく表記に統一した。
＊引用にあたっては、現代において不適切な表現もそのまま記している。資料としての正確性を期すためであり、他意のないことをご了承いただきたい。
＊投稿者の住所・氏名などは省略した。ただし、年齢と性別は「一八歳・男性」のような形式で記した。

第1部

日本人は政治と社会運動に背を向けたのか？

――問題意識・先行研究・方法と事例

1 消費社会と私生活主義は日本人を政治から遠ざけたのか?——問題意識

本書は、戦後日本経済の安定成長期である一九七〇—八〇年代以降に発生し、現在に至るまで人文社会科学領域において影響力をもつ「消費社会の発展による私生活主義の台頭が政治参加の減退を導いた」という命題を実証的・批判的に検討するものである。

日本人が政治に参加しなくなった、公共への関心を減退させたといった主張が、論壇やマスコミを問わずなされて久しい。その端緒は高度経済成長期以降、特に消費社会が台頭した七〇—八〇年代にあるとされる。

大衆社会論と消費社会論の先行研究は、消費社会の興隆が私生活主義や生活保守主義を導き、結果として政治や公共への関心を低減させた時代として七〇—八〇年代を位置づける。しかし、当該時期における社会意識・政治参加の量的調査を検討すると、一方でデモやストライキなどの抗議イベントが盛り上がった時期もあり、署名や集会参加に関しては継続的に参加率が上昇しているなど、「政治参加の減退」という主張は必ずしも全面的に支持されない。事実、七〇―八〇年代には私生活の延長線上に公的生活を位置づける形で、旧来の社会運動や政治参加とは異なる、生活協同組合・生活クラブのような財の消費を通じた活動といった政治的・社会的コミットメントを集合的に行う動きも見られた。

消費社会において私生活を通じた共同体による政治的・社会的コミットメントは、確かに七〇―八〇年代に存在した。しかし、それにもかかわらず、「消費社会化にもとづく私生活主義の興隆による政治参加の衰退」という言説は、生協やエコロジー運動といった政治的・社会的コミットメントの存在を見過ごした。消費を通じた政治的・社会的コミットメントはなぜ「政治参加」とみなされなかったのだろうか。本書ではこの問いを明らかにするために、七〇年代に私生活の延長線上で形成された若者共同体による政治的・社会的コミットメントの実態を明らかにする。

1-1 消費社会と私生活主義

私生活主義の台頭

現代日本における政治参加の停滞や社会・政治運動に対する忌避を説明する際に、高度経済成長期以降の社会変動を論じた「消費社会論」や「大衆社会論」はきわめて有力な議論であった。当時の消費社会論・大衆社会論の中心にあった言説こそが「高度経済成長期以降の消費社会化が私生活主義を招いた結果、日本人は共同体に対する公的な意識を欠くようになり、政治的・社会的コミットメントを失った」というものだった。本節では、この命題について詳しく検討したい。

まずは、消費社会化が人々の生活をどのように変えたのか、という点から見ていこう。

高度経済成長期以降、都市的なライフスタイルが普及し、家電製品や自動車など耐久消費財の普及により中流意識が浸透した。労働生産性・余暇時間の大幅な上昇、またコンビニエンスストアなどのチェーン型フランチャイズ店舗の進出、生活水準の向上と差異化・個別化されたライフスタイルにより「消費社会の発展」が盛んに論じられた。例えば白黒テレビが普及すれば、カラーテレビによってその機能がさらに差異化されるように、消費社会における財の消費は普遍化と差異化を伴いつつ進んだ。[1]

また、消費社会化は消費のあり方と同時に、消費の担い手の幅をも広げた。七〇年代中期以降、夫・親の給与が飛躍的に上がったため、親や家族のためでなく、自分自身の可処分所得をもつ、自由になる金銭を得た独身女性と主婦が消費の主体として台頭した点も、消費社会の発展に大きく寄与している。[2] こうした消費のありようは若者や、親と同一世帯にいる子どもにまで波及する。八〇年代以降、三〇パーセント以上の世帯で子供に商品の選択権が生じ、中学生までもが自分の耐久消費財を世帯収入によらずもつようになった点が指摘されている。[3]

こうした消費社会化が、なぜ公への関心を減退させ、公的活動よりも私生活を優先させる「私生活主義（私生活中心主義）」[4]へと結びついてしまうのか。この問題を考えるにあたっては、私生活主義に先行する六〇年代の「マイホーム主義」から議論する必要があるだろう。

　マイホーム主義とは、マイホームやマイカーといった財の私的所有によって基礎づけられた私生活中心の意識形態であり、個人が主体的に意見を言い、公権力に対峙する個人主義ではなく、私生活に埋没した形での個人主義の発現でもある[5]。私生活と私的欲望を肯定する社会潮流が背景にあるため、人々の主体性や個人主義を尊重する姿勢とも解釈できるが、実際はそうはならなかったというのがマイホーム主義批判である。マイホーム主義を内面化した人々は、自律し主体性をもつ市民ではなく、あくまで企業のマーケティングやメディアが提示する豊かな生活を追い求める受動的な存在に過ぎない[6]。このように消費を通じて私的領域に閉じこもった人々は政治に対する関心を失った、という形で、マイホーム主義批判は「政治」と「消費」を対比して捉えた。公と私を比較考量した上で、消費社会の発展に伴って私生活の比重が強くなるとする論調は、その後「私生活主義」へと引き継がれる[7][8]。

　政治で生活を変えるよりも、消費を通じて自分たちの生活を充実させようとする姿勢が社会で中心的な位置を占める傾向を指摘した「私生活主義」論は、当時の社会科学において幅広く支持されたと言えるだろう[9]。

「私生活主義」を指摘する論者らにおいてしばしば引用されるデータに、統計数理研究所の国民性調査がある。同調査は、五〇年代から七五年にかけて選挙への関心や「清く正しく生きる」志向が低下し、「趣味に合った暮らし方」「のんきに暮らす」志向の上昇による、七〇年代以降の「社会奉仕型」人間の減少と「私生活型」人間の増加と、国の繁栄より個人の自由を重視する時代への移行を示す[10]。

しかし、なぜ当時の論において「消費社会」と「政治参加」、「私」と「公」が対比関係にあったのだろうか。消費社会を享受し、私生活を充実させた上で政治にも活発に参加し、公的生活にコミットするという選択肢もありえたはずだが、なぜ当時の論者たちは「私」と「公」を相反するものとして捉えざるを得なかったのか。大嶽秀夫は、そもそもこの対比構造がなぜ生じるのかを、参加民主主義と代議制民主主義との対比から議論している[11]。

政治参加が良いものだという規範自体は実は近代以降のものだと指摘する大嶽は、すべての人が平等に・自発的に政治参加することの積極的価値を説く「参加民主主義」と、アクティブな政治参加者は少数者であり、為政者は多数の声なき声を代表するという前提に立つ「代表制民主主義」を対比的にとらえる。私生活主義は代表制民主主義と相性がいい。なぜなら私生活を享受する人々は、公的参加をコストとみなすため、自ら政治に参加するより代議士たちに政治を委託するほうが望ましいと考えるからだ。そのため、人々に自発的な政治参加を要請する参加民主主義と私生活主義は相対するイデオロギーになる。参加民主主義自体が「参加それ自体が価値あるもの」という一種の規範を提示する立場に立っているため[12]、政治参加を他者に委ねる私的生活に対する蔑視をもつことになるというのが、大嶽の指摘である。(13)「私生活主義」論は、七〇年代末から「生活保守主義」論として論壇で見られるようになる。

消費社会の積極的な位置づけ

八〇年代以降、「私」と「公」が相反するという前提そのものを問い直し、消費社会における公共への参加を論じた議論が登場する。均質な消費に基づく高度経済成長社会から、多様な商品を手に入れることのできる消費社会は、地縁や血縁といった旧来の社会関係から解放された個人が、趣味や嗜好を通じてそれまでとはまた異なる社会関係に入り込むことで孤立感を解消する時代でもあった。(14)こうした消費社会における人々の変容を肯定的に捉え、七〇年代前後までは政治的位置づけが難しかった層に対してオルタナティブな政治的位置づけを与える論が台頭した。(15)代表的な論者として、山崎正和の「柔らかい個人主義」論、村上泰亮（やすすけ）の「新中間大衆」論の受容と批判を見てみよう。

山崎正和による『柔らかい個人主義の誕生』は、消費社会の成熟により人々の消費が差異化したことのポジティブな面に着目する。消費社会は、それまで農民や労働者、経営者といった集団ごとに紐づけられ「バランス」の中で認識されていた生活水準を、属性や職業集団によらず、社会全体で共有された単一の生活水準の「レベル」の上下に自らを位置づけて認識することを促すようになる。(16)このような社会の変化が進むと、生活水準の際限ない比較のもとに人々が置かれ、顔の見えない人間への無限のルサンチマンといった負の感情に苛まれるようになる。[17]そのため、このような際限なき欲望やルサンチマンを抑える必要がある。

山崎はその可能性を「社交」に見る。際限なく発展・差異化する消費社会の中で、自分たちの欲望がわからなくなった人々は、同様の嗜好をもつ人々との社交を通じて、自分は何を欲望するのか、という自己探求を行うことが可能になる。それにより、単一的な消費による「誰でもよいひと」から離れ差異化された消費による個性をもった「誰かであるひと」同士による、欧米型の硬い個人主義とは異なる、日本型の「柔らかい個人主義」の可能性を模索する。[18]この「社交による共同体」となりうる例として、山崎はカルチャーセンターや文芸雑誌を挙げている。[19]

宗教学者である島薗進は、同時期に広く読まれたアメリカの個人主義論であるベラー『心の習慣』の延長線上に「柔らかい個人主義」論を位置づける。島薗は、山崎の「柔らかい個人主義」を、当時のアメリカの個人主義における個人の内面の感性や好みの表出に価値を置く「表現的個人主義」の日本版だと捉えた。[20]天野正子は、アメリカの表現的個人主義が陥った、私的利益・関心への没頭、人間関係の手段化、政治や公共的なものへの無関心という病（やまい）が「柔らかい個人主義」の中にも内在するのではないかと解釈した。[21]事実山崎も、「社交」が内輪化し、政治や公共性への関心の欠如を招きうる可能性については対談の中で言及している。[22]

第二に、八〇年代に見られた村上泰亮の「新中間大衆」論[23]とその批判的受容を見てみたい。

高度大衆消費社会とホワイトカラーの増加のもとで、実質的には横断的な階層化がなされておらず内部に多様性をはらみながらも自身の「暮らし向き」において「中流」意識をもつ人々（新中間大衆）が多数を占めるようになったというのが村上の議論である。エリートとの関係における「大衆」という位置づけではなく、上流ではないが明日のパンに欠くわけではないという消費に基づく自己規定として生じた社会的な層[24]の誕生を提起した論ではあるが、一方で村上の論は、コミュニティ形成や自治といった要素を排し、私生活を「孤立した消費と趣味の世界」に転換するという政治的役割をも担ってしまっていた[25]。

村上の「新中間大衆」論は、それだけを見ると「私生活主義への埋没」がより広範な層に見られるようになっただけではないか、とも考えられるが、この村上の議論をより公共的な次元に押し広げたものとして、満薗勇[26]は高畠通敏による議論に着目する。この高畠の論は、「新中間大衆」の前身である「新中間層」をめぐって、一九七七年に朝日新聞紙上で行われた論争に反映された。見田宗介を司会とした、岸本重陳・富永健一・高畠通敏・村上泰亮による議論が数回にわたって組まれている。この中で高畠は、消費社会が「マイホーム主義」的な楽しみに終始するのみならず、消費者運動や生協運動といった実践を通じ、地域社会での社会的生活の充実へと価値を移し替える可能性を提起する。さらに、高畠の論の新しさはその「担い手」に着目した点にある。高畠は新たに台頭した新中間層として主婦や青年を挙げ、こうしたアクターこそが組織利害に巻き込まれ生産至上主義におかされた中年男性視点の新中間層論に欠けているのではないか、と主張した[27]。つまり、これまでの新中間層論の中心であったホワイトカラー層に加え、消費社会論の新たな担い手として台頭した「女性」「青年」といった存在が、実は消費社会を通じた政治的・社会的コミットメントの主要な担い手として挙げられるのではないか、と高畠は指摘したと言える。

「新中間大衆」はどのような形で政治参加の担い手となったのか。七〇年代において、「新中間大衆」であった無党派層は、影響は小さいながらも環境政策や社会保障政策を提起した自民党を支持する層となる。中北弘爾は、こうした新中間層の心情には、豊かな社会を生きる自らに対する保身性と、六〇―七〇年代の社会運動や革新自治体の様々な試みを通じて見られた産業化への批判性の両者が兼ね備えられていたと指摘する[28]。消費社会が生み出した私生活主義に生きる「新中間大衆」は、新自由クラブ躍進の契機をつくり、八〇年代の自民党による行政改革を支持し、保守復調に貢献し政治の担い手となっていった[29][30]。

ここまでをまとめると、六〇―七〇年代において「公」と「私」を相反する概念として論じた「私生活主義」論と、七〇―八〇年代における「新中間大衆」論が導き出した歴史的帰結を踏まえるならば、六〇―七〇年代の戦後日本社会は高度経済成長による労働の細分化や企業社会化の結果、私生活主義／マイホーム主義による公的参加からの退出を招いた。七〇―八〇年代の消費社会の高度化によって、その傾向は一層顕著となり、「新中間大衆」は政治に対して無関心であるか、あるいはその生活の保守性と産業化への批判性により新自由クラブの躍進や行政改革支持の主体となっていった、ということになる。

しかし、山崎正和[31]や天野正子[32]、高畠通敏や満薗勇が示した「消費社会と私生活」の関係は、政党支持や地域コミュニティへの関与といった、六〇―七〇年代型の「参加民主主義」の枠組みにとどまらない、もっと多様な公的生活への関与の可能性をもっていたのではないか。高畠の提示した生協運動や消費者運動の担い手にせよ、天野正子の研究した生活クラブの人々にせよ、決して社会の大多数というわけではないものの、財の消費という「私生活」を通じて公的生活にコミットしており、市議・区議の輩出を通じて制度内政治にも影響を及ぼしている[33]。このような営みは、山崎が論じたような消費社会を通じた「社交」の一形態でもあり、かつそれが政治や公共的なものへの関心に向かった理想的な事例だろう。このような消費社会を前提とした政治運動は、社会運動論では「新しい社会運動」と呼ばれ、フェミニズム運動、青年運動や反公害・環境保護やエスニシティに関する市民運動などを指す。ここで「古い社会運動」とされるのは労働運動・労働組合運動であり、新しい社会運動は敵手に対する批判や否定だけにとどまらず、対抗的価値観に立脚した代替的なライフスタイルや制度形成も運動と定義される[34]。このような活動は、政策形成や政党支持率に必ずしも反映されるわけではなく、市民団体や社会運動組織によって担われているものの、また労働組合のような制度的に確立した組織によって成立しているわけではない[35]。だからこそ、これまで検討したような大衆社会論や消費社会論において可視化されづらく、結果として「孤立した消費と趣味の世界」である「私生活」というフレームの中に回収されてしまったのではないか。

天野や高畠が示した、生協運動や生活クラブといった七〇—八〇年代の新しい社会運動をめぐる一連の議論を踏まえた上で私生活主義論を改めて見ると、新しい疑問が生じる。六〇—七〇年代、七〇—八〇年代における「私生活主義による公的生活からの退避」を私生活主義論などの先行研究が主張するとき、その「公的生活」とはいったいいかなる政治的・社会的コミットメントを指したのだろうか。公への関心や参加といっても、例えば投票や選挙運動といった活動もあれば地域での住民運動といったものまで様々であり、担い手もホワイトカラーの労働者から主婦、そして若者に至るまで多様である。そこで次節では、高度経済成長期を経て消費社会化が発展し、特に私生活主義が強まったと考えられる七〇—八〇年代における政治参加の動態を、各種調査を通じて明らかにする。

1-2 六〇—八〇年代における社会意識と政治参加の動態

政治参加や社会問題への関心を問う社会意識調査として、NHK「日本人の意識」(一九七三年より五年おき)、統計数理研究所「日本人の国民性」(一九五三年より五年おき)、また政治参加・投票行動に関してはJABISS調査[36]、JES(Japanese Election Survey)といった調査が参照されることが多い。中瀬剛丸は、NHK「日本人の意識」調査を踏まえ、一九七三年から二〇〇〇年代に至るまでの政治意識の変化を、「政党支持なし層（無党派層）」の増加、権利知識の低下、政治的有効性感覚の低下、「結社・闘争性」の停滞といった形でまとめているため、[37] 政治的・社会的コミットメントの減退という先行研究の指摘そのものは、間違いではないと言える。

さらに具体的に見ていくと、NHK「日本人の意識」調査は、一九七三年調査より、身の回りに問題が発生したとき、解決のために労働組合や住民運動など積極的に活動しようとするか（「活動」）、有力者や上役といった他人に依頼して解決を図ろうとするか（「依頼」）、しばらく事態を見守るか（「静観」）という三つの選択肢について、「職場の待遇」「地域の暮らし」「政治の問題」という三領域においてそれぞれ問うている。

一九七三年から一九八八年の推移を見てみると、それぞれ変動が激しいのは「職場」と「地域」である。まず「活動」については職場では三二パーセントから二二パーセント、地域では三六パーセントから二五パーセントと、それぞれ約一〇ポイント減っている。また「依頼」に関しては、職場（約二割）も地域（約四割）もほぼ横ばいである。「静観」については職場では三七パーセントから四八パーセント、地域では二三パーセントから三三パーセントと、それぞれ約一〇ポイント増えている。一方「政治の問題」については、一九七三年、一九七八年、一九八三年、一九八八年ともほぼ変わらず、「活動」約二割、「静観」約六割である。ただし、「依頼」に関しては一二パーセントから一七パーセントと微増している。[38] いずれにしても、「活動」の減少と「静観」の増加という点では、やはり政治的・社会的なコミットは減退している。

中瀬[39]は本項目を世代別に検討しており、一九七三年における「結社・闘争性」スコアが高い層の割合としては、若年層約四割、中年層約二割、高年層約一割と若年層が最も高い（現代の読者は、「若年層」の数値が最も高いことにかなり驚くかもしれない）。しかし七〇年代から八〇年代にかけて、職場での「結社・闘争」に対する意欲（「活動する」を選んだ人々）に関しては若年層が約四割→約三割、中年層が約三割→約二割と減少、高齢層が約二割→約二割と横ばいである。対して、地域での「活動」選択者は、一九七三年から一九八八年にかけては若年層約五割から約三割、中年層約四割から約三割と減少し、高齢層は約一割程度のままである[40]。

統計数理研究所の「国民性調査」でも同様の傾向がある。社会不満の表し方に関して、一九七八年において「選挙で考慮」三七パーセント、「合法的に」一五パーセント、「場合により非合法も」四パーセント、「何もしない」三八パーセントに対し、一九八八年には「選挙で考慮」四二パーセント、「合法的に」六パーセント、「場合により非合法も」三パーセント、「何もしない」四六パーセントという結果を示す。社会不満を抱いたとき、合法的に声を上げようとする人々が一〇ポイント近く低下しており、静観する人が一〇ポイント近く増えている。特に着目したい点として、二〇代だけを見てみると、「何もしない」を選択した人々が四三パーセントから六〇パーセントに増えている[41]。

ＮＨＫ「日本人の意識」調査は政治参加が政治にもたらす影響をめぐる人々の認識に関して

も調査したが、こちらも減少の一途を辿っている。「デモの影響」に関して、一九七三年に「強い・やや強い」と答える人々は四七パーセントで「弱い・やや弱い」と答える人々（四六パーセント）と拮抗していたが、一九七八年には「弱い・やや弱い」と答える人々が前者を上回り、一九八三年に「強い・やや強い」と答える人々は三二パーセントで、「やや弱い・弱い」と答えた回答者（六三パーセント）の約二分の一にまで落ち込む。[42]選挙の影響はデモほど劇的ではないにせよ、一九七三年には「強い・やや強い」と答える人々が六六パーセント、「やや弱い・弱い」と答える人々が二八パーセントだったところ、一九八三年には前者が五四パーセント、後者が四二パーセントと、選挙に有効性を感じられない人もまた増加傾向にある。[43]

これだけを見ると、政治参加への意欲は低減しており、特に若年層において顕著だが、政治参加を良いものとする姿勢自体はむしろ強まっているとするデータもある。統計数理研究所の「日本人の国民性」調査では、「政治家任せの態度」（日本の国をよくするためには、優れた政治家が出てきたら、国民が互いに議論を闘わせるよりは、その人に任せるほうが良い）に「反対」とする人々は五〇年代から七〇年代にかけて漸増し、少数派から多数派に転じている。つまり、消費社会化や私生活主義の風潮が高まっても、市民の政治参加そのものに対してはむしろ重要だとする意識が高まっているのだ。[44]また、公務員や教員のストライキ権の賛否についても、二割弱しか賛成しなかった一九五〇年と比べると一九七五—七六年には四割以上が賛成と回答しており、労働者の権利、労働運動を認める方向に意識が動いている。[45]

これらのデータを見ると、七〇―八〇年代の日本人をめぐる政治意識は、政治に対し「静観」傾向を強め、政治的有効性感覚が弱まった一方で、政治参加そのものは望ましいと考える向きが強まったと言えるだろう。

一部の政治参加率は上昇

では、このような政治意識の変化に対し、政治参加の実態を問う調査はどのような様相を見せているのだろうか。参加実態を問う調査は主に政治学者が行っており、平野浩は、一九七六年から二〇〇七年にかけての政治参加をＪＡＢＩＳＳ、ＪＥＳ（Ⅰ-Ⅳ）を組み合わせて検討した。全体の推移を見ると、非制度的政治参加のうち「デモ」と「市民運動・住民運動」以外、特に「役所・官僚・政治家との接触」「選挙運動の手伝い」は一九七六年から一九八三年にかけてむしろ参加率が上昇しており、「地元の有力者との接触」「陳情・請願」「政治や選挙に関係した会合・集会に出席」も微増するが、いずれの項目も一九八三年から一九九三年に大きく下落する。[46]

山本英弘[47]や蒲島郁夫・境家史郎[48]、荒牧央[49]の研究も同様の知見を示す。山本は戦後日本における社会運動のイベント分析を用いて、社会運動の発生件数を検討しているが、発生件数は一九六九年が最も多く一九七九年を底に下げ止まり、一九八〇年から一九八三年まで上昇を見せている。[50][51]ＮＨＫ「日本人の意識」調査を検討した荒牧[52]の結果においても、一九七八年以降「デモ参加」、「請願・抗議・陳情」、「カンパ・献金」の一年以内経験率は下がり続けているものの、一九七三年から一九八三年にかけて「集会・会合への出席」と「署名運動」の一年以内経験率は上がり続け、「集会・会合出席」は一九八三年でピーク、「署名運動」は一九八八年でピークを迎える。この背景については、一九八二年のNATOによる核ミサイル配備への反対運動、一九八七年の売上税法案への反対運動が影響したと考察されている。[53] また労働運動に関しても、争議件数は六〇年代より七〇年代のほうが高く(ピークの七四年には一万四六二件、半日以上のストライキは約五〇〇〇件)、増減を繰り返すものの一九八四年までは六〇年代より七〇―八〇年代の方が総じて争議件数が多い。[54]

一方、前節の先行研究が示したとおり、七〇年代以降は政党支持と社会的属性が結びつきづらくなった時代でもある。国民性調査とJESの結果から、七〇年代以前は年齢・学歴、ブルーカラー/ホワイトカラーといった職種が保革の支持を規定したが、七〇年代以降はそれが見られなくなった。無党派層の割合も大きく増加し、わずか一〇パーセントであった六〇年代前半から、一九七六年には三〇パーセントを超え、八〇年代には三〇パーセント強が「政党支持なし」層である。[55]

「新しい社会運動」と政治的・社会的になりえない共同体

ここまで、社会意識と政治参加双方のデータを見てきた。七〇年代から八〇年代にかけては、全体として社会問題に対し「静観」する傾向が強くなり、全体的に政治参加の経験率、政治イベントの発生数が減っていくトレンドが見られる。しかし、役所・官僚・政治家との接触や選挙運動の手伝い、集会・会合への出席や署名運動といった一部の政治参加率についてはむしろ上昇しており、抗議イベントに関しても下降トレンドのなか、一九八〇―一九八三年に局地的に上がり、労働争議件数は増加傾向にあるなど、単純に日本人が政治的・社会的コミットメントをしなくなったともいえない状況が見て取れる。また、市民の政治参加を重要視する意識も高まっている。

私生活主義の風潮が強まる一方で、市民の政治参加を良いものとする規範意識が強まり、一部の政治参加は実際に増加している七〇―八〇年代の状況をどう捉えればいいのか。第一に、自民党の利益誘導政治が強化された[56]という点が挙げられる。特に選挙運動の手伝いや集会参加、有力者との接触といった政治参加に影響を及ぼしていると考えられるだろう。第二に、これは前節とも共通する論点で、本書にとってより重要であるが、消費社会化が進む中でも例えばNATOの核ミサイル配備や売上税法案、ロッキード事件といった政治的事象に反応し、全国で署名運動や反対運動が行われ、社会運動発生数や社会運動経験率に反映される程度には、人々は政治的な参加を行っていた。このような全国での抗議イベントは、市民団体や社会運動組織といった、草の根レベルの「新しい社会運動」のネットワークなくしては発生しない(このように社会運動が発生する組織的基盤を社会運動論では「動員構造」という)。

そのように考えるなら、天野や高畠が指摘した「新しい社会運動」の存在は、七〇—八〇年代においてもやはりそれなりに組織的なレベルで見られたことになる。であれば、「消費社会化による私生活主義の興隆が公的生活（政治的・社会的コミットメント）の衰退を招いた」という言説は、なぜこのような新しい社会運動の存在を看過したのだろうか。高畠の指摘するように、「中年男性視点の新中間層論」がこうした運動の存在を視野に入れていなかった可能性もある。しかし本書では、むしろ高畠や天野が言及した「新しい社会運動」に至らなかった共同体の側を検討したい。

なぜ、私生活を通じた共同体の側を検討するのか。

私生活と政治的・社会的コミットメントはずっと相反する関係として捉えられてきたわけではない。たとえば六〇年代にマイホーム主義を鋭く批判した松下圭一は、市民の政治参加の中に主婦が主体となって行った生活協同組合の活動を認めている。こうした共同体は、消費を通じたものとはいえど市民の間にコミュニティや自治の作用を形成する主体として解釈された[57]。

しかし新中間層論において、消費社会における私生活を通じたコミュニティ形成や自治という要素に対する視点は捨象され、私生活を孤立した消費と趣味の世界と捉える向きが強まった。そうした前提は、新しい社会運動のような可視的・組織的な活動を例外として、私生活を通じた共同体に内在する政治的・社会的コミットメントの可能性を看過してしまったのではないか。そのため本書では、新しい社会運動のような政治的・社会的主体の延長線上に私生活を通じた共同体を位置づけ、その実態を検討する。

消費社会における私生活を通じた少なくない共同体は、山崎正和が指摘するところの「社交」によって成立し、人々を「柔らかい個人」として主体化させる機能を有していた。にもかかわらず、そのように主体化した個人の共同体が政治的・社会的主体たりうるには何かが欠如していたと考えられる。そこで本書は、七〇―八〇年代の消費と私生活を通じた共同体と、そこにおける社交が、政治的・社会的コミットメントを行うに至らなかった帰結を実証的に問う必要があると考える。

1-3 私生活主義と政治への忌避を代表する存在としての「若者」

消費社会の新しい担い手として台頭した人々に、女性や主婦、若者がいたことは、前節で指摘したとおりである。この中でも六〇年代と比べ、七〇―八〇年代の若者は政治参加において特に静観志向を強めていた。

消費社会における私生活の延長線上で形成された共同体が、なぜ政治的・社会的コミットメントの主体たりえず、七〇―八〇年代が「私生活主義」の時代として論じられてしまったのか。その問いを考えるにあたって、消費社会を謳歌しており、かつ政治的・社会的には「静観」の態度をとっていた若者たちは、一見すれば「私生活主義」を代表するような存在であるため、本書の問いを解くにあたって適切な対象だと考えられる。そのため本節では、七〇―八〇年代における若者の政治・社会に対する意識と政治参加に焦点を当てて先行研究を検討する。

主に社会学の研究において、多くの研究者が七〇―八〇年代の若者は「政治に背を向けた」主体として論じてきた[58]。先行研究は、世代という面から戦後日本の若者たちの政治参加を説明する傾向が強く、六〇年代から七〇年代前半にかけての安保闘争やベトナム反戦運動、全共闘運動といった「政治の季節」における「団塊」世代の若者たちと比較した上で、七〇年代後半から八〇年代にかけて「しらけ」の世代と名指された若者たちにおける政治参加の消極性を指摘した。七〇―八〇年代において一〇―二〇代であったのは、一九四四―五三年生まれのいわゆる「団塊」世代、一九五四―一九六八年生まれのいわゆる「新人類」世代にあたる[59]。

消費社会との関連からみると、六〇年代には画一化・平準化された商品の消費に基づく若者文化が、七〇―八〇年代においては差異化を基盤としていた点をまず確認したい[60]。つまり六〇年代には「みんな等しく持っているもの」が若者文化に参入する条件であったのに対して、七〇―八〇年代には「人とは違うもの・こと」を享受することが若者文化を形成していた。藤村正之は、いわゆる「新人類」世代が、差異化を繰り返す消費財の購買行動を通じて他者との違いを強調する記号消費を行う点から、連帯を志向する団塊の世代に対して、世代内での差異化を志向する新人類世代が連帯を忌避する傾向を説明した[61]。差異化された若者の消費が、若者の

「個性」へのこだわりにつながる。この傾向が私生活主義と結びつき、共同体への関心を喪失させ連帯を困難にするという指摘は多くの先行研究になされており[62]、八〇年代消費社会と大衆の関係について論じた当時を代表する社会消費論のひとつである博報堂『分衆の誕生』なども共通する。

団塊の世代の積極的な政治参加と「しらけ」世代の消極性を対比的に示す論に対して、六〇年代には対抗・連帯の担い手として知られた団塊の世代も、七〇年代には対抗性・政治性を喪失したとする論もある。山田真茂留と小谷敏は、六〇年代における対抗の担い手だった団塊世代が七〇―八〇年代に企業社会へと参入し、消費社会を率先して主導する存在となったことにより、七〇年代にその対抗性を失い、保守化・脱政治化したと結論づけている[63]。

一方、辻井喬と上野千鶴子は、七〇―八〇年代の消費社会と政治参加の関係を、団塊世代から新人類世代への価値観の継承という点から分析している[64]。この背景にあるのは北田暁大の「シニシズム」に着目した戦後の若者史であるが[65]、上野は新人類世代が、対抗軸となるべき公共性や共同体をもたないことを世代的アイデンティティとし、対抗に敗北した連合赤軍・団塊世代からシニシズムのみを受け継いだと指摘する。

ここまでをまとめると、七〇―八〇年代において「若者」であった団塊世代は企業社会・消費社会に参入して対抗性を失い、新人類世代は差異化された消費スタイルによって共同性を失ったということになる。しかし本章の第1節で紹介した消費社会論は、人々が消費社会のもとで、差異化された消費による趣味や嗜好を通じた社会関係を形成したと指摘した。若者たちもまた例にもれず、このような共同体を形成している。

七〇年代以降の高学歴化と若年層の進学移動によって、都市部を中心に「若者文化」が形成された。[66]この例としては、『ぴあ』などのガイドブックや『ポパイ』のようなカタログ雑誌[67]を通じた共通の嗜好に基づく「モノ」や「コト」の消費に基づく共同体であったり、当時流行した「ニューアカ」(ニューアカデミズム)を通じた共同体[68]が挙げられる。しかし、先行研究を見る限り、これらは「消費社会を通じた共同体」ではあっても「政治的・社会的コミットメントの主体」と論じられることはない。つまり、実態として七〇―八〇年代の消費を通じた若者共同体は実際に対抗性や政治性を著しく欠いていた、あるいは、それなりに政治的・社会的ではあったけれども、消費社会化による私生活主義を主張した識者から政治的な層として認知されるには何かが欠けていた、とまとめることができる。

実際には、七〇―八〇年代の若者共同体にも、政治性・対抗性をもつものは数多くあった。例えば外山恒一は、反核運動、ピースボート、アトミック・カフェ・フェスティバル、一水会、管理教育への抗議行動や第二次テント芝居といったさまざまな社会運動を紹介している。また当時の若い識者らがサブカルチャーの隆盛を「80年代安保」と呼ぶ動きもあり、[69]この「安保」という呼称からも政治・社会と若者文化のつながりが全くなかったとも考えられない。その意味で、消費社会の担い手である七〇―八〇年代の若者たちも、消費の担い手なりの共同性を有し、政治・社会にコミットする勢力となる萌芽はあった。しかし、それらは消費社会論・私生活主義論者にとって重要とみなされる存在ではなく、若者は「消費社会の担い手」として政治性・対抗性を欠いた存在として捉えられ、消費社会と私生活主義を象徴し、政治からの退避を証明する存在として論じられてしまう。

ここから本書は、消費社会の主な担い手でありながら共同体を形成し、部分的には政治性・対抗性をもっていたにもかかわらず、基本的には「政治に背を向けた」私生活主義を体現する存在として論じられてきた七〇―八〇年代の若者共同体を研究の対象とする。その上で、消費社会における私生活を通じた共同体が政治的・社会的主体たりうるには何が欠如していたのかを明らかにする。

1-4 本書の構成

第1部

本章は、先行研究・分析視角・事例といった研究の枠組みに関する章（第1章・第2章・第3章）を「第1部」とし、同時代の政治的・社会的トピックに言及した若者共同体の言説分析（第4章・第5章・第6章）を「第2部」とする。最後に、若者共同体に多くみられた政治参加に内在する規範性や教条主義への批判的言及に対する言説分析とその言説を受け入れた年長者たちの言説の検討（第7章・第8章・第9章）を行った上で考察・結論（第10章）を述べ、「第3部」とする。

本章に続く第2章では、七〇―八〇年代に消費社会を通じた若者運動が数多く見られた媒体として「若者雑誌」を対象とする旨を述べる。七〇―八〇年代は「雑誌の時代」であり、雑誌は多くの若者による政治的・社会的活動が可視化される媒体でもあった（2‐1）。その中でも同時代的に政治性・対抗性、また読者と編集者間の交流による共同性が見られやすいサブカルチャー雑誌（サブカル誌）を対象とする（2‐2）。政治性・対抗性をもつ（あるいは、拒否しない）サブカル誌の中にあり、読者・編集者の共同体が形成され可視化されたにもかかわらず、政治的・社会的な活動の主体とはみなされなかった『ビックリハウス』が本研究の事例として適切であることを説明する（2‐3）。

第3章では、研究事例と方法、分析視角を記述する。第一に、雑誌『ビックリハウス』の基本情報として、主たる編集者や寄稿者、主なコーナーや部数などを記述する（3‐1）。第二に研究方法として計量テキスト分析について記述する（3‐2）。本書の研究プロジェクトでは、『ビックリハウス』をすべてテキスト化し、計量テキスト分析と内容分析を行う。分析視角として、同時代における消費を通じた社会運動が主題とし、『ビックリハウス』誌上でも言及されたトピックである「戦争」「女性解放」「対抗文化（ロック）」を提示する（3‐3）。

第2部

第2部では誌面の計量テキスト分析と内容分析を行う。第4章では、七〇―八〇年代において若年層が多く従事した反核運動の存在を踏まえ、「戦争」に関する言及を分析する。他のサブカル誌において、戦争関連の言説は七〇―八〇年代で大きく変わった（4-1）。『ビックリハウス』を分析した結果、七〇年代の戦争体験談が著名人の幼少期のものであり、それなりの紙幅を割いて語られたのに対し、八〇年代は戦争体験者による体験談の、笑い話を中心とした「伝聞」と、反戦運動への支持が並行して掲載された（4-2）。この背景として、八〇年代に入り戦争当事者が過去を語りやすくなったことと、世代間の社会意識の差異が戦争の記憶の継承にずれを生じさせている点が考えられる（4-3）。

第5章では、同時期の女性誌において大きな盛り上がりを見せたウーマンリブやフェミニズム運動を踏まえ、『ビックリハウス』の「女性解放」への言及を検討する。先行研究は女性誌が「性の解放」「個の解放」という面から女性解放の担い手となっていた点を明らかにした（5-1）が、本誌で見られるのは「女性の解放・自立」を支持しつつ、一方で女性解放運動に対しては嘲笑や攻撃を示すというアンビバレンスな姿勢である（5-2）。この背景には、すでに男と女は対等であるという前提に基づく相対主義と、女性解放運動の支持した規範や表現規制への反発があったと考えられる（5-3）。

第6章では、対抗文化であり『宝島』を中心としたサブカル誌でも頻繁に見られたトピックである「ロック」を軸とした分析を行う（6－1）。『ビックリハウス』のロックへの言及は聴き手の視点からの吟味のあり方が中心であり、また「ロックの正しさ」をめぐる論争を避け、「人ぞれぞれ」の聴き方を尊重する傾向がある（6－2）。こうした姿勢は音楽の鑑賞において知識や対抗性が必要であるという上世代が考える対抗文化をめぐる正統性への抵抗でもあった（6－3）。

第4章、第5章、第6章の知見からは、七〇年代以降、戦後日本社会を取り巻いていた価値観からの「解放」がうかがい知れる。戦後から時間が経ち、それまで語ることのできない戦争体験を身近な大人たちが自由に語るようになったこと、女性が自らの性や身体をどうするか自分で決められるようになったこと、深い理解や歴史的知識なしに音楽を聞くことを公言できるようになった点は、戦後日本を覆っていた「こうでなければならない」という規範や抑圧から解放された日本社会の人々の像を想起させる。

一方で、若者たちは上世代の解放の試みが作り上げた規範や教条主義に対してさらなる解放を求めた。彼らは女性解放運動が訴えた表現の規制や、ロックを聞く上で対抗性や知識が必要であるという規範に激しく反発する。消費社会の若者共同体は、価値観としては六〇年代の社会運動や対抗文化の理念を引き継いだにもかかわらず、なぜ社会運動への揶揄・攻撃・からかいや、政治への無関心・不言及へと行き着くことになったのかという問いを示す。

第7章では、他のサブカル誌と対比する形で政治参加・社会運動に対する言及の検討を行う

（7-1）。『ビックリハウス』の政治的事柄に対する言及は、当初は「主張」や「実態記述」が主だったが、やがて政治性や対抗性のない「パロディ」が大多数を占めるようになっていく。また政治参加への無関心をあえて公言するという点も特徴的だ（7-2）。政治性・対抗性の欠如や無関心の表明は、若者は反体制であるべき、政治参加に関心をもつべきという規範に対する編集者の対抗であり、それに追随する読者が『ビックリハウス』という若者共同体に参入する手段であったと推察される（7-3）。つまり、本書が対象とした消費社会の若者共同体は、「市民は政治的・社会的コミットをすべき」という規範に対抗した帰結として、無関心と政治性の欠如を表明し続けた。

しかし、『ビックリハウス』読者たちは部分的にであれ女性の自立などを支持する立場でもある。社会運動に対して忌避感をもつ彼らは、そこで保護される人権についてどのように考えたのか。この点を検討するために、第8章では「マイノリティ」を対象とした言及を、他のサブカル誌を参照項としながら検討する（8-1）。特に読者投稿において美醜や性的マイノリティ、田舎といったトピックがネガティブな言及の対象とされ、編集者らにもこうした読者の投稿は歓迎されている（8-2）。このような若者の発言は、ある種の率直さの表明であり、上の世代が形成した「きれい事」に対抗するための言説として使われ、「不謹慎さ」をめぐる遊戯として発展していく（8-3）。

第9章では、ここまで見てきたような若者共同体が、年長者からどのように受け止められたのかを、『ビックリハウス』関係者の新聞・雑誌を中心としたメディアでの扱われ方から検討する。彼らは主に広告雑誌や週刊誌において、年長者中心の社会とは異なる「若者文化」の担い手として遇され、若者の意識や傾向を代弁・伝達する役割を担った。特に年長者・知識人は、『ビックリハウス』が読者素人参加型である点から、そこに若者の「生の声」を読みとっていた（9-1）。『ビックリハウス』内において編集者らは若者の主体性を尊重し、編集者による先導や誘導を避けながら、参加の敷居を下げるためのシステムを構築していた（9-2）。本誌を通じて見られた若者たちの政治への無関心やマイノリティへのからかいは、彼らなりの「書くこと」を通じた解放と、戦後日本社会に内在する規範性と教条主義忌避の意図せざる結果であった点を、戦後の生活記録運動／生活綴方運動との類似点から示す（9-3）。

第10章では、結論と考察を記述する。

（1） 金子勝「『高度成長』と国民生活」『講座 日本歴史』東京大学出版会、一九八五年。大門正克「高度経済成長と日本社会の変容」『岩波講座 日本歴史』岩波書店、二〇一五年。岩田正美『消費社会の家族と生活問題』培風館、一九九一年。

（2） 田村正紀『消費者の歴史』千倉書房、二〇一一年。伊藤公雄「メディア社会・消費社会とポピュラーカルチャー――戦争と暴力のイメージを中心に」『岩波講座 日本歴史 近現代5』岩波書店、二〇一五年、三〇五頁。井上輝子「マスメディアにおけるジェンダー表象の変遷」NHK放送文化研究所編『現代社会とメディア・家族・世代』新曜社、二〇〇八年、二一〇頁。アンドルー・ゴードン『日本の200年（下）』みすず書房、二〇一三年、六六〇頁。

(3) 岩田正美『消費社会の家族と生活問題』、四四―四六頁。田村正紀『消費者の歴史』。

(4) 私生活中心主義については、大嶽秀夫『自由主義的改革の時代』中央公論社、一九九四年、また、日高六郎「戦後青年の意識」日高六郎編『戦後日本を考える』筑摩書房、一九八六年、二五七―二八四頁などを参照。また、生活保守主義（山口定「戦後日本の政治体制と政治過程」『日本政治の座標』一九八四年を参照）は様々な論じ方があるが、ここでは「私生活主義」としてまとめる。

(5) 山本昭宏『戦後民主主義』中央公論新社、二〇二〇年、一五三頁。

(6) 栗原彬「日本型管理社会の社会意識」見田宗介編『社会学講座 12』東京大学出版会、一九七六年。山本昭宏『戦後民主主義』。

(7) 田中義久『私生活主義批判――人間的自然の復権を求めて』筑摩書房、一九七四年、四頁。藤田栄史「現代における労働者生活の変化」。消費社会化による労働疎外もまた、この「私生活主義」を支える一因となっている。資本主義下の社会では、労働者は細切れになった労働によって人間らしさを剥奪されるように感じ、その状況を高度経済成長がさらに助長・加速させてしまう。そのため、自らの労働から疎外された労働者たちは、生の実感を得られない労働からの「逃避」のために私生活を充足させるという指摘もある。

(8) 川島美保「私生活主義の今日的意味」『家政経済学論叢』第二〇号、一九八四年。川島美保「現代労働者の生活意識」『日本女子大紀要（家政学部）』三〇号、一九八三年。宮島喬「仕事と私生活のあいだ」石川晃弘・梅澤正・高橋勇悦・宮島喬『みせかけの中流階級』有斐閣、一九八二年。藤田栄史「現代における労働者生活の変化」『ソシオロジ』二二巻一号、一九七七年。しかし金子は、私生活主義／マイホーム主義が労働疎外の帰結ではなく物質的生活充足を確保することによる「人並み」化への要求から生じたと指摘した。

（9）藤田栄史「現代における労働者生活の変化」。

（10）川島美保「現代労働者の生活意識」。日高六郎「戦後青年の意識」、同『戦後思想を考える』岩波書店一九八〇年。

（11）大嶽秀夫『自由主義的改革の時代』。

（12）山口定「戦後日本の政治体制と政治過程」三宅一郎・山口定・村松岐夫・進藤榮一編『日本政治の座標――戦後40年のあゆみ』有斐閣、一九八五年、一三九頁。

（13）大嶽秀夫『自由主義的改革の時代』、五五―五六頁。

（14）原山浩介「戦時から戦後へ」安田常雄編『シリーズ戦後日本社会の歴史（2）――社会を消費する人びと』岩波書店、二〇一三年。

（15）満薗勇「新生活運動協会――1960年代半ば～1970年代」大門正克編著『新生活運動と日本の戦後』日本経済評論社、二〇一二年。山本昭宏『戦後民主主義』。天野正子『「生活者」とはだれか――自律的市民像の系譜』中央公論社、一九九六年。

（16）岩田正美『消費社会の家族と生活問題』。

（17）山崎正和『山崎正和対談集――柔らかい個人主義の時代』中央公論社、一九八五年、五一頁。

（18）山崎正和『柔らかい個人主義の誕生――消費社会の美学』中央公論社、一九八四年。安丸良夫「現代の思想状況」『岩波講座　日本通史　現代〈2〉』、一九九二年、三〇九頁。一九九五年。天野正子『「生活者」とはだれか』を参照。またこれと同様の研究に、大衆消費社会の崩壊と、個性的・多様的な価値観を尊ぶ多様な集団による消費の多様化を指摘した博報堂『「分衆」の誕生』がある（浅井良夫「20世紀のなかの日本」安田常雄編『シリーズ戦後日本社会の歴史（1）――変わる社会、変わる人びと』岩波書店、二〇一二年、二六頁。松井剛「消費と『自己実現』――消費社会の進歩主義的理解の歴史的再検討」一橋大学博士論文、二〇〇〇年、一〇四頁)。
(19) 山崎正和『山崎正和対談集』五一頁、一二〇頁。
(20) 島薗進「訳者あとがき」、ロバート・N・ベラー、ウィリアム・M・サリヴァン『心の習慣』島薗進・中村圭志訳、みすず書房、三九九頁。
(21) 天野正子『「生活者」とはだれか』、一五九頁。金子勝『「高度成長」と国民生活』。
(22) 山崎正和『山崎正和対談集』、五一頁、一五〇―一五一頁。
(23) 村上泰亮『新中間大衆の時代』中央公論社、一九八四年。
(24) 天野正子『「生活者」とはだれか』。
(25) 満薗勇「新生活運動協会」。山口定「戦後日本の政治体制と政治過程」。
(26) 満薗勇「新生活運動協会」。
(27) 『朝日新聞』一九九七年七月一四日、同年八月二三日。
(28) 中北浩爾「自民党政治の変容」安田常雄編『シリーズ戦後日本社会の歴史(1)――変わる社会、変わる人びと』岩波書店、二〇一二年、一一二―一一五頁。
(29) 中北浩爾「自民党政治の変容」、一一二―一一四頁。
(30) そもそも村上泰亮が自民党ブレーンであり、『新中間大衆の時代』が七〇年代の保守再生を目指す政治的プロジェクトの一環であったこともこの背景にある(中北浩爾「自民党政治の変容」一一五頁)。
(31) 山崎正和『柔らかい個人主義の誕生』、同『山崎正和対談集』。
(32) 天野正子『「生活者」とはだれか』。
(33) 同右、二〇四頁。
(34) 高橋徹「後期資本主義における新しい社会運動」『思想』一九八五年一一月号。山口定「戦後日本の政治体制と政治過程」。

（35）高橋徹「後期資本主義における新しい社会運動」、五―六頁。

（36）ＪＡＢＩＳＳはそれぞれの調査者と調査国の頭文字である（参照ウェブサイト：https://www.icpsr.umich.edu/web/ICPSR/studies/4682、二〇二四年三月二四日最終アクセス）。

（37）中瀬剛丸「日常生活と政治との新たな接点」『現代社会とメディア・家族・世代』ＮＨＫ放送文化研究所、二〇〇四年、五四頁。

（38）ＮＨＫ放送文化研究所編『現代日本人の意識構造　第九版』ＮＨＫ出版、二〇二〇年、八九―九一頁。

（39）中瀬剛丸「日常生活と政治との新たな接点」、六五頁。

（40）同右、六八―六九頁。

（41）小沢弘明「新自由主義の社会」安田常雄編『シリーズ戦後日本社会の歴史（1）――変わる社会、変わる人びと』岩波書店、二〇一二年、二一七―二一八頁。また、国民性調査より（https://www.ism.ac.jp/kokuminsei/table/data/html/ss8/8_9/8_9_1978_g2.htm、二〇二四年五月三日最終アクセス）。

（42）ＮＨＫ放送文化研究所『現代日本人の意識構造　第九版』、七五頁。

（43）同右、七五頁。

（44）ＮＨＫ放送文化研究所『図説　戦後世論史　第二版』日本放送出版協会、一九八二年、一四五頁。

（45）同右、一三四―一三五頁。

（46）平野浩「日本における政治文化と市民参加――選挙調査データに見るその変遷」『政策科学』一九巻三号、二〇一二年、一四四―一五五頁。

（47）山本英弘「社会運動論――国家に対抗する市民社会」坂本治也編『市民社会論』法律文化社、二〇一七年。

(48) 蒲島郁夫、境家史郎『政治参加論』東京大学出版会、二〇二〇年。

(49) 荒牧央「45年で日本人はどう変わったか（1）――第10回『日本人の意識』調査から」『放送研究と調査』NHK出版、二〇一九年五月号。

(50) 山本英弘「社会運動論」、四七頁。

(51) 筆者も山本と同様、朝日新聞データベースで検討したところ、ロッキード事件に関する判決に対する抗議デモが多く見られたため、この影響かと想定される。

(52) 荒牧央「45年で日本人はどう変わったか（1）」。

(53) NHK放送文化研究所編『現代日本人の意識構造　第九版』、八六頁。

(54) 庄司俊作、三宅明正「現代社会運動の諸側面」『講座 日本歴史』東京大学出版会、一九八五年、一九二―一九三頁。

(55) 綿貫譲治ほか『日本人の選挙行動』東京大学出版会、一九八六年、第一章・第二章を参照。

(56) 蒲島郁夫『戦後政治の軌跡』東京大学出版会、二〇〇四年。大嶽秀夫『自由主義的改革の時代』。

(57) 松下圭一編『現代に生きる6――市民参加』、東洋経済新報社、一九七一年。

(58) 小谷敏編『若者論を読む』世界思想社、一九九三年。山田真茂留「若者文化の析出と融解――文化志向の終焉と関係志向の高揚」宮島喬編『講座社会学七　文化』東京大学出版会、二〇〇〇年、二一―四六頁。同『〈普通〉という希望』青弓社、二〇〇九年。片瀬一男『若者の戦後史――軍国青年からロスジェネまで』ミネルヴァ書房、二〇〇五年。藤村正之「若者の生き方の変容」安田常雄編『シリーズ戦後日本社会の歴史――社会を消費する人びと』岩波書店、二〇一三年。

(59) 「団塊」と「新人類」世代区分はNHK「日本人の意識」を世代別に検討した、河野啓「現代日本の世代」『現代社会とメディア・家族・世代』、二〇〇四年による。

(60) 岩間夏樹『戦後若者文化の光芒』日本経済出版、一九九五年。

(61) 藤村正之「若者の生き方の変容」、八二―八三頁。

(62) 岩見和彦『青年の変貌――青年社会学のまなざし』関西大学出版部、一九九三年、八頁。岩間夏樹『戦後若者文化の光芒』、一一二頁。片瀬一男『若者の戦後史』。

(63) 山田真茂留「若者文化の析出と融解」、三〇頁。小谷敏編『若者論を読む』。小谷敏・土井隆義・芳賀学・浅野智彦編『若者の現在――政治』日本図書センター、二〇一一年。一方、平野浩は、いわゆる団塊世代が、八〇年代以降も、深く市民運動や住民運動にコミットしてきたことを政治参加経験の世代別比較から明らかにしている(平野浩「日本における政治文化と市民参加」、一四四頁)

(64) 辻井喬、上野千鶴子『ポスト消費社会のゆくえ』文藝春秋、二〇〇八年。

(65) 北田暁大『嗤う日本の「ナショナリズム」』日本放送出版協会、二〇〇五年。

(66) 難波功士『人はなぜ〈上京〉するのか』日本経済新聞出版社、二〇一二年。片瀬一男『若者の戦後史』。

(67) 中西新太郎『問題としての青少年――現代日本の〈文化―社会〉構造』大月書店、二〇一二年。

(68) 大澤真幸『戦後の思想空間』筑摩書房、一九九八年。

(69) 外山恒一『改訂版　全共闘以後』イースト・プレス、二〇一八年。

2 「雑誌の時代」と『ビックリハウス』——先行研究

前章では戦後の消費社会論・私生活主義論と社会意識・政治参加に関するサーベイに基づく研究を検討した。七〇—八〇年代の消費社会化によって台頭した私生活主義が、人々に公的関心を失わせ政治的・社会的コミットメントを減退させたという論は理論面でも実証面でも今なお強い説得力をもつものの、一方で私生活と公的関心をつなぐ「新しい社会運動」のような試みは存在したにもかかわらず言及されてこなかった。この理由として、多くの消費を通じた共同体は新しい社会運動のように、政治的・社会的コミットメントの主体たりえなかったため、明確な層としてみなされなかったのではないかと考える。

そこで本研究は、消費と社会における私生活を通じた多くの共同体がなぜ新しい社会運動のように政治的・社会的コミットメントの主体たりえなかったのかを、七〇—八〇年代に消費社会の担い手として浮上した「若者」の共同体を軸に検討する。

本書では七〇—八〇年代に見られた私生活的関心に基づく若者の共同体として、「雑誌」を通じた読者・編集者共同体を検討の対象とする。七〇—八〇年代には数多くの若者向け雑誌が刊行され、その中でも「サブカルチャー雑誌（サブカル誌）」はとりわけ読者・編集者同士の緊密な関係と強い帰属意識から成る共同体となっていた。こうした雑誌は音楽や映画といった趣味の世界を紹介しつつ、フェミニズム／ウーマンリブ、核や戦争といった問題も扱っていた。

本書はサブカル誌の中でも、最も「非政治的」と捉えることができ、かつ「若者」向けである『ビックリハウス』（一九七四年から一九八五年まで刊行）を対象とする。本章では、メディア論の先行研究を援用しつつ、七〇―八〇年代における雑誌メディアを概観した上で「サブカル誌」の特性を捉え、『ビックリハウス』を選定する理由について記述する。

2-1　なぜ雑誌なのか――読者共同体の緊密なコミュニケーション

七〇年代以後もさまざまな形で社会運動や人々の共同性構築の営みは行われてきたが、とりわけ若者の社会運動にその対象を絞るとどのようなものがあるのか。この点は、外山恒一の著作に詳しい。外山は「日本の学生運動は一九七二年の連合赤軍事件を境に急速に退潮した」という「歴史認識」の誤りを正すため、七〇年代以降に生じた反核運動、国際交流を目的とした平和運動としての旅であるピースボート、反核映画の上映運動から立ち上がった野外ロックフェスティバルであるACF（アトミック・カフェ・フェスティバル）、反管理教育運動などを紹介した。(1) また外山が紹介した以外にもいわゆる若者の「新しい社会運動」として、コミューンなどを通じたオルタナティブなライフスタイルを実現する運動なども存在した[2]。このような団体やライフスタイルを通じた社会運動も八〇年代若者の共同性構築の基盤となり、政治的・社会的コミットが見られるため本書の研究対象として有効と考えられるが、本書では、七〇―八〇年代に刊行された若者向け雑誌を通じた読者共同体を対象とする。

七〇―八〇年代の雑誌を対象とする理由として、第一に七〇―八〇年代が「雑誌の時代」と呼ばれるほどの活況を呈しており、中でも若者にとっては自らの世代的アイデンティティを形成するメディアであったためである[3]。第二に、雑誌を通じて若者たちは濃密な読者間コミュニケーションを通じた共同体を構築していた[4]。第三に七〇年代以降の若者雑誌には、六〇年代以前の若者文化を規定していた規範とは明確に異なる、「消費社会」によって規定される性格が見出されるためである[5]。

まずは第一の論点について見ていきたい。特に八〇年代は「雑誌の時代」と呼ばれ、雑誌の売上高が書籍の売上高を抜き、新雑誌の創刊も相次いだ時代であった[6]。『平凡パンチ』『プレイボーイ』など、もちろんそれ以前から刊行されていた若者向け雑誌はあったが[7]、七〇年代に入り若者向け雑誌が数多く刊行された。同時代に刊行された雑誌として『宝島』(一九七三年、晶文社の出資を受けたワンダーランド社が月刊誌『ワンダーランド』から改名。七四年にJICC出版局によって買い取られ、第三号より『宝島』と改名)、『ビックリハウス』(パルコ出版、七五年―八五年)が刊行される。また男性誌としては、『POPEYE』(七六年―)、

『Hot-Dog PRESS』(講談社、七九―〇二年)、『BRUTUS』(八〇年―)、といった若者向け雑誌が刊行された。[8]

この時代は、現在に名を残す数々の女性誌が次々と創刊された時期でもある。『an・an』(七〇年―)、『non-no』(七一年―)が先駆けて発刊され、七七年には『MORE』『クロワッサン』、一九七九年には日本語版『COSMOPOLITAN』が刊行される。[9] 第5章にて詳述するが、先行研究はこれら女性誌が「性」と「個」二種類の女性解放を可能にしたと論じた。

井上義和は、雑誌メディアの本質を細分化(セグメンテーション)に見ており、[10] 若者雑誌も例外ではない。とりわけ七〇―八〇年代以降の情報化環境において、雑誌は読者たちに世代的なアイデンティティを強く認識させる効果があったと考えられる。高野光平は、七〇年代に若者たちが「テレビ世代」といった形で、メディアの受容を通じた世代的アイデンティティを構築するさまを論じたが、[11] それと同様に「雑誌」もまた、若者たちの世代的アイデンティティを形成することに一役買っていた。[12]

読者共同体の形成

第二に、このような世代アイデンティティの認識は、当時の若者雑誌が持っていた読者参加や共同体構築の機能によりなお高まる。中西新太郎は、七〇―八〇年代の若者雑誌が読者による「投稿」機能を有した点に着目する。[13] もちろん、雑誌の投稿・投書機能は六〇年代以前の雑誌や新聞にも数多く見られたが、中西は七〇年代以降の情報消費の肥大化と投稿機会の拡大が、投稿の敷居を下げ、雑誌がそれまでの投稿・投書の主流であった「身の上相談」や「心情の吐露」にとどまらない同世代の日常経験と感覚を伝え合う独自の交流空間となった点を指摘する。[14]このような誌上の交流は、「ビックリハウサー」（『ビックリハウス』読者の人々）や「オリバー」（雑誌『Olive』ファッションの人）といった雑誌に即した共同体の自称をも形成することになる。[15]

第三に、六〇年代までの若者たちの読者共同体と対比すると、七〇―八〇年代の若者による読者共同体は、六〇年代と比べて公的関心よりも私生活的関心を軸とし、消費社会の若者共同体としての特質が明確である。

例えば戦前から五〇年代の若者に広く読まれた雑誌ジャンルに「人生雑誌」[16]がある。五〇年代に勤労青年を主たる読み手とした人生雑誌『人生手帖』『葦』の分析を行った福間良明は、『葦』の掲げた「特権主義をもみとめない」「徹底せる庶民主義」[17]から、知識人による知の専有への対抗と、上級学校に進学できない人々の教養への渇望を満たす役割を見出した。より娯楽色の強い雑誌はそこまで対抗性をもたなかったと思いきや、阪本博志の分析した『平凡』『明星』といった娯楽雑誌の読者共同体の交流においても、知識人や学生による大衆文化蔑視に対する問題意識や、不平を読者同士で打ち明け合うコミュニケーションも確かに存在したという。[18]また『人生手帖』『葦』『平凡』の読者たちは住所が公開されていたため、雑誌を媒介として文通を盛んに行い、全国の津々浦々で自発的に読者組織を形成し、こうした読者共同体は「緑の会」「葦会」「平凡友の会」と名付けられた。『人生手帖』『葦』のように、読者共同体が労働問題や軍事基地拡張といった社会・政治への批判的関心を醸成する場合もあれば[19]、娯楽雑誌『平凡』の読者共同体のように一見そうした関心は無関係に見える場合もある。しかし先述したように、「平凡友の会」の活動が政治や公共とまったく無関係というわけでもなく、阪本はこの共同体に、勤労青少年の生活に娯楽を結びつけるという青年運動・大衆運動の志向を見出している[20]。現に、勤労や病気が生み出す苦しみや孤立感の中で他者との連帯によろこびを見出す若者の姿が『平凡』の投書から見出されている。六〇年代までの若者向け雑誌は少なくない読み手が女工や農業従事者、事務員や土工といった勤労青年であり、読者共同体を通じて家庭・職場での葛藤や、故郷を離れて生きる居場所のない孤独、親世代への反発・批判や、進学を希望しつつもそれが叶わない鬱屈を共有していた。

勤労青年が『平凡』や『葦』を読む一方で、エリート層の青年たちは何を読んでいたのか。六〇年代まで、彼らは『文藝春秋』や『中央公論』『世界』といった総合雑誌をよく読んでいた[21]。例えば『世界』は一九五二年の「編輯後記」に「読者カード」の返信約1万枚分の集計結果を示しているが、ホワイトカラーが圧倒的多数を占めており、労働者である読者からその内容を「貴族的」と批判されている[22]。現在では想像しづらいが、六〇年代までは、若者の学歴や職種が購読誌や購読行動を大きく規定した。

七〇年代になると、大学進学率が劇的に上がり、日本人の「中」意識が高まった背景もあり、階層に応じて購読する雑誌が大きく異なるといったことも以前よりは少なくなっていく。大学生のよく読む雑誌にも『プレイボーイ』『平凡パンチ』といった若者向け雑誌が現れ、『中央公論』や『世界』といった論壇誌は見られなくなる。[23] 竹内洋はこの状況を「教養主義の没落」と指摘[24]し、長崎励朗はこうした論壇誌の凋落を私生活主義による政治的無関心の反映として説明したが[25]、中西新太郎はむしろ、消費社会の進行によって教養が商品化し、趣味・娯楽雑誌にジェンダー規範を問う漫画作品や少女小説などが掲載されることで、雑誌が教養とサブカルチャーとの出会いの場となったと結論づける。[26] 中西の主張に近い議論としては、一九七三年に創刊した教養雑誌『現代思想』二代目編集長であった三浦雅士の述懐が挙げられるだろう。三浦は著書において「『女性自身』だろうが『平凡パンチ』だろうがすべて「編集の」参考になる」[27]と綴る。ここに七〇—八〇年代だからこそ成しえた教養とサブカルチャーとの出会い、本書の問題関心にひきつけるならば、私生活と公的関心の混交を見ることもできる。

竹内と長崎の論に倣うのであれば本書は「私生活主義に埋没した若者共同体」としての雑誌を分析することになり、中西と三浦の論に倣うのであれば「私生活主義と公的関心の入り混じる若者共同体」としての雑誌を検討することになる。いずれにせよ、本研究の問いとしての「七〇—八〇年代において、消費社会における私生活を通じた若者共同体が政治的・社会的コミットメントの主体とみなされなかったのはなぜなのか」という問いを解く上で、七〇—八〇年代の若者雑誌が適切な事例であると示すには十分だろう。

2-2 私生活と公的関心の入り交じる場としてのサブカルチャー雑誌——『面白半分』『話の特集』『宝島』

前節にて多くの先行研究が指摘したとおり、七〇—八〇年代には数多くの若者向け雑誌が創刊された。その中でも、分析対象としてどのような題材を扱った雑誌が適切か、いま一度本書の問いに立ち戻って確認したい。

本書の研究対象は、七〇—八〇年代において消費社会における私生活を通じた共同体を形成し、部分的には対抗性を有し、政治的・社会的コミットメントを行う主体となる可能性をもちつつも基本的には「政治に背を向けた」私生活主義を体現する存在として見做された若者共同体となる。つまり、①政治性・対抗性を有している可能性があるにもかかわらず、②外部からそうとはみなされなかった、かつ、③読者共同体が学術的分析の対象となりうるレベルで可視的である雑誌が適切だと言えるだろう。

そこで本書の対象は、①「新しい社会運動」で見られるような、フェミニズムやエコロジー、反公害・環境保護や対抗文化に関心をもつ、一方で②政治性・対抗性が外部から見て顕著とは言い切れない若者中心の雑誌として、七〇年代に多く刊行された「サブカルチャー雑誌（サブカル誌)」とする。

まずは「サブカルチャー雑誌」について、日本的な文脈を踏まえつつ説明を加えたい。ディック・ヘブディジは、著書『サブカルチャー』の序章において、サブカルチャーを支配階級の権力が他の従属グループに行使されている状態(ヘゲモニー)に対する挑戦であり「決して直接表現されることはなく、間接的にスタイルの中に示されている」[28]ものだと記述する。ヘブディジの「サブカルチャー」はいわゆる「カウンターカルチャー」と同義であり、パンクを中心に、レゲエ、モッズ、ロックといった事例が示される。[29]

劇作家・演出家である宮沢章夫は、日本で最初に「サブカルチャー」という言葉が登場したのは一九六八年、『美術手帖』における「ヒッピー・サブカルチュア」に関する記事だと説明する。[30]宮沢はヘブディジとは違い、サブカルチャーをあくまでカウンターカルチャーとは異なる文化として解釈する。歴史的正統性をもつ権威としての上位文化に対し、周縁として位置付けられてはいるものの文化的な豊穣さをもつ「下位文化」としてのサブカルチャーを宮沢は強調し、[31]対抗性を明確に顕示するカウンターカルチャーと区別する。主流の文化、権威的文化、正当な文化のいずれとも異なる、差異を強調した文化こそがサブカルチャーであるとした。

宮沢は「正統ではなく、権威でもないが豊かさを持つ下位文化」としての戦後サブカルチャーを五〇、六〇、七〇年代と時代を追って示し、七〇年代のサブカルチャー雑誌として『POPEYE』や『宝島』『話の特集』『ぴあ』『新宿プレイマップ』を挙げる。これらの雑誌がなぜ「下位」に位置付けられるのかという具体的な言及はないが、宮沢は「サブカルチャー」を「極私的」で、それぞれ人によって異なる「大事な固有名詞」によって説明されるという点を強調する。[32] 宮沢と同じく、当時の「サブカルチャー雑誌」を、具体的な定義はないものの実在の雑誌を例示しながら紹介する記事・書籍は確かに他にも見られ、[33] 実際にそれらの雑誌に携わった編集者らが「サブカル」雑誌であると認める場合もある。[34] 具体的には、松岡正剛が編集長を務めた雑誌『遊』、今なお継続して刊行されている音楽雑誌『ロッキング・オン』、名だたる文筆家が交代して責任編集を行った『面白半分』[35]や投稿雑誌『ビックリハウス』[36]が代表的だ。

これらの雑誌の中には、『ホール・アース・カタログ』といったアメリカのヒッピー・カルチャーの影響を受けているという点で対抗文化的な出自をもつ雑誌もあれば(『POPEYE』『宝島』『ビックリハウス』)、扱う素材が対抗文化であるために自ずと対抗的な色彩を有する雑誌もある(『ロッキング・オン』)。また、政治性という点で言えば、誌面で裁判や選挙運動のレポートを連載する雑誌も存在した(『面白半分』『話の特集』)。

現代の読者の中には、『ぴあ』や『新宿プレイマップ』といった情報誌・タウン誌がなぜ対抗文化と結びつくのか疑問に思う人もいるかもしれないが、映画・演劇や数々のイベントなどの情報を平等に提示し、マイナー文化をメジャー文化と同列に扱うという試みは、有名性や宣伝にかけられるお金といった資本との結びつきの多寡で情報をランク付けする既成の権威を平準化しようと試みる文化的な反乱でもあった。[37]

このように、出自の点では政治的・対抗的な色彩の強い七〇―八〇年代のサブカル誌だが、誌上では具体的にどのような政治的・対抗的試みがなされていたのだろうか。本章では、サブカル誌の中でも政治的・対抗的な活動を特集した『面白半分』(38)『話の特集』(39)と、先行研究がとりわけ政治性・対抗性を読み取っていた『宝島』(40)を事例に確認したい(41)。

『面白半分』

佐藤嘉尚を発行人とし一九七一年に創刊したサブカル誌だが、名だたる作家が編集長を交代で担う点に特徴がある。とくに本書の問題意識から言えば、野坂昭如(あきゆき)編集長時代の「四畳半襖の下張」事件が重要であろう。これは、一九七二年七月号に掲載された作品「四畳半襖の下張」がわいせつ文書であるとして野坂と佐藤が検挙された事件である。同誌はその後連続して「四畳半襖の下張」裁判臨時増刊号を刊行(42)、同時期に同じく「わいせつ文書」をめぐって争われたフォーク・リポートわいせつ裁判や模索舎裁判にも言及しながら、誌面を通じて言論・表現の自由に関する論争を提起した。ほか、田辺聖子編集長時代には女性解放に関する寄稿(43)も多い。全体としてパロディが目立つ雑誌だが、とくに半村良編集長時代には政治を対象としたパロディ(44)も多く見られた。

作家の寄稿・インタビュー記事のみならず、山中幸男(救援連絡センター運営委員)、俵萠子(行動する女たちの会)、吉川勇一(元べ平連事務局長)、市川房枝といった社会運動家も登場する。[45]部落問題や地球環境問題、女性解放に関する言及もあるが[46]、やはり扱う問題は表現・言論の自由関連のトピックが多い。「四畳半襖の下張」裁判の影響もあるが、作家が寄稿者のうち多くを占めているためと考えられる。一九八〇年に休刊。

『話の特集』

矢崎泰久（矢崎友英）が編集長を務め、一九六五年に創刊。一九七〇年以降の動きとしては、一九七七年の参議院議員通常選挙を前に政党「革新自由連合」を発足[47]。その後革新自由連合から出馬した議員らの選挙の様子を積極的に掲載し、一連の報道とともに読者がそれぞれ当事者として政治に参加するよう呼びかけた[48]。革新自由連合から出馬、当選し参議院議員になった中山千夏を中心に、女性の結婚や就労、あるいは生理や避妊といった女性解放に関する談話や寄稿も多い[49]。

ほか、出版社・書店の労使紛争[50]、アイヌ問題[51]から沖縄[52]、パレスチナ[53]など、全てを挙げるのが困難なほど政治的なトピックを幅広く扱っている。反権力・反権威・反体制を掲げており、「右翼にも威（おど）されたり」「『右翼の人が』日本刀を抜刀して入ってきたのには驚いた[54]」といったエピソードが紹介されている。長期にわたって連載を執筆した田原総一郎や永六輔、岩城宏之といった人々に加え、太田竜や重信房子、津野田真理子などの社会運動家も連載を行い、インタビュー・寄稿が掲載されることもあった[55]。

『面白半分』でも大きく扱われた「わいせつ」関連の裁判記録や座談会も多く取り上げている。[56] またモデルガンへの規制に関する裁判を長く追いかけた長期連載「オモチャ狩り反対報告」や警察の規制・弾圧に対する問題意識など、[57] 表現・言論の自由に関するスタンスは『面白半分』『宝島』に近い。

『宝島』

一九七三年刊行の『宝島』は『ホール・アース・カタログ』の影響を強く受けており、ヒッピー・カルチャーやカウンター・カルチャー、レベル・ミュージックなど、他の二誌より若者文化的な側面が強い。他の二誌と共通するトピックについては中川五郎のフォーク・リポートわいせつ事件[58]に代表される「ワイセツ裁判」関連があるが、文化人・芸能人のマリファナ(マリワナ)・ドラッグ所持をめぐる裁判についてはかなりの頻度で言及した。[59] 同誌は一貫して「マリワナに対する不当な抑圧や偏見を与えるマスコミの態度」「権力の横暴」[60] への反感を強い姿勢で主張する立場であり、警察への反発[61]が根強い点も対抗文化的である。中国、韓国からマーシャル諸島、ブラジル、パラオに至るまで、海外取材に基づくグローバルな社会問題の記事も読み応えがある。第2部以降にて詳述するが、フェミニズム・ウーマンリブやゲイカルチャーも積極的に掲載している。

特に七〇年代はヒッピーカルチャーとの関連も深く、食・農業、無農薬野菜[62]、ヨガやスピリチュアル、エコロジー[63]、コミューン設立の呼びかけや海外のコミューンルポ[64]といった記事も見られる。

時事的な政治問題としては、ロッキード事件[65]のような時事問題から沖縄[66]、民族差別[67]、軍事などの国際情勢[68]、人口問題[69]、捕鯨[70]、公害・環境問題[71]など、他誌より国際的かつ環境問題寄りの点が特徴だ。八〇年代以降はヒッピーカルチャーへの言及が少なくなるものの、反核・反戦といった記事は継続して見られる[72]。

ここまで、七〇―八〇年代の政治的サブカル誌として『面白半分』『話の特集』『宝島』の扱った政治的・社会的トピックを検討したが、前述の三誌を見ると、

・小説・映画のワイセツ描写、マリファナ・モデルガン所持をめぐる事件・裁判が数多く取り上げられている（表現の自由に対する抑圧[73]）
・女性識者の起用、ウーマンリブ／フェミニズム関連の特集が意識的になされている（女性運動）
・反体制・反権力のトーンが強く、警察や司法に抵抗・抗議する主張が多く見られる
・選挙、裁判、ほか社会運動を通じ政治・社会へ関与している。若者たちへの呼びかけも

これらの点は各誌に共通している。とりわけ、「表現の自由」関連記事の量が多い点にも言及しておきたい。基本的には表現の自由を支持する点はサブカル誌の特徴であり、三誌とも「表現の自由」の側を支持し、差別語とされる言葉の使用を禁止する状況を「言葉狩り」として厳しく批判している。

ここまでを見ると、三誌とも表現の自由を守る運動、対抗文化や市民運動・政治参加を扱っている点で、消費社会における私生活を通じた政治的・社会的コミットメントの主体だと考えられる。この点で、①政治性・対抗性を有する点では本書の問いと合致しているが、しかし②活動内容が明確であり、先行研究においてもその政治性・対抗性を認められている点では、前章で挙げた新しい社会運動と同じくすでに歴史的評価が確立した対象だと言える。

本書の問いは「消費社会を通じて形成された若者共同体が政治的・社会的コミットメントの主体となりうる萌芽を有していたにもかかわらず、そうとみなされなかったのはなぜなのか」を検討するものだ。つまり、『面白半分』『話の特集』『宝島』のようなサブカルチャー雑誌がこれほど政治的・対抗的であったにもかかわらず、一方でそれを打ち消すくらいに強い非政治性・非対抗性も同時に内在していたと仮定できる。

だとすれば、我々は、非政治性・非対抗性の側を分析する必要がある。それにより、サブカルチャー雑誌に内在するどのような要素が、この共同体に数多く含まれていた政治性・対抗性を打ち消してしまっていたのかを検討しなくてはならない。だからこそ本書は、同じサブカル誌であっても、より政治性・対抗性に欠けると判断された雑誌を見ることで、サブカル誌という消費社会における私生活を通じた共同体に共通する政治性・対抗性の「欠如」を明らかにしなくてはならない。

政治性・対抗性を有しているにもかかわらず、歴史的にそうとはみなされなかったサブカルチャー雑誌。そのような雑誌があるのだろうか？

——ある。

『ビックリハウス』である。

2-3 政治性・対抗性を「見過ごされた」サブカルチャー雑誌『ビックリハウス』

サブカルチャー雑誌は同時代において強い類縁性をもっており、編集者自身の回顧録やそれぞれの雑誌上でも雑誌同士の相互影響について語られることがある。とりわけ『話の特集』『面白半分』『宝島』『ビックリハウス』は、相互に言及されることが多く、また同じ媒体から影響を受けていることがそれぞれの編集者の語りや寄稿者・読者の反応から見て取れる。[74] これらの雑誌の広告欄を見ても、ほぼ毎号のように他の三誌がセットで掲載されている。[75]

また、この四誌は寄稿者や読者層においても重複している。例えば『ビックリハウス』の編集長が他誌に登場したり[76]、ビックリハウス主催のイベントが『宝島』に特集されるといった事例は数多く見られる[77]。北山耕平や伊藤ノブ、佐藤克之といった書き手は『宝島』にも『ビックリハウス』にも寄稿し、糸井重里や和田誠も『話の特集』と『ビックリハウス』双方で活躍した。『ビックリハウス』と『面白半分』双方に執筆した書き手は、田辺聖子や犬養智子などがいる。いずれか一誌の企画に他誌の編集長らが寄稿することもある[78]。読者もこれらの雑誌には似た要素を感じていたようで、『ビックリハウス』読者欄でも、『宝島』『話の特集』との類似性を指摘する投稿は特に初期に多い[79]。

山本昭宏[80]や小森真樹[81]が『宝島』に見出したようなカウンターカルチャーとしての性格、あるいは『話の特集』『面白半分』が行ったような選挙運動や裁判ルポのような記事は、『ビックリハウス』にはほとんど見られない。同誌を検討した先行研究や論稿も、『ビックリハウス』における政治性・対抗性の不在を強調する[82]。この政治性・対抗性の不在は他誌からも指摘されており、例えばコーナーや著者において重なりの多い『宝島』では、「ビックリハウスの無邪気な遊戯は、毎月屈託のない失笑を誘う。[…]ビックリハウスのパロディは、文化の消費的な享受あるいは単純な再生産の枠を超えていない[83]」と批判され、『話の特集』編集長である矢崎泰久は同誌との共通性を指摘しつつも「PR誌的イメージが強[84]」いと指摘している。

対抗文化的な出自

政治性・対抗性の欠如を指摘される一方で、『ビックリハウス』には緊密かつ強力な読者共同体が存在していた。この背景として、同誌が他のサブカル誌と異なり、読者による投稿を主体とした雑誌である点が大きい。『ビックリハウス』を通じて形成された読者共同体は、誌面を通じて生まれた造語を合言葉として集合し「オフ会」さながらの読者イベントを行うこともあった。[85]また、『葦』や『平凡』と同様に初期の『ビックリハウス』も投稿者の住所を掲載しており、たびたび交流のきっかけとなっていたようだ。

五〇年代の『葦』『平凡』といった娯楽雑誌・人生雑誌の読者たちは、読者共同体を通じて政治的・対抗的な主張を形成したが、『ビックリハウス』を通じて形成された読者共同体に、一見して政治的な対抗性は見られない。[86]例えば北田暁大は「素材の選択からその料理法、語り口にいたるまで、この連載は読む人、投稿する人の共同性を前提としている。[…]同時代的に受容した読者でなければ分からない奇妙な内輪性を前提とした投書空間[87]」と『ビックリハウス』の読者共同体を評する。

しかし『ビックリハウス』は、確かにその出自に対抗文化があった。同誌編集部の初期メンバーである榎本了壱（えのもとりょういち）は、雑誌の初期コンセプト（タウン・ライフ・グローバリズム）を「ヒッピー・ジェネレーションのサバイバル教本、『ホール・アース・カタログ』に影響された」と語る。[88]また、「一九六〇年代に台頭したカウンター・カルチャーが経済成長の追い風を受けてメイン・カルチャーとしてのステージを獲得するというコンセプト[89]」という点でも、消費社会という舞台と対抗文化の担い手という自負、双方が意識されていた。

同じく初代編集長である映像作家の萩原朔美も、アメリカ・ニューヨークエリアの芸術、文化、音楽などを報じるタブロイド誌『ビレッジ・ボイス』を意識して企画し、出資元であるパルコの増田通二から「これは若者向けの『話の特集』だな」と指摘されたという[90]。この点からも、国内外の対抗文化・下位文化から影響を受けていることがわかる。萩原と初代編集メンバーである榎本了壱は六〇年代にアングラ劇団「天井桟敷」に関与しており、さらに全共闘運動の活動家であったコピーライター・糸井重里（一九四八年生まれ）が編集に関わっていた点も、『ビックリハウス』がなんらかの政治性・対抗性を（明示的ではなくとも）有していた可能性は大いに考えられるだろう。

「未政治運動」としての『ビックリハウス』

本書の問いを解くにあたって重要と考えられる条件を今一度振り返ろう。サブカル誌である『ビックリハウス』は①政治的・対抗的なバックグラウンドを抱える編集者らによって編集され、また雑誌自体も対抗文化としての出自があるにもかかわらず、②先行研究は本誌に対して政治的・対抗的だという評価を下していない。かつ、③投稿雑誌であるがゆえに、読者共同体が緊密かつ可視的である点で、本研究の分析対象として適切である。

このような『ビックリハウス』の、あるのかないのかよくわからない政治性・対抗性を考究する上で、外山恒一と大塚英志の『ビックリハウス』評は興味深い。外山は、政治的・対抗的であってもよいはずなのに非政治的な読者共同体に終始したとされる『ビックリハウス』について、政治的関心を欠いた「とりあえず無目的な団結」「仲間意識の醸成」と表現を変えつつ「未政治運動」(91)として解釈した。また『ビックリハウス』内コーナー「ヘンタイよいこ新聞」を分析した大塚も、無名の投稿者と著名人が同じ誌面に掲載され、「プロと素人の差を喪失させようとしている」点に階級を解体させる意図をもつ「革命」を読み取っている。(92) 外山や大塚の論じたようなある種の社会運動性を作り手も自覚しており、出資元であるパルコの当時専務だった増田も「全共闘のエネルギーみたいな感覚」(93)で立ち上げたと述懐している。

『ビックリハウス』はサブカル誌の中にあって、『面白半分』や『宝島』、『話の特集』といった雑誌と類縁性を有しつつも、他とは異なり明確な政治性・対抗性をもたなかった。他のサブカル誌と人的・トピック面での交流があったならば、他誌と同様に政治的な課題を大々的に取り扱い、社会運動や抗議行動を起こす可能性は十分にありえただろう。非政治的とされた「ハウサー」たちであっても、『話の特集』の中山千夏のように、雑誌に関係の深い人物が出馬すると知れば勝手連くらいは作っただろう。『宝島』のマリファナ所持問題や『面白半分』のワイセツ表現裁判のように、支持するミュージシャンが法を犯したと報道されたらその問題について誌上で討議するくらいのことはあってもおかしくないはずだ。しかし彼らはそれをせず、あくまで編集者らが出演する野外ライブや、今で言うところの読者同士の「オフ会」といった、政治的・社会的な目的をもたない、非政治的な共同体の形成と維持に終始していた。

このような「未政治運動」の若者共同体である『ビックリハウス』は、政治的・対抗的な共同体に成りうる可能性があったにもかかわらず、政治性・対抗性が色濃く反映されたサブカル誌や、同時代に新しい社会運動を行った市民団体のように、政治的・社会的コミットメントの主体としてはみなされなかった。では、『ビックリハウス』の政治性・対抗性を封じたのは、いったいどのような要素だったのだろうか。

(1) 外山恒一『改訂版　全共闘以後』イースト・プレス、二〇一八年。

(2) 高田昭彦「草の根運動の現代的位相――オールタナティヴを志向する新しい社会運動」『思想』一九八五年一一月号。高田昭彦「青年によるライフ・スタイルとしてのオルターナティヴ形成――「本来性追求のアイデンティティ」の達成過程とオルターナティヴな生き方の成立」栗原彬・庄司興吉編『社会運動と文化形成』東京大学出版会、一九八七年。伊藤綾香「『わっぱの会』における対抗文化的手法の変遷」『社会学年報』四五巻、二〇一六年。

(3) 中西新太郎『問題としての青少年――現代日本の〈文化―社会〉構造』大月書店、二〇一二年。高野光平『昭和ノスタルジー解体』晶文社、二〇一八年。岩間夏樹『戦後若者文化の光芒』日本経済出版、一九九五年。

（4）中西新太郎『問題としての青少年』。難波功士『族の系譜学――ユース・サブカルチャーズの戦後史』青弓社、二〇〇七年。
（5）竹内洋『教養主義の没落――変わりゆくエリート学生文化』中央公論新社、二〇〇三年。
（6）『50年史』編集委員会編・刊『日本雑誌協会 日本書籍出版協会50年史』二〇〇七年。
（7）岩間夏樹『戦後若者文化の光芒』日本経済出版、一九九五年、四一頁。
（8）山本昭宏「1980年代の雑誌『宝島』と核の「語り易さ」」『原爆文学研究』一一号、二〇一二年、二二一―二二三頁、三二一―三三三頁。
（9）池松玲子「雑誌『クロワッサン』が描いた〈女性の自立〉と読者の意識」『国際ジェンダー学会誌』一一号、二〇一三年。小形桜子『モア・リポートの20年――女たちの性を見つめて』集英社、二〇〇〇年。モア・リポート班『モア・リポート――女たちの生と性』集英社、一九八五年。岡満男『婦人雑誌ジャーナリズム――女性解放の歴史とともに』現代ジャーナリズム研究会、一九八一年。
（10）井上義和「『文藝春秋』――卒業しない国民雑誌」竹内洋・佐藤卓己・稲垣恭子編『日本の論壇雑誌』創元社、二〇一四年。
（11）高野光平『昭和ノスタルジー解体』。
（12）難波功士『族の系譜学』。岩間夏樹『戦後若者文化の光芒』。
（13）中西新太郎『問題としての青少年』。
（14）同右、一九三―一九四頁。
（15）難波功士「〝-er〟の系譜――サブカルチュラル・アイデンティティの現在」『関西学院大学社会学部紀要』一〇〇号、二〇〇六年、一八三―一八四頁。
（16）福間良明『「働く青年」と教養の戦後史――「人生雑誌」と読者のゆくえ』筑摩書房、二〇一七年、岩間夏樹『戦後若者文化の光芒』、六二頁。
(17) 福間良明『「働く青年」と教養の戦後史』、六二頁。
(18) 阪本博志『「平凡」の時代』昭和堂、二〇一二年、四〇頁。
(19) 福間良明『「働く青年」と教養の戦後史』、一四九―一五七頁。
(20) 阪本博志『「平凡」の時代』、二四三頁。
(21) 竹内洋『教養主義の没落』、二三頁。
(22) 佐藤卓己「『世界』――戦後平和主義のメートル原器」『日本の論壇雑誌』、九三頁。
(23) 竹内洋『教養主義の没落』、二二二頁。
(24) 竹内洋『教養主義の没落』。
(25) 長崎励朗「『朝日ジャーナル』――桜色の若者論壇誌」『日本の論壇雑誌』、一八〇頁。
(26) 中西新太郎「消費社会と文化変容」安田常雄編『シリーズ戦後日本社会の歴史――社会を消費する人びと』岩波書店、二〇一三年、一六二―一六三頁。
(27) 三浦雅士『夢の明るい鏡』冬樹社、一九八四年、二六頁。
(28) ディック・ヘブディジ『サブカルチャー――スタイルの意味するもの』山口淑子訳、未來社、一九八六年、三二―三四頁（Hebdige, D., 1976, Subculture: The Meaning of Style, Methuen & Co Ltd.,）。
(29) 同右。
(30) 宮沢章夫ほか編著『ニッポン戦後サブカルチャー史』日本放送出版協会、二〇一四年、九頁。
(31) 同右、一五頁。
(32) 同右、四三頁。
(33) 香山リカ『ポケットは80年代でいっぱい』バジリコ、二〇〇八年。近藤正高「みーんな投稿欄から大きくなった♪——サブカルチャー雑誌・投稿欄盛衰記」『ユリイカ』二〇〇五年八月号、青土社。

(34) 佐藤嘉尚『「面白半分」の作家たち——70年代元祖サブカル雑誌の日々』集英社、二〇〇三年。佐藤嘉尚『「面白半分」快人列伝』平凡社、二〇〇五年。榎本了壱『東京モンスターランド——実験アングラ・サブカルの日々』晶文社、二〇〇八年。

(35) 佐藤嘉尚『「面白半分」の作家たち』。佐藤嘉尚『「面白半分」快人列伝』。

(36) 榎本了壱『東京モンスターランド』。

(37) 中西新太郎『問題としての青少年』、一九〇頁。国立歴史民俗博物館『企画展示「1968年」——無数の問いの噴出の時代』国立歴史民俗博物館、二〇一七年、六〇頁。

(38) 佐藤嘉尚『「面白半分」の作家たち』。佐藤嘉尚『「面白半分」快人列伝』。

(39) 矢崎泰久『「話の特集」と仲間たち』新潮社、二〇〇五年。

(40) 山本昭宏「1980年代の雑誌『宝島』と核の「語り易さ」」。絓秀実『反原発の思想史——冷戦からフクシマへ』筑摩書房、二〇一二年。小森真樹「若者雑誌と1970年代日本における「アメリカナイゼーション」の変容——『宝島』『Made in U.S.A. catalog』、『ポパイ』、『ブルータス』を事例に」『出版研究』四二号、二〇一一年。

(41) 宮沢の挙げた七〇年代の雑誌でも『ポパイ』と『ぴあ』は、少なくとも『宝島』『話の特集』ほどには対抗性があるかどうか明確ではない。特に『ポパイ』編集長である木滑良は、『ポパイ』の位置付けを「かつて規制の秩序や行動様式を否定し［…］戦闘的な表情をしていた若い人間たちが、七〇年代に入って急速に変遷し、私的生活をより充実させるために、自分たちの日常を積極的に創造してゆこうとする現実的な生活行動」（赤田祐一『証言構成『ポパイ』の時代』太田出版、二〇〇二年、四二六頁）として評する。この文言だけを素直にとるなら、『ポパイ』は消費社会における私生活主義への埋没の側を支持し、政治的・社会的コミットメントについてはむしろ意識的に避けているため本研究の対象とはしがたいところがあるだろう。

(42) 『面白半分』一九七五年一二月臨時増刊号、一九七六年四月臨時増刊号など。
(43) 同右、一九七七年四月号、五月号など。
(44) 同右、一九七八年一〇月号、一一月号など。
(45) 同右、一九七五年一月号、二月号、一九七六年三月号。
(46) 同右、一九七五年二月号、一九七八年八月号など。
(47) 『話の特集』一九七七年六月号。
(48) 同右、一九七七年九月号、一九八〇年九月号など。
(49) 同右、一九七六年掲載号、また一九八五年七月号など。
(50) 同右、一九七七年二月号、一九七九年七月号。
(51) 同右、一九七五年二月号、一九七八年四月号。
(52) 同右、一九七五年八月号など。
(53) 同右、一九七八年五月号など。
(54) 同右、一九八五年二月号、四四頁。
(55) 同右、一九八二年、一九八四年、一九八五年掲載号。
(56) 同右、一九七六年六月号、一九八一年二月号。
(57) 同右、一九八二年一月号。
(58) 『宝島』一九七九年七月号。
(59) 同右、一九七六年一月号、一九七七年二月号、一一月号、一二月号、一九七八年三月号、四月号、六月号、一九七九年一月号、一九七九年六月号、一九八一年五月号。

(60) 同右、一九七八年六月号、二一―二二頁。

(61) 同右、一九七七年二月号、一九七八年一月号、二月号、一九八〇年一一月号、一九八一年一月号、三月号。

(62) 同右、一九七六年二月号、一九七七年一月号、二月号、一一月号、一九七八年二月号、四月号、七月号。

(63) 同右、一九七九年二月号、五月号、六月号。

(64) 同右、一九七六年一月号、二月号、八月号、一九七七年一〇月号、一九八〇年四月、一九八二年四月号、一二月号。

(65) 同右、一九七六年七月号。

(66) 同右、一九七八年一月号、一九七九年八月号。

(67) 同右、一九七五年四月号。

(68) 同右、一九七九年六月号、九月号。

(69) 同右、一九七九年七月号。

(70) 同右、一九七七年一月号、八月号。

(71) 同右、一九七五年一〇月号、一九七六年三月号、一二月号、一九七七年三月号。

(72) 同右、一九八四年一月号、八月号、一九八五年一月号。

(73) 各誌が代表的に扱った事件・裁判以外の「表現・言論の自由」関連記事としては、一九七七―七八年にかけて『話の特集』で連載された「おかしなおかしな石川達三大先生」がある。この連載では「四畳半襖の下張」裁判において言論の自由を制限する主張を行った日本ペンクラブ会長・石川達三を批判した（『話の特集』一九七七年一二月号など）。『面白半分』「四畳半襖の下張」掲載号を販売した模索舎の裁判も三誌とも取り上げている（『宝島』一九七五年三月号、一九七六年一月号、九月号、一九七八年三月号。『面白半分』一九七八年四月号、五月号。『話の特集』一九七六年七月号)。ほか「愛のコリーダ」裁判(『話の特集』一九八〇年二月号)、「栄養分析表」押収事件(『話の特集』一九七五年一月号、一九七七年六月号)またわいせつ裁判以外としては、『話の特集』『面白半分』が一九七四年に起こったテレビ・ドキュメンタリーの放送中止問題を言論の自由の観点から取り上げている(『面白半分』一九七五年三月号、三四頁、一九七五年四月号。『話の特集』一九七六年六月号、一九八一年六月号)。また『話の特集』で長期にわたって追跡したモデルガン裁判(通称「オモチャ狩り」)も、『宝島』でも言及された(『宝島』一九七五年二月号、一九七八年八月号)。

(74) 矢崎泰久『「話の特集」と仲間たち』、二五六頁。榎本了壱『東京モンスターランド』、一七〇―一七一頁。『話の特集』一九七六年二月号、一九七九年一二月号。

(75) 例えば『宝島』一九八〇年八月号、『話の特集』一九七七年一月号など。『面白半分』は三誌とも広告掲載する場合は少ないが、二誌の広告は一九七九年一一月号、一二月号、一九七五年五月号などに掲載。

(76)『面白半分』一九七六年五月号、一九七六年七月臨時増刊号、一九七九年二月号。『話の特集』一九七八年七月号、一九七九年二月号。『宝島』一九七八年七月号。

(77)『宝島』一九八二年月号、六二頁。

(78)『宝島』一九七六年六月号、『ビックリハウス』一九七五年四月号、一九八五年一一月号など。

(79)『ビックリハウス』一九七五年三月号。

(80) 山本昭宏「1980年代の雑誌『宝島』と核の「語り易さ」」、山本昭宏『核と日本人――ヒロシマ・ゴジラ・フクシマ』中央公論新社、二〇一五年。

(81) 小森真樹「若者雑誌と1970年代日本における「アメリカナイゼーション」の変容」。

(82) 外山恒一『改訂版　全共闘以後』。北田暁大『嗤う日本の「ナショナリズム」』日本放送出版協会、二〇〇五年。飯塚邦彦「二次創作する読者の系譜——「おたく系雑誌」における二次創作の背景を探る」『成蹊人文研究』二三号、二〇一五年。難波功士「〝-er〟の系譜」。

(83)『宝島』一九七九年一二月号、一八二頁。

(84)『話の特集』一九七六年九月号、一四二頁。

(85)飯塚邦彦「二次創作する読者の系譜」、難波功士「〝-er〟の系譜」。外山恒一『改訂版　全共闘以後』。

(86)外山恒一『改訂版　全共闘以後』。北田暁大『嗤う日本の「ナショナリズム」』。難波功士「広告化する都市空間の現在」吉見俊哉編『都市の空間　都市の身体』勁草書房、一九九六年。富永京子「若者文化における政治への関心と冷笑——雑誌『ビックリハウス』を事例として」『年報社会学論集』三三号、二〇二〇年。富永京子「「書くこと」による読者共同体の形成メカニズム——若者雑誌『ビックリハウス』の投稿を事例として」『ソシオロジ』六七巻一号、二〇二二年。

(87)北田暁大『嗤う日本の「ナショナリズム」』、一〇〇頁。

(88)榎本了壱『東京モンスターランド』、一六一頁。

(89)榎本了壱「挑発を仕掛ける——『天井桟敷』と『ビックリハウス』」中江桂子編『昭和文化のダイナミクス』ミネルヴァ書房、二〇一六年、二二九頁。

(90)与那原恵・萩原朔美「ビックリハウス——ハウサーの投稿が、権威を褒め殺した。」『東京人』二〇一七年三月号。増田通二『開幕ベルは鳴った——シアター・マスダへようこそ』東京新聞出版部、二〇〇五年、一三八頁。

(91)外山恒一『改訂版　全共闘以後』、三四頁。

(92)大塚英志『「おたく」の精神史——一九八〇年代論』星海社、二〇一六年、九一頁。

(93)『週刊プレイボーイ』一九八一年四月二八日号、一八一頁。北田暁大『嗤う日本の「ナショナリズム」』。

3 事例、方法、分析視角

本書では、七〇―八〇年代における消費社会化が私生活主義を推し進め、政治参加・社会運動といった公共への関与が失われたという言説を踏まえ、消費社会における共同体を通じた政治的・社会的コミットメントがあったにもかかわらず、なぜそうとはみなされなかったのかを明らかにするために、「未政治運動としての若者共同体」である雑誌『ビックリハウス』を事例とする。

本章では『ビックリハウス』について概説し（3‐1）、方法として採用する計量テキスト分析および内容分析を説明した上で（3‐2）、ビックリハウスのテキストと先行研究の知見から形成した分析視角（3‐3）について述べる。

3‐1 事例――雑誌『ビックリハウス』

『ビックリハウス』と送り手（寄稿者・編集者）たち

本書では、一九七四年から一九八四年にかけて刊行された若者向け月刊投稿雑誌『ビックリハウス』(一九七五年二月号―一九八五年一一月号)を分析対象とする。本誌を検討する理由は前章にて述べた通り、読者参加による緊密な共同体が存在し、それが政治的・対抗的な出自をもっていたにもかかわらず、非政治的とみなされてきた点が最も大きい。

しかし本書が刊行された二〇二四年現在、『ビックリハウス』を知らない読者も多いと思われるため、本章では『ビックリハウス』の刊行から休刊に至るまでの過程、本誌がもたらした社会的影響、また雑誌の内容・性格について概説を行いたい。

『ビックリハウス』は一九七四年より一九八五年まで、株式会社パルコによる出資のもとタウン情報誌として創刊されたパルコ出版による月刊誌である。第一号の発行部数は五万部[1]であり、ピーク時の一九八三年で一八万部[2]、休刊となる一九八五年には一〇万部を売り上げたという回顧もあるが[3]、二代目編集長である高橋章子(あきこ)は「公称十万部でしたけど、実際は五万部を切っていた」「少部数」と語っている[4]。

刊行の経緯としては、アングラ劇団「天井桟敷」で活動していた萩原朔美(一九四六年生まれ)と榎本了壱(一九四七年生まれ)、山崎博、安藤紘平が企画し、パルコの専務である増田通二に企画をもち込んだ。また、かわなかのぶひろ(映像作家)、高橋克己(『季刊フィルム』)も初期の編集メンバーに加わっていた[5]。萩原と榎本は最初、ニューヨークの演劇・音楽・イベントを紹介・批評する雑誌『ビレッジ・ボイス』のような雑誌をイメージしていたが、増田側のオファーは「渋谷のタウン誌」という話だったという[6]。

高橋章子（一九五二年生まれ）は一九七七年秋から二代目編集長として本誌に関わるが[7]、編集長就任後、八〇年代において「新人類」「女性」の旗手として各種雑誌・新聞で取り上げられ、積極的に「女性編集者」「働く女性」として自身の立場を発信してもいる[8]。実際に、彼女が編集長に抜擢された背景についても女性の起用という文脈が強くあった。初代編集長の萩原は、高橋を二代目編集長へと起用した理由を「[創刊]翌年あたりが国際婦人年かなんかだったのかな。国際婦人年といっても、女性編集長というのはマスコミ界でも少ない。ならば章子ちゃんを編集長にすれば、これはこれで『ビックリハウス』がさらに売れてくれるかもしれないと思って[9]」と語る。

また、高橋就任後の編集部は女性が多数を占める点を特徴としており、「編集後記」を見る限り、一九七八年には五名中四名、一九七九年には五名中五名、一九八〇年には五名中四名、一九八一年・一九八二年には六人中五〜四人、一九八三年には四名中二名が女性、一九八四年には五名中三名、一九八五年には四名中二名が女性である。一九八一年には「160ページを女5人で切り回している[10]」という記述がある[11]。

八〇年前後からはコピーライターの糸井重里や評論家の橋本治が編集・寄稿に加わる。本書では、編集に携わった人々を「編集者」、編集者から依頼され寄稿した書き手を「寄稿者」とする。連載をもっていた著名人（寄稿者）はYMO（イエロー・マジック・オーケストラ、ミュージシャン）、おすぎ（映画評論家）、鈴木慶一（ミュージシャン）、栗本慎一郎（経済学者）、ナンシー関（エッセイスト）、赤瀬川原平（作家）、日比野克彦（現代美術家、現東京藝術大学学長）、村上春樹（小説家）、三浦雅士（『現代思想』編集長）、とんねるず（芸人）、犬養智子（エッセイスト）、北山耕平（『宝島』編集長）といった人々がいる。[12]また、原田治、安西水丸、渡辺和博、湯村輝彦、南伸坊、みうらじゅん、西村玲子といったイラストレーターも表紙・挿絵・漫画などの連載を担当した。多くの先行研究・批評は、『ビックリハウス』における糸井重里の活躍を中心的に論じているため、[13]糸井重里が中心的な役割を担い続けた雑誌という印象をもつ人も多いかもしれないが、実は糸井が担当したコーナー「ヘンタイよいこ新聞」の掲載は一九八〇年一〇月から一九八二年七月までの二年弱にとどまる。

今で言うところの「メディアミックス」も盛んであり、「TVビックリハウス」（一九七七―七八年、千葉テレビ）、姉妹誌『ビックリハウスSUPER』（一九七七―七九年、のちに『SUPER ART』『SUPER ART GOCOO』一九七九―八一年）、大人版『BH』（一九八四年）、文芸誌『小説怪物』（一九七八―七九年）、イベントとしては「JPC（日本パロディ広告展）」（一九七七―八五年）、「エビゾリングショウ」（一九八〇年）なども見られる。[14]休刊後も根強い支持者は多かったようで、『驚愕大全』（一九九三年）、『ビックリハウス131号』（二〇〇四年）が休刊からそれぞれ約一〇年後、二〇年後に刊行された。また『ビックリハウス』のコーナーから派生した本も多く、『大語海――ビックリハウス版・国語事典』（一九八二年）、『ヘンタイよいこ新聞』（一九八二年）といった書籍は各種新聞・雑誌でも取り上げられた（第

9章を参照)。

最大でも一八万部という部数は、高橋編集長自ら「少部数」と回顧したとおり、当時の若者向け雑誌の売り上げとしては必ずしも多いほうではない。例えば男性誌では、『ポパイ』は一九七八年には公称三六万部、一九八〇年には公称六八万部を売り上げた。[15] 女性誌『MORE』は一九八二年に公称六五万部、『non・no』や『an・an』も毎日新聞社『読者世論調査』の好きな雑誌上位(「好きな週刊誌」)にランクインしているが、『ビックリハウス』や他のサブカルチャー誌はいずれもランクインしていない。[16]

読者投稿コーナーなどでも「(『ビックリハウス』の販売の有無を尋ねたら)うちは煙草は売ってませんと言われた」[17]「知人で読んでいる人がいない」[18]という声が散見される。しかし『ビックリハウス』は、決して大部数ではなかったにもかかわらず、知識人層や論壇に認知され、編集者や寄稿者たちも新聞や論壇誌、マーケティング誌といった各領域の影響力ある媒体にしばしば登場することになる。『ビックリハウス』が日本社会にどのように受け入れられたのかは第9章でも言及するが、初代編集長である萩原朔美は毎日新聞書評委員、二代目編集長である高橋章子は読売新聞での連載を担当した。ビックリハウス内のコーナー発の本『ヘンタイよいこ新聞』[19]も『大語海』も数々の書評で称賛され、読売・毎日・朝日新聞でも肯定的に取り上げられたことから、当時の社会において若者文化の伝達者のような役割を担っていたことが想像される。

『ビックリハウス』に言及した雑誌も、各種新聞紙や論壇誌のみならず、政党の機関誌から文芸誌など数多い。例えば政党機関誌では、「その名も高いパロディー誌」（民社党本部教宣局『かくしん』[20]）や「ヤング向けの月刊誌」（『月刊新自由クラブ』[21]）と紹介されている。このような点からも、部数はさておき社会的に影響を及ぼした雑誌であり、本書の問いを解くにあたって十分な説得性を有すると考えられる。

誌面の話に戻ると、判型は、創刊から休刊にかけて一貫してA5版で統一されている。ページ数は一九七五年から一九七七年にかけて増加し、一九七七年四月号から一定して一六〇ページ（一九八一年、一九八二年、一九八三年、一九八四年一二月号、一九八五年一一月号は特別号のため二〇〇ページ超）となる。また価格に関しては、一九七五年五月号―一九七七年三月号が二五〇円、一九七七年四月号―一九八〇年四月号まで三〇〇円、一九八〇年五月号―一九八五年一〇月号が三六〇円、特別号は四八〇〜五三〇円である。

『ビックリハウス』刊行当時における他のサブカル誌の価格は、『話の特集』が三八〇円、『面白半分』が二五〇円、『宝島』が四八〇円（一九七五年、ただし後に大幅に値下げ）なので、特に高価というわけではなく、これらのサブカル誌と並行して購入していたり、友人と分担して購入していた読者も多かったようだ[22]。

多くの記事は、編集者側が規定した「お題」や投稿のルールに沿って読者文章やイラストをハガキに書いて投稿する（コーナーによっては写真や立体造形物であることも）。それらを編

図3-1 『ビックリハウス』表紙(1975年7月号)、誌面(1980年6月号、32-33頁)

集者が選定・掲載する読者参加型と、有名人・文化人による寄稿やインタビュー中心のコーナーの二つに分かれる。日常の何気ない経験を面白おかしく語るという「ネタ」投稿が読者参加型コーナーの中心であり、北田暁大[23]や外山恒一[24]が分析した「ヘンタイよいこ新聞」もその一つである。ほかにも思い込みや勘違いを告白するコーナー「おもこ」、批評・評論・随筆を書くコーナー「フルハウス」やお題となる単語を用いて物語を紡ぐコーナー「3WORDS CONTE」など幅広い。しかし、基本的には「最近ビックリした出来事」(「ビックラゲーション」)や「身の回りのキモチワルイこと」(「ヘンタイよいこ新聞」)など、お題に沿って物事の印象や感想を問う短文中心のコーナーと、「ネタ」や「笑い」とは無関係に読者が日常生活の中で抱いた感情や意見を投稿できる「読者の心情のふきだまり」「おたよりコーナー[25]」と称される「メディア・ジャパン」もある。

より専門性の高い、コンテスト形式の投稿コーナーとして、「ビックリハウスの芥川賞」と称される文学作品の投稿コーナー「エンピツ賞」は受賞作が年二回（例年二月号、一一月号）選評とともに掲載され、傑作選も刊行されている。また、パルコとビックリハウス共同主催の公募企画であるパロディ広告のコンクール「JPC展（日本パロディ展）」の受賞作と選評も定期的に掲載された。

公刊当初はタウン誌だったものの、一九七五年六月号から始まったコーナー「ノンセクション人気投票」が大ヒットし、「投票されたハガキの総数は7万枚をゆうに越えた[26]」ことから投稿雑誌へと変貌していく。予算がないため投稿者の掲載に伴う景品や賞金は一切なかったもの[27]の、二代目編集長の高橋章子曰く「中っくらいの段ボール箱に一杯来るよ、一日に[28]」という人気ぶりを博した。

もちろん、当時においても『ぴあ』から『JJ』まで多くの雑誌には読者からの「お便りコーナー」があり、それはサブカル誌でも例外ではない。『宝島』には「The Letters」や「VOW（Voice Of Wonderland）」、『話の特集』にも「読者から」、『面白半分』には「オレにも書かせろ」というコーナーが見られたが、ほぼ半数以上が投稿コーナーという雑誌は『ビックリハウス』だけである。

投稿が大部分を占め、読者同士の文通・恋人募集のみならず、いわば「オフ会」とでもいうべきコーナー(「合言葉はこれだ！」「レスカッションン」)があるのも他誌との大きな違いだろう。

企画者が集合日時・場所と合言葉を誌面に投稿し、無事集まれば開催レポートを誌面に投稿するというコーナーだが、首都圏や大都市のみならずそれなりに数多くの催しが行われていたようだ。[29]『ビックリハウス』読者は「ハウサー」[30]といった自称を共有していたことからも、「内輪空間」「仲間」と言うべき緊密な読者共同体が形成されていたことがわかる。[31]また読者の投稿が多数を占め、読者も編集部に出入りすることが可能な雑誌であったためか、編集者の言説は読者に憧れや理想というより親しみをもって受け入れられてきたという。[32]このような性格も読者共同体を強める要素となっただろう。ここから本書では、『ビックリハウス』を通じた若者共同体を「読者共同体」ならぬ「読者・編集者共同体」と呼ぶ。

読者不参加型の寄稿コーナーもあり、主な連載を担当した著名人に関しては先述したとおりだが、有名人・文化人・芸能人といった人々があるお題に応じて寄稿する「ひとつの言葉から」「フォト・ジャンクション」などが長期にわたるコーナーとして人気を博し、芸能人や知識人へのインタビュー記事も存在した。

一九八五年一〇月号で突如「次号で、何かが、おきる。」という予告がなされた後、同年一一月号をもって終刊となった。終刊した理由として、二代目編集長である高橋らは、ビックリハウスの語りをパロディというよりは「オチョクリ」であるとした上で、「世の中が全部『ビックリハウス』化してきた」「電波っていうメディアで、『ビックリ』と同じような面白がり方の展開が見られるようになってきた[33]」ためだと語る。

『ビックリハウス』の読者たち

『ビックリハウス』を読んでいたのはどのような人々なのだろうか。一九八〇年以降読者向けアンケートを集計・分析した「ビックリハウスレポート」が毎年一二月号に掲載されており、性別・年齢・職業から「お父さんの好きな芸能人」のようなギャグ感のある項目まで幅広く質問している。八〇年から八四年の「ビックリハウスレポート」によると、読者の平均年齢は毎年一八歳前後とほぼ変化がなく、[34]読者の男女比もほぼ半々である。ただし一九八一年の高橋章子のインタビューによると、投稿者の男女比は二：一、投稿の主は高校、浪人、大学生が中心だという。[35]日常の面白い話や駄洒落、造語の発明、パロディイラストなどの「ネタ投稿」になると男子が多く、アンケートになると女子の回答者が多い、という点も「ビックリハウスレポート」で指摘されている。[36]

職業別では「学生」が六、七割を占める。また、地域別では例年それほど大きな差はなく、関東が全体の五割、次いで近畿、東海、九州、東北、北海道、中国・四国、北陸・信越、沖縄と続く。これらの傾向は、「ビックリハウスレポート」が始まった八〇年以降はほぼ変わらないようだ。

ちなみに「他に読んでいる雑誌」としては、男子は『週刊少年ジャンプ』『ぴあ』『週刊少年サンデー』『宝島』『週刊少年マガジン』『サウンドール』、女子は『an・an』『non・no』『ララ』『週刊セブンティーン』『宝島』『サウンドール』が例年上位にある。『宝島』『サウンドール』以外は読書世論調査でも上位に来る雑誌が多く、メジャーとマイナーとを問わず雑誌を読んでいたことがうかがえる。

「好きなタレント」は、「戸川純」「ビートたけし」が八二年から八四年のトップを占めるほか、「坂本龍一」「矢野顕子」「タモリ」「忌野清志郎」「高橋幸宏」「所ジョージ」も常に上位である。このような結果に関して、「相変わらず個性の強いタレントの人気が高い。ちょっとミーハーっぽい芸能界への関心度は低い感あり」[37]というコメントがあるため、タレントの好みには「サブカル」好きらしい特徴が反映されていると考えられる。ちなみにNHK放送世論調査所ではビートたけしが一三位、戸川純はベスト二〇以内にもない旨も併記されており[38]、その点でも『ビックリハウス』読者の嗜好が当時の若者においても「尖っている」と考えられ、それを編集者側も肯定的に評価していたとわかる。

ちなみに一九八一年以降は「今年最も重大だったニュースは？」と言う質問もある[39]。これらの回答は、当時の社会背景を知る意味でも面白い。上位一〇位までは以下のとおりである。

【一九八一年】一位：大平正芳の死　二位：ダブル選挙　三位：金大中に死刑判決　四位：パンダの死　五位：静岡のガス爆発　六位：バス放火事件　七位：冷夏　七位：五輪不参加　九位：山口百恵の結婚　十位：林家三平の死

【一九八二年】一位：日航機羽田沖墜落事故　二位：教科書問題　三位：ニセ五千円札事件　四位：フォークランド紛争　五位：長崎集中豪雨　六位：ホテルニュージャパン火災　七位：イスラエル・PLO紛争激化　八位：坂本龍一、矢野顕子入籍　九位：台風18号　十位：東北新幹線開通

【一九八三年】一位：大韓航空機撃墜　二位：アキノ氏暗殺　三位：富士山爆発のデマ　四位：沖雅也の自殺　五位：戸塚ヨットスクール事件　六位：日本海中部地震　六位：AIDSの氾濫　八位：医大教授選考汚職　八位：高部知子事件　十位：金融機関、第2土曜を休みに

【一九八四年】一位：全斗煥来日　二位：グリコ事件　三位：ロス疑惑　四位：ロス・オリンピック　五位：地震多発（長野県西部地震）　六位：元警官の連続殺人　七位：有吉佐和子さん死去　八位：YMO解散　九位：レーガン訪日　十位：カラシれんこん［辛子蓮根のボツリヌス菌による食中毒事件］　十位：花編のギックリ首事件［「花編」は高橋章子編集長を指す］

以上を見ると、政治から災害、芸能までさまざまなニュースが見られるが、意外にも衆参ダブル選挙や全斗煥来日といった政治的事柄が災害や芸能より上位にあるのに驚く。政治・社会はコミットする対象ではなくとも、「とりあえず関心をもつ」程度の話題ではあったのかもし

れない。

3-2 方法——雑誌の計量テキスト分析と内容分析

本書では雑誌『ビックリハウス』を対象に、記事の計量テキスト分析と質的な内容分析を組み合わせた混合研究法による分析を行う。『ビックリハウス』は一九七五年二月号より一九八五年一一月号まで刊行された月刊誌であり、その総数は一三〇号(総抽出語数 一二〇二万四三四語)にのぼる。論壇誌や文芸誌ほど文字数が多いわけではないが、先行研究が検討したビジュアル・ファッション誌[40]や女性雑誌[41]、戦争雑誌[42]などと比べるといわゆる写真やイラストは少なく、文字がかなり多い。また一方で、論壇誌や文芸誌と比べ、同じ文章であっても投稿/寄稿、実話/創作、深刻/軽薄といった形で文章のスタイルもかなり多様なものが同じ紙面に雑居しており、使われる語の種類が多数にわたる事例であることが考えられる。

使われる語について、先行研究が対象とした他の雑誌との比較という観点から考えてみたい。例えば、『中央公論』や『世界』のような論壇誌であれば知識人や研究者の寄稿者がほとんどであり、「消費社会」や「戦後民主主義」といった語にある程度の共通認識や定義があると仮定できる。また言及されるトピックも専門的であり、「あなたの使っているティッシュペーパーのメーカーは?」といった日常的な話題を掲載する可能性は少ない。そのため、論壇誌では使用される語・話題にそれほど大きな多様性は見られず、使われる語の幅はそれほど大きくないのではないかと考えられる。

それでは、寄稿者が知識人や研究者ではない、市井の人々の投稿による「ミニコミ誌」などではどうか。例えば主婦によるミニコミ誌『わいふ（wife）』[43]の投稿をテキストデータ化し共起ネットワーク分析[44]を施した池松玲子の分析を見ると、話題は「内職」や「妊娠・中絶」、「老人ホーム情報」から「フェミニズム」まで多様であるが[45]、それでも女性・主婦のライフスタイルにまつわるものに収斂されており、「主婦」という語と「家事、育児、自立、生き方」、「女性」という語を「家庭、働く、社会」などが結びつけながら共起ネットワークを形成している[46]。

頻出語を抽出した際、比較的語の種類が少ないのは「代名詞」とりわけ一人称であるが、池松の引用した読者投稿に見られる一人称や文体についても、基本的には「私」「私たち」で統一されている[47]。

これに対して『ビックリハウス』一九七五年刊行号の一人称を見てみると、私、ぼく、僕、わたし、俺、おれ、あたし、小生、わたくし、オレ、われ、わい、わし、己、余、おのれ、ウチ、あたいなどさまざまである。言及されるトピックも多様であり、かつ、誌面の少なくない部分を文章が占める中で、まずはどのような話題が多く話されているのか、傾向を把握する必要がある。そのために本書では、データのフルテキスト化を行い、頻出単語を確認する。もちろん、先述した代名詞の数々を見てもわかるとおり、同じ話題であっても異なる単語を使って話されている可能性は十分にある。例えば一九七五年刊行号だけを見ても、「生理」一つとっても「アンネ」「タンポン」「女の子の日」といったさまざまな隠語やスラングを用いながら語られている。実際に、各章における具体的なトピックに即した分析では、補助的に雑誌誌面の目視での確認も行い、データコーディングをテキストと誌面の両面から進めた。

計量テキスト分析データセットの作成

ここからは今後雑誌のフルテキスト化によるデータ分析を行う人の参考に、少し紙幅を割いて雑誌の計量テキスト分析データセットの作成手順を述べる（関心のない読者の方々はもちろん飛ばしていただいて問題ない）。それぞれの雑誌は一号ずつPDF化し、ソフトウェア「読取革命」（パナソニック社）を用いて文字データに変換した。しかし、『ビックリハウス』のような雑誌は一ページに文章、イラスト、写真が同時に載ることもあり、レイアウトも特殊である（図3－2）。このままOCRを用いてテキストデータ化しても計量テキスト分析に耐えうるデータとならないため（図3－3）、OCRで読みとったテキストデータをもとに人力で文章データにする必要がある。作業補助者が目視でPDFデータとテキストデータを照らし合わせながら、手作業で文字を打ち込みテキストデータをより正確なものにする（図3－4）。

このようにしてできたテキストデータは、一誌ずつワードファイル化した後、刊行年ごとにまとめてテキストファイル化し、計量テキスト分析用ソフトウェアであるKH Coder[48]で分析を行う。『ビックリハウス』は一九七五年、七六年、七七年にかけてページ数が増加し、一九七七年四月号からは一定して一六〇ページとなる（ただし毎年一二月号は特別号のためページ増）。そのため、特に最初の三年とそれ以降ではボリュームが大きく異なり、また一号当たりの語数を見ると、七七年以降は微増傾向になり八一年をピークに減少している（表3-1）。第4章以降では年別の比較を行う場合もあるが、このような語数の増加・減少も踏まえておく必要があるだろう。

抽出する語や分析の手順については、それぞれの章で異なるため各章の冒頭で説明するが、共通する手順として以下のような点がある。まずは「抽出語リスト」の作成である。抽出語については、KH Coderでは品詞別（代名詞、名詞、サ変名詞、形容動詞、固有名詞、組織名、人名、地名、ナイ形容、副詞可能、未知語、タグ（分析者が定義可能）、感動詞、

図3-2　誌面データの一例。イラストと文字が重なっているため、OCRで読み取るには限界がある（写真は『ビックリハウス』1983年12月号、2頁、プライバシー保護のため、画像を一部加工）

■,−|.受賓インタヴユー　　　さん『■みのある賁なんだ。ねｒ，大白図（紙本墨画）梁楷画（十三世紀初期／中国）-↑太白図・作品感。
あより「１１−とか仲わないｒね、小Ｌにノ，い
ものができないかナーと思った。
−とカガたくさん力きつ
多いので、それ
Ｑ」「……。フヽ
Ｃ'日どね。
たよルきね、
て。ふつうの白黒の世界のベンギンがいわつ・-
--—，−...
氷のカケラとか描こうかなあと思って、一時、
かなり迷ったんですよね。で-、とど詠つ-
ギンだけをやりたかったつてゆ■ガｶ。-
学校のアドバタイジングの授業の課誼さ
，た.
から、出さなきやあこられるつて思って……。
時間もなかったし、アレだつたらすぐに描け
るしね。正直いって、自信作ではなかつた。
だから、コヮイですね。ことないですか
「アツベンギンだナ」つて思っ
−
パロディについて語る。

図3-3　「読取革命」によるデータ（写真は『ビックリハウス』1983年12月号、2頁を読み込んだもの）

受賞インタヴュー　　　さん↵
『重みのある賞なんだ。ね』↵
[piccap]↵
李太白図（紙本墨画）梁楷画（十三世紀初期／中国）↵
-----------------------------------↵
「李太白図」作品感。↵
あまりコピーとか使わないでね、おもしろいものができないかナーと思った。最近、コピーとかがたくさんかきこんであるのがとても多いので、それで、そーゆーのあきちゃったので…。ア、あまり深く考えてやってないですけどね。たまたまね、高校時代の教科書めくってたら、でてきたんですよ。李白の絵が。いつも、あーゆー絵を見てるってことないですからね。見てたら、「アッペンギンだナ」って思って。ふつうの白黒の世界のペンギンが、わりと頭の中にあったんです。氷のカケラとか描こうかなあと思って、一時、かなり迷ったんですよね。でも、とどまったとゆーか。やっぱり原画に基づいてね、ペンギンだけをやりたかったってゆーかナ。学校のアドバタイジングの授業の課題だったから、出さなきゃおこられるって思って……。時間もなかったし、アレだったらすぐに描けるしね。正直いって、自信作ではなかった。だから、コワイですね。↵
-----------------------------------↵
パロディについて語る。↵

図3-4　図3-3のデータを人力による修正を経て作成したデータ

	1975	1976	1977	1978	1979	1980
総抽出語数	753,024	968,044	1,125,638	1,143,901	1,165,064	1,193,050
異なり語数	35,002	39,000	42,062	39,970	37,965	38,014
1号あたり語数	68,456	80,670	93,803	95,325	97,090	99,420

	1981	1982	1983	1984	1985
総抽出語数	1,366,023	1,163,509	1,188,623	1,051,119	961,659
異なり語数	38,821	37,503	37,387	37,058	37,868
1号あたり語数	113,835	96,959	99,051	87,593	87,423

表3-1　各年の総抽出語数、異なり語数、1号あたり語数（1975年は2-12月号、1985年は1-11月号。1976年から1984年は1-12月号）

動詞、形容詞、副詞）に頻出語リストが作成される。このうち最も出現する頻度が高いのは「動詞」「副詞」「形容動詞」「代名詞」であるが、「動詞」は「思う」「見る」「言う」「出る」「食べる」「行く」といった普遍的なもので、『ビックリハウス』の特性を検討するにあたって重要性は低いと判断した。また「副詞可能」も、「前」「今」「時間」「ひとつ」「夜」「最近」といった普遍性の高い語彙のため分析対象とはしがたいと考えた。

　そのため、基本的には名詞（代名詞、名詞、サ変名詞、固有名詞、組織名、地名）[49]を対象に抽出語を出現回数順に列記した頻出語リストを作成し、今後の分析のベースとする。一九七五年から一九八五年のすべての号の頻出語リストは、付録[50]のとおりである。上位五〇〇語としたのは、単年度あたりの抽出語がおよそ一〇〇万語であるため、上位五〇〇語であれば上位〇・〇〇五パーセントであり、仮にすべての品詞の中で出現回数の比較的少ない名詞に分析対象を絞ったとしても、十分頻繁に言及されている語として解釈できると考えた。

頻繁に言及された名詞を検討することにより、先行研究によって示された「消費社会における私生活を通じた政治的・社会的コミットメント」と、同時代のサブカル誌の検討から明らかになった「七〇—八〇年代サブカル誌の読者共同体が行った政治的・社会的コミットメント」双方に見られた政治的・社会的事柄が『ビックリハウス』で言及されているのかどうか、その一応の方針を示すことができる。

3-3 分析視角——戦争、女性、ロック

かなりしつこいようだが、前章で『ビックリハウス』を選定した理由をいま一度確認しておきたい。七〇—八〇年代の消費社会論や私生活主義論において、消費社会における私生活を通じた共同体は政治的・社会的コミットメントを行ったにもかかわらずそうとはみなされなかった。それがなぜなのかを考える上で、①対抗性・政治性を有している可能性があるにもかかわらず、②政治的・社会的コミットメントに至らない主体としてみなされた、かつ、③読者共同体が学術的分析の対象となりうるレベルで可視的である雑誌が適切だと考えたため、筆者は『ビックリハウス』を選定した。

この問題意識に倣って分析視角を形成するなら、『ビックリハウス』誌上で言及された中で

も他のサブカル誌が政治的・対抗的に言及したトピックが分析対象として適切であろう。その上で、『ビックリハウス』において言及のあり方に政治性・対抗性が見られるか、見られないとしたらどのような言及がなされているかを検討する必要がある。

他のサブカル誌では性表現などにみられる「表現の自由」や「言論の自由」あるいは大麻所持・モデルガン所持に対する政府からの弾圧といった、全般的に言うならば「自由」に関する議論が数多く言及されていた。しかし、『ビックリハウス』の頻出語には、同トピックに関する連載があるわけでもなければ、例えば「わいせつ」や「規制」といった語もほとんど見られない（一九七六年、一九八〇年、一九八一年に出現する「変態」くらいであろうか）。「マリワナ」「モデルガン」「放送禁止用語」といった語も出現しない。

戦後日本に継続して見られる社会運動として、やはり反戦・平和運動は代表的であろう。「ベトナムに平和を！市民連合」（べ平連）をはじめとする国際的な平和を求める運動と問題関心の近い記事として、国際ジャーナリストのルポルタージュが『話の特集』を中心に多く掲載された。一九八〇年代以降は反核運動が盛り上がり[51]、サブカル誌『宝島』を中心に数多くの言及が見られる。『ビックリハウス』頻出語では反核・反戦・平和運動に関して見てみると、「平和」「反戦」「核」といった語は出現しないが、「戦争」は毎年見られる語である。読者の中心的な層である一〇―二〇代の若者の身の回りの生活ネタや映画・音楽といった話題が多い点は上位の頻出語からも窺えるが、「戦争」は上位の頻出語でありながら、珍しく政治的・社会的な関心をもって語られる可能性の高いトピックであるため、分析の対象とするにふさわしいのではないか。そのため、本書では分析するトピックとして「戦争」を取り上げる。

続いて「女性」というトピックに関してはどうだろうか。サブカル誌は女性を書き手として起用する機会も多く、女性解放に関心を寄せることもあった。ウーマンリブやフェミニズムは、一九七〇年代に生じた「新しい社会運動」の代表的活動のひとつでもある。『ビックリハウス』誌面においても、「女性」（あるいは「女」「女の子」など）はかなり一般性の高い名詞であるため、例年頻出語として見られる。これが果たして女性解放やウーマンリブ、フェミニズムという話題とどの程度関連するかはわからない。高橋章子が「国際婦人年」の影響を受け編集長として起用され、また、女性編集者が大半であった時期も少なくなかった背景を見る限り、何らかの形で女性解放運動は彼女たちの言説に影響を与えていたと考えるのが普通だろう。そのため「女性」に関する言及を、分析視角の一つとして提起する。

最期に、本書は消費社会における私生活を通じて共同体を形成し、政治的・社会的コミットメントを行うか行わないかわからない存在として、『ビックリハウス』の若者共同体を対象とする。その点では同じく若者向けサブカル誌であった『宝島』と最も類縁性が高いと思われるが、『宝島』が政治的・対抗的に言及したトピックとして、コミューン、ヒッピーカルチャー、ドラッグ、ロックといった「カウンターカルチャー(対抗文化)」がある。こちらも七〇年代以降の社会運動、特にヒッピームーブメントなどと類縁性が高く、検証の価値がある対象だと考えられる。『ビックリハウス』でも対抗文化にまつわるかなり上位の頻出語として「ロック」は毎年のように見られるが、『宝島』の言及のあり方とは異なるのだろうか。ロックが対抗文化として語られているのか、それともまったく異なる形で語られたのかを検討することは、消費社会における若者共同体の政治性・対抗性のありようを確認する上で重要だ。

先行研究の指摘したとおり、消費社会の高度化以降における若者が「政治に背を向けた」存在であり、また『ビックリハウス』が、政治的・社会的無関心を反映した若者たちの読者・編集者共同体であるならば、戦争、女性、ロックといった政治的・社会的に語られる可能性が高いトピックに関しても、『ビックリハウス』の読者らは非政治的・非対抗的に言及した可能性が高い。

そこで第2部では、「戦争（反戦・平和・運動）」「女性（フェミニズム・ウーマンリブ）」「ロック（対抗文化）」というトピックに着目してそれぞれの言及記事への計量テキスト分析・内容分析を行い、『ビックリハウス』の読者・編集者共同体が前述の事柄にどのように反応したのか、また政治性・対抗性を拒否したとすれば、既存の政治的な言説に内在するなどの要素を特に忌避・敬遠していたのかを第3部にて分析する。

（1）『ビックリハウス』一九八三年五月号、二六頁。

（2）『週刊文春』一九八三年一月一三日号。

（3）与那原恵・萩原朔美「ビックリハウス――ハウサーの投稿が、権威を褒め殺した。」『東京人』二〇一七年三月号。

（4）「第136回紀伊國屋セミナー『植草甚一スクラップ・ブック』（晶文社）第一期完」（https://www.kinokuniya.co.jp/05f/d_01/back36/no34/essay34/essay08_01_34.html）二〇一九年一一月六日アクセス。

（5）榎本了壱「挑発を仕掛ける――『天井桟敷』と『ビックリハウス』」中江桂子編『昭和文化のダイナミクス』ミネルヴァ書房、二〇一六年、二二八頁。

（6）増田通二『開幕ベルは鳴った――シアター・マスダへようこそ』東京新聞出版部、二〇〇五年、一三八頁。

（7）高橋章子『アッコです、ドモ。――高橋章子大全』筑摩書房、一九八六年。高橋章子『ビックリは忘れた頃にやってくる』筑摩書房、一九九六年。

（8）『広告批評』一九八五年三月号（特集・女はなにを考えているか）、六四―七五頁。『中日新聞』一九八八年七月二七日付「働く女性の生き方〝熱弁〟高橋章子さんら招き、ホテルでトークショー」。また第9章も参照のこと。

（9）鄭仁和「萩原朔美『ビックリハウスの仕掛け人』」『サンデー毎日』一九九一年一二月二九日号、三八頁。

（10）『朝日新聞』一九八一年五月一三日付。

（11）七〇―八〇年代に刊行され、リベラルな女性の言論で知られる『クロワッサン』や『ノラ』といった雑誌も、男性一三名／女性三名（『クロワッサン』、編集長男性）、男性四名／女性四名（『ノラ』、編集長男性）と、そのジャーナリズムの中心的役割にいるのがそもそも女性ではなかった。また、上述した二誌と同様にリベラルな記事が数多く掲載された『MORE』『ARURU』『an・an』といった雑誌も男性編集長である(総合ジャーナリズム研究編集部「概説・現代女性雑誌群 PART1」『総合ジャーナリズム研究』一四巻三号、一九七七年)。これらと比べると、『ビックリハウス』が非女性誌でありながら女性編集長を冠するとともに女性編集者が多数を占めている点で、当時においていかに特殊な立場を保持していたかがわかるだろう。

(12)『ビックリハウス』一三一号、二〇〇四年。

(13)北田暁大『嗤う日本の「ナショナリズム」』日本放送出版協会、二〇〇五年。外山恒一『改訂版 全共闘以後』イースト・プレス、二〇一八年。鶴見俊輔「50年おそく 糸井重里を読む」『広告批評の別冊③ 糸井重里全仕事』広告批評、一九八一年。難波功士「〝-er〟の系譜――サブカルチュラル・アイデンティティの現在」『関西学院大学社会学部紀要』一〇〇号、関西学院大学社会学部研究会、二〇〇六年。

(14)榎本了壱「挑発を仕掛ける――『天井桟敷』と『ビックリハウス』」、二三二頁。

(15)小森真樹「若者雑誌と1970年代日本における「アメリカナイゼーション」の変容――『宝島』、『Made in U.S.A. catalog』、『ポパイ』、『ブルータス』を事例に」『出版研究』四二号、二〇一一年。

(16)毎日新聞社「読書世論調査1983年版」毎日新聞社広告局、一九八三年。坂本佳鶴恵『女性雑誌とファッションの歴史社会学――ビジュアル・ファッション誌の成立』新曜社、二〇一九年、二七五頁。

(17)『ビックリハウス』一九七六年二月号、三頁。

(18)同右、一九八三年五月号、一一二頁。

(19)『創』一九八二年二月号。

(20)『かくしん』一九八二年六月号、三九頁。

(21)『月刊新自由クラブ』一九八三年一二月号、一六〇頁。

（22）ほかに松田洋子「ビックリハウス・ゲイトウェイ」『ユリイカ』二〇〇五年八月号など。
（23）北田暁大『嗤う日本の「ナショナリズム」』。
（24）外山恒一『改訂版　全共闘以後』。
（25）『ビックリハウス』一九八五年八月号、六八頁。
（26）同右、一九七五年一二月号、二七頁。
（27）成相肇「萩原朔美インタビュー」『パロディ、二重の声——日本の1970年代前後左右』東京ステーションギャラリー、二〇一七年、一七四頁。
（28）高橋章子『アッコです、ドモ。』、三〇頁。
（29）外山恒一『改訂版　全共闘以後』。難波功士「〝-er〟の系譜」。
（30）難波功士「〝-er〟の系譜」。
（31）北田暁大『嗤う日本の「ナショナリズム」』。
（32）鄭仁和「萩原朔美『ビックリハウスの仕掛け人』」。
（33）『小説現代』一九八六年二月号、三〇七—三〇八頁。
（34）高橋章子は「読者層はたぶん、アンケートの統計をとると一九歳前後」「面白い作品を選んで誌面に載せると一五、六歳ぐらいになっちゃうんですよ。つまり面白くないんですよ、歳とってるひとの作品て」と語っている（『小説現代』一九八六年二月号、三〇八頁）。
（35）『朝日新聞』一九八一年五月一三日付。
（36）ちなみに毎月の投稿量についてだが、高橋章子によると「ビックラゲーション」の掲載倍率は三〇倍以上、投稿全体としては毎月二〇〇〇通以上が送られるという（『宝島』一九七八年七月号一一〇—一一一頁）。
（37）『ビックリハウス』一九八四年一二月号、一二七頁。

(38) 同右、一二九頁。

(39) 同右、一九八一年一二月号、八五頁など。

(40) 坂本佳鶴恵『女性雑誌とファッションの歴史社会学』。

(41) 井上輝子『女性雑誌を解読する―― COMPAREPOLITAN 日・米・メキシコ比較　研究』垣内出版株式会社、一九八九年。

(42) 佐藤彰宣『〈趣味〉としての戦争――戦記雑誌『丸』の文化史』創元社、二〇二一年。

(43) 池松玲子『主婦を問い直した女性たち――投稿誌「わいふ／Wife」の軌跡にみる戦後フェミニズム運動』勁草書房、二〇二〇年。

(44) 共起ネットワークは樋口耕一『社会調査のための計量テキスト分析――内容分析の継承と発展を目指して［第二版］』（ナカニシヤ出版、二〇二〇年、一八三頁）などでも紹介されているが、ここでは池松の説明をそのまま借りたい。共起ネットワークは、出現パターンが似ている語を線で結んだネットワークであり、図では出現数の多い語ほど大きい円で、共起関係が強いほど強い線で示されている。（池松玲子『主婦を問い直した女性たち』、一四九頁）

(45) 池松玲子『主婦を問い直した女性たち』。

(46) 同右、一二〇―一二一頁。

(47) 同右。

(48) 樋口耕一『社会調査のための計量テキスト分析』。

(49) 「人名」も名詞であり、かつ固有性の高い名詞（「糸井」、「萩原」、「了壱」など）もそれなりに見られるが、基本的には投稿者の氏名（佐藤、小林、伊藤など）を多く抽出する場合が多い。重複も多いため、ここでは分析対象から除外した。

（50）筆者のウェブサイト（kyokotominaga.com）でオンライン版が見られる。
（51）山本昭宏『核と日本人――ヒロシマ・ゴジラ・フクシマ』中央公論新社、二〇一五年。

第2部 戦後社会の価値変容

——戦争体験、ジェンダー、ロックの視点から

4 語りの解放と継承のずれ――「戦後」から遠く離れて

現代の読者からすると、若者文化、とりわけサブカル誌と「反戦」や「平和」といったトピックはあまり馴染まないと考えるかもしれない。しかし、平和運動や反戦運動といった政治的・社会的コミットメントに至らないまでも、「戦争」は親・祖父母世代の語りや学校教育を通じて、当時の若者の身近にある主題の一つだった。

事実、戦後日本の政治参加・社会運動の側面から見ても、平和運動は、一九六〇年安保闘争、一九七〇年安保闘争やベ平連の活動といった形で脈々と引き継がれてきた。(1) 戦争経験やその悲惨さに関する語りは、学校教育やマスメディアを通じて触れることができる。反戦や平和といった理念は、社会運動に参加しない人でも、戦後日本で生活していれば世代によらず共有するところだろう。

七〇―八〇年代の消費社会における若者共同体は、対抗性をもたず、共同体構築や政治へのコミットメントを避けたと言われるが、それは反戦・平和という、戦後極めて強い影響力をもっていた政治的トピックにおいても同様だったのだろうか。本章では、第一に他のサブカル誌が「戦争」というイッシューをどのように捉えたのかを明らかにし、反戦・反核運動をめぐる言説において、語り手の世代による差異が見られる点、また七〇年代と八〇年代の語りの間に断絶がある点を示す（4－1）。これらの知見を踏まえて本書も、戦争に関する『ビックリハウス』投稿者・編集者・寄稿者らの世代に基づき記事を分類し、さらに刊行された年代に沿って整理する。その上で、それぞれの記述を検討する（4－2）。結果として、平和運動への呼びかけはわずかであるが行われており、読者からもそれなりの支持を得ていた。ただ「戦争」そのものの語られ方の中身は異なっている。七〇年代の誌面では、平和運動、戦中・戦後世代の体験談あるいは戦争映画の紹介が中心であるのに対し、八〇年代は戦中・戦後世代の体験談を聞いた読者が報告する形での投稿が多く見られる。このような投稿は、笑いや冗談を交えて記述された点も特徴的だった。

本章で見る七〇年代と八〇年代の語られ方の差異は、戦友会・戦争体験の研究から分析できる。先行研究は、七〇年代における戦争の「語りづらさ」を明らかにした。こうした先行研究の知見に対し、本研究は、八〇年代になり、戦中世代が戦争体験について少なくともそれ以前よりは自由に語れるようになった点を明らかにし、また、戦争を経験していない後続の世代がそうした語りを従来とは大きく異なる社会意識のもとで解釈・記述したという世代間断絶および相互作用が、「笑いとしての戦争体験談」を生んだと結論づける（4－3）。

4-1 七〇年代以降の反戦・平和運動と方法をめぐる是非

特に七〇年代後半から八〇年代以降、日本では社会運動が沈静したと言われて久しいが、例外的に反戦運動・反核運動を分析した先行研究・論稿は数多くあり、六〇年代から七〇年代後半と変わらない勢いで運動が行われたのがよくわかる。(2) それなりの政治性・対抗性を有していたサブカル誌においても反戦・反核はよく言及されるテーマの一つであるため、『ビックリハウス』における言及を確認する前に、まずは同誌の発行期間である一九七五―一九八五年に見られた、『面白半分』『話の特集』『宝島』における反戦・反核運動への言及を見てみよう。

『面白半分』には、七八年から七九年まで有光健による連載「『安保』を考える」が掲載された。「それにしても、なぜ、いま『安保』なのか?」という問いかけのもと、安保をとりまく内外の諸情勢の変容、若い世代の間での「安保」の風化、反「安保」世論の停滞ないし後退という状況を踏まえ、主観的に「安保」を考えるという内容である。(3) 連載の内容は、安保の条文を読み直す、ここ二〇年の日中関係の変遷を辿る、六〇年代の安保闘争の敗北の理由を考えるといった内容である。ほか、戦争に言及した記事としては作家などの著名人が対談などで戦争体験を語るものが見られるが、(4) 連載としては高橋孟（もう）「海軍めしたき物語」(5) が代表的である。総じて反戦や平和といったメッセージが直接的に発されることは少ない。

一方、『話の特集』では、海外ルポルタージュで反戦・平和について言及されることが多い。重信房子の連載「ベイルート1982年夏」[6]、広河隆一[7]や横堀洋一[8]、開高健[9]による寄稿などがその一例である。次に多く見られるのが識者による戦争体験で、平野威馬雄[10]、色川武大[11]、柴田翔、俵萠子、美輪明宏[12]といった人々が戦時中の経験を語った。平和・反戦運動に直接言及した記事は多くなく、最も近いものに黒柳徹子の連載・寄稿がある。いわさきちひろ（画家）や沢田美喜（社会事業家）といった人々の功績をたびたび自身の連載で紹介している[13]。もちろん平和・反戦運動を支持しないわけではなく、例えば矢崎泰久・中山千夏が広島に向かった際のルポでは、反戦平和運動の現場を好意的に書いている。同誌は、安保闘争や反戦・平和運動をそれ単体で話題にすることはそれほど多くないが、政治的・社会的課題に強い関心をもつ『話の特集』の読者・編集者にとって反戦や平和といった主題はあえて取り上げるまでもない共通の理念だったのだろう。そのため、独立したトピックとして言及する必要がなかったのではないか。既存の反戦・平和運動に対する批判や反論が掲載される点は、『面白半分』とも共通するが、具体的な内容は後に詳述する。

『宝島』の「新しい」反核運動

一方、一九七四年に創刊し、中心的な読者層が一〇代後半から二〇代である『宝島』の読者たちには、「安保」は遠い存在だった。この雑誌は『面白半分』や『話の特集』とは対照的に、むしろ一九八〇年代以降の方が反戦運動に関する記事は多い。「アトミック・カフェ・フェスティバル」やジョン・レノンの追悼関連キャンペーンといった形で、彼らは従来の反戦・平和運動とは異なる「新しい」反核運動としての反戦運動を盛り上げる点が特徴でもある。[14][15]既存の社会運動の方法論に疑問を抱いた若者たちが、過去の社会運動とは異なる「若者中心のスタイリッシュな運動」を強調する点は、二〇〇〇年代のイラク反戦運動や二〇一二年の脱原発運動、二〇一五年の安保法制抗議行動の展開なども彷彿とさせる。代表的な記事をいくつか見てみよう。

> 反核運動というと、どうしても政治色が濃くなって敬遠されがちだが、デモや集会といったスタイルばかりでなく、コンサートやイベントを通じて「反核」を訴える行動が、イギリスのCNDフェスティバル等年々盛り上がりを見せている。[…]
> 特にヨーロッパのミュージシャンは、歌詞に「反核、反戦」のメッセージを唄うなど積極的行動が際立つ。そういう方面には割と〝弱い〟のが日本のミュージシャンなのだが、この度、本格的な反核コンサートが開催されることになった。
>
> (『宝島』一九八四年八月号、三二頁)

このコンサート(アトミック・カフェ・フェスティバル・冬の陣)を支えるスタッフは

「政治運動というよりは、オルタナティヴな文化としての反戦、反核、反原発の場を作りたいと考えている」という

（同一九八五年一月号、四四頁）

八〇年代の若者の間ではすでに「政治色」「政治運動」が忌避の対象となっていた点が見受けられる。一方、より読者・寄稿者の年齢層が高い『話の特集』は、こうした新しい反核運動のありように否定的だ。第二回国連軍縮特別総会の開催に際し、反核平和運動が盛り上がりを迎えた一九八二年には、[16]とりわけ『話の特集』は中野孝次（文学者・小説家）が中心となって出した「核戦争の危機を考える文学者の声明」を強く批判した。「反核」そのものがファッションになり、「反核」と「反戦・反安保」が分裂しシングルイッシュー化すること、反核という主題に収斂することで安保や米軍基地、原子力発電所、憲法といった問題が振り返られないことへの危惧、署名という手法への疑問などが語られている。[17]また運動が政治的課題の議論を伴わず、表面的に盛り上がることへの危機感も強く、「反戦平和というスローガン」に終始しているという批判[18]や、「反戦したいのか、反戦ポスターしたいのか」といった意見も見られた。また、反戦・平和運動の方法論への指摘は『話の特集』に限らず、例えば「核戦争の危機を考える文学者の声明」に対する吉本隆明の痛烈な批判などが代表的であろう。[19]

『面白半分』も『話の特集』も、編集者・寄稿者は三〇代以上であり、読者投稿欄を見る限り、読者も若くて二〇代の人々が多かったと考えられる。編集者・読者の全員に戦争体験があるわ

けではなくとも、日常的に「戦争」を感じる機会が今とは比べものにならないほど多かったのだろう。そのように考えたとき、反戦・平和は彼らにとってあまりに当たり前であり、運動の方法論に対する批判・疑問という形で初めて話題（論争）になるものだったのではないか。

八〇年前後になり七九年のＮＡＴＯ（北大西洋条約機構）諸国による中距離核ミサイル配備問題[20]など、国際情勢は新しい局面を迎え、新たな形の反戦・平和・反核運動が誕生する。そうなれば、彼らもまたその作法や戦術を論じざるをえなくなる。このような形で八〇年以降は、七〇年代以前とは異なる形で「反戦・平和運動」が誌面でも課題化されたと考えられるだろう。

このように「戦争」という主題に対して三者三様の姿勢をとるサブカル誌の中で、『ビックリハウス』の読者・編集者共同体はどのような立ち位置をとったのだろうか。『話の特集』や『面白半分』のように、新たな運動の方法論に対して懐疑的な立場をとったのか、それとも『宝島』のように新たな反戦・反核運動を支持したのだろうか。本章では他誌の「反戦・平和」に関する言及に倣い、『ビックリハウス』の戦争記述を七〇年代と八〇年代に分けて検討する。

4-2 『ビックリハウス』における戦争の語り

第2章で記述したとおり、「戦争」という語は『ビックリハウス』においてもほとんどの年で上位五〇〇位に入る名詞である。もちろんこの中には「受験戦争」や「交通戦争」などもあり、必ずしも第二次世界大戦やベトナム戦争を指す単語ばかりではない。しかし、そうした「比喩」のあり方も含め、何らかの政治的・社会的コミットメント（あるいはその不在）への態度を物語る可能性もあるだろう。そのため、ここではひとまず「戦争」の語が含まれる記事すべてを分析の対象として取り上げる。

しかし、戦争という語を用いなくとも実質的に戦争に言及した記事が存在する可能性は十分ある。そこで、他誌の戦争関連記事でよく見られた単語を踏まえて、「戦争」に加え、「大戦」「戦後」「戦没」「敗戦」「反戦」「終戦」「戦中」「戦場」「核」「安保」「軍」（「占領軍」「軍隊」「進駐軍」「米軍」を含む）といった語の入った記事をすべて抽出した。

また、補足的な作業ではあるが、『ビックリハウス』一九七五年一月号―一九八五年一一月号の全誌面をチェックした上で「戦争関連記事」について、三名にコーディングいただいた。この理由として、特定の文字列の検索だけではわからない戦争関連記事を、誌面の目視により再抽出するためである。加えて、読者・編集者共同体の緊密性が強い雑誌である以上、読者・編集者同士にしかわからない隠語やスラングも多いため、文字列としては現れないが特定の事象・社会現象を指す文章が存在する点も挙げられる。その結果「おしん」「東京裁判」「軍艦マーチ」といった、直接には戦中・戦後や軍歌といった語句は見られないものの、関連があると考えられる固有名詞についてもコーディング可能となった。

戦争	249	年	31	終戦	18
映画	72	人間	28	入る	18
日本	53	知る	28	核	17
思う	47	今	27	好き	17
言う	39	世界	27	作品	17
戦後	39	歌	24	昭和	17
アメリカ	38	出る	22	心	17
見る	37	監督	19	前	17

表4-1 『ビックリハウス』戦争関連記事頻出語リスト
（1975-1980年、総抽出語数29,832、うち分析に使用した語数11,172）

一九七五―一九八〇年

一九七五―一九八〇年刊行号の戦争関連記事を対象に語の抽出を行い、第一に頻出語リストを出した（表4-1）。第3章で示した抽出語リストに出現する動詞や副詞は一般性が高く、誌面全体の特性を見る上で有用ではなかったが、本章は話題を限定しているため動詞や副詞に関してもある程度の方向性が見られると考え、名詞のみならず、動詞や副詞を含めた品詞を抽出語に設定した。

表4-1を見ると、記事特定に使用した語（「戦争」「戦後」「終戦」「大戦」「軍隊」）以外では、「映画」「アメリカ」「世界」「歌」「時代」「自衛隊」「昭和」「男」「学生」「生活」「年代」といった名詞が目立つ。このうち「アメリカ」「映画」は雑誌全文の抽出を行っても高頻度で出現する（付録参照）。

どのような語が文章中で一緒に用いられたかを明らかにするためKH Coderを用いて語の共起ネットワーク分析を行ったものが図4-1である。

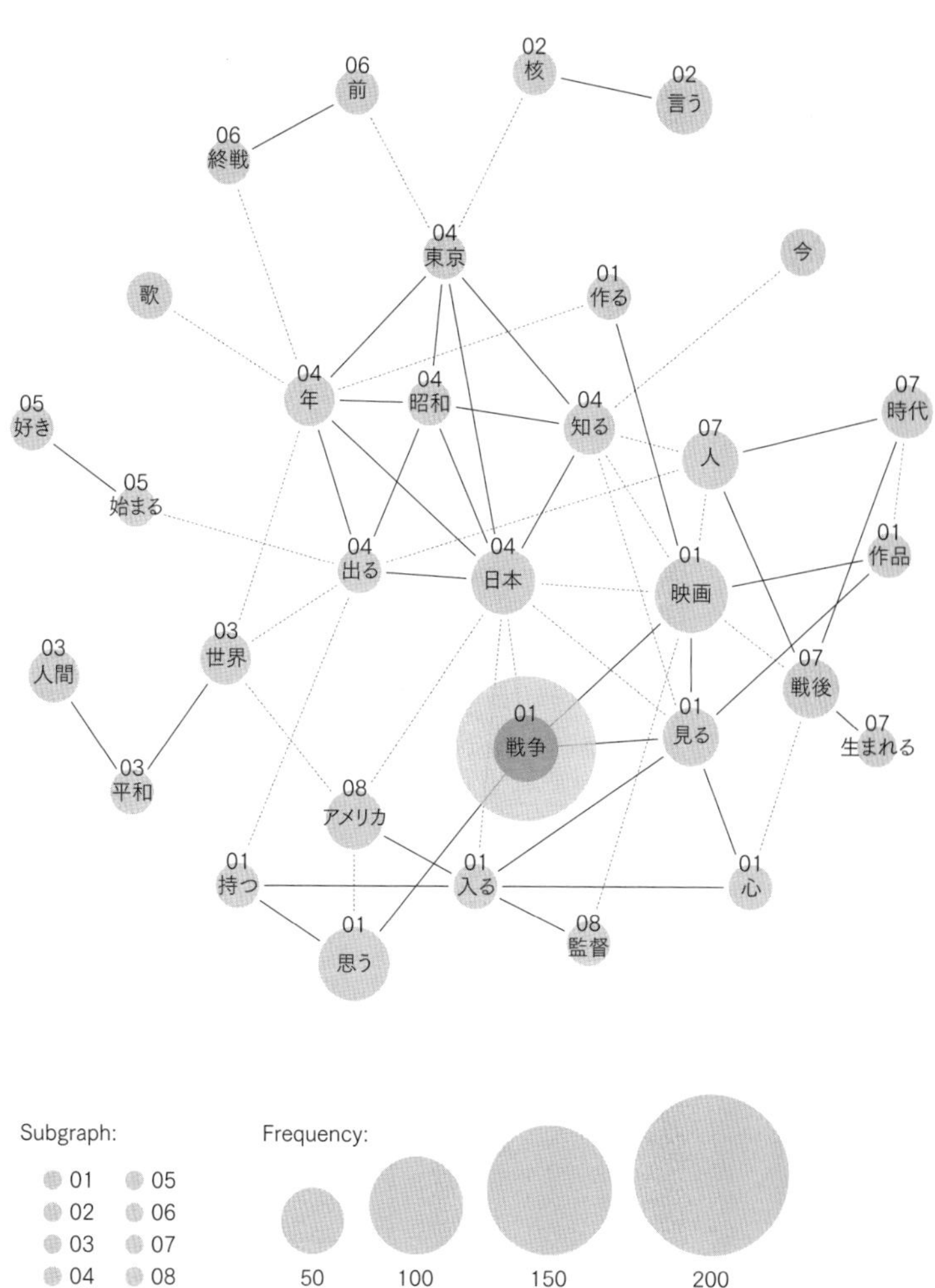

図4-1　『ビックリハウス』戦争関連記事における共起ネットワーク図(1975-1980年)

共起ネットワークとは、「出現パターンの似通った語、すなわち共起の程度が強い語を線で結んだネットワーク」[21]である。また、比較的強くお互いに結びついている部分を自動的に検出してグループ分けを行い、その結果を色分けによって示す「サブグラフ（subgraph）検出」を行った。「subgraph」01-08が、それぞれの結びつきが強いグループである。[22]本書では色の代わりにsubgraph のグループ番号を各語に付した。

図4-1を見る限り、とりわけ大きなクラスタを描いているものに、次のような語の群が見られる。

第一に、第二次世界大戦ほかを扱った映画の紹介記事に見られる単語である。これらは、subgraph03（「戦争」「映画」「作品」「作る」「見る」「心」「入る」「持つ」「思う」）、subgraph08（「アメリカ」「監督」）に反映されていると見ることができる。以下は、恩地美輝による『地獄の黙示録』（一九七九年）の紹介である。なお、引用文の傍線部は戦争関連記事頻出リストの上位に出現した単語である。

こんな〝戦争映画〟は初めてみた、というのが正直な感想である。あらすじに絵が添えられているのではなく、ひとつひとつの画面が観る側の心の中に語りかけてくるのだ。コケ脅しや気どりのないそのスタイルは、まさに素顔のコッポラそのものだ。スペクタクルだけの戦争映画なら二度も見れば充分だが、この恐ろしく底深い作品には、おそらく何度でもくり返しつきあうことになるだろう。

（恩地美輝「MOVIE THEATER」、『ビックリハウス』一九八〇年二月号、一二九頁、傍線部は著者による）

映画紹介記事は一九八一年以降も数多く見られるが、とりわけ第二次世界大戦を題材とした欧州・米国の映画が対象とされることが多かったためか、一九七五年から八〇年の間に集中している。映画評論家、映像作家といった専門家たちが紹介した映画は、『ローマで夜だった』（一九六〇年、イタリア）、『暁の7人』（一九七五年、アメリカ）、『ミッドウェイ』（一九七六年、アメリカ）、『遠い雷鳴』（一九七七年、インド）、『渚にて』（一九五九年、アメリカ）、『地獄の黙示録』（一九七九年、アメリカ）などがある。

また『幻の混民族共和国』（一九七六年、日本）、『特攻任侠自衛隊』（一九七七年、日本）、『ハワイ・マレー沖海戦』（一九四四年、日本）、『戦争の犬たち』（一九八〇年、日本）といった戦争映画、自主制作映画も時折紹介される。初代編集長である萩原朔美が映像作家であったため、初期の『ビックリハウス』には映像作家や映画評論家が多数寄稿していた。そのためもあり、このような紹介の傾向となったと考えられるだろう。

第二に、一九七五年から八〇年の間によく見られるのは、戦中・戦後に幼少・青年期を過ごした有名人の体験談である。これは、subgraph07（「戦後」「時代」「人」「生まれる」）、

subgraph04（「東京」「昭和」「年」「知る」「出る」「日本」）、subgraph06（「終戦」「前」）に見られる。例えば以下の中島貞夫（一九三四年生まれ、映画監督）の体験談である。

［…］ぼくも高校を4年やったんです。

戦争中は校舎が兵舎になって殆［ほと］んど授業を受けていない、特に4年生の末から5年生の夏までね。午前中は竹槍訓練でしょ、午後は竹槍とクワをかついで学校へ行ってタンボや畑を耕すという……。当時は無茶苦茶に転換している時代ですよね。オヤジは4年生の時に戦争で死んでいるんです。それからは軍国少年の凄いのになりましてね。特攻機に乗りたいと口走ったりした。戦争で死んだんだから泣いちゃいかんのです。で、歯くいしばって我慢して、終戦の時に泣きました。その後ガラッと変わって、中学に行くと新教育…、かなりな転換だったから何かになるなんて考えていなかったんじゃないかなあ。時代についていくので精一杯だったですね。腹も減っていました。教育勅語、青少年に賜わりたる勅語、歴代天皇の名前、全部丸暗記しましたよ。意味も分［わか］らず全部書けましたよ、教育勅語なんか。それからガラリと変わった。だからぼくらものを信用しない世代ですね。

（中島貞夫インタビュー「無節操派の旅めぐり　恥を知ってる人間が好きだ」同一九七七年八月号、一一四頁）

また、以下は、長沼静（一九二〇年生まれ、長沼静きもの学院院長）の体験談である。

［…］空襲警報が鳴った時、ふと簞笥の中にある着物を考えたんですよ。「あの着物、みんな燃えてしまうのかしら」って。で、何でこんなに着物に愛着を感じたのかって考えてみますと、昔は、女は着物って財産だったんです。それが戦時中から戦後にかけて、結局着物が食べる物に変［かわ］っていったわけです。着物を持っていってお米と交換する。日本人ていい生活の知恵を持ったもんだな、とその時思いました。

戦後、焼跡に立って日本の荒廃しているものを眺め、駐留軍が入ってくると女性の心が一変してしまって、チョコレートの一枚か二枚欲しさに、腕にすがって歩く姿を見た時、女性の心の荒廃というものを、つくづく身にしみて感じたものです。

（長沼静インタビュー「大物登場③長沼静きもの学院学院長 長沼静 腕白少女が着物を着て」同一九七八年四月号、七三頁）

このような体験談を語った者としては、宇崎竜童（一九四六年生まれ、歌手）、西田敏行（一九四七年生まれ、俳優）、石上三登志（一九三九年生まれ、CMディレクター）、石井ふく子（一九二六年生まれ、テレビプロデューサー）、向田邦子（一九二九年生まれ、脚本家）、東野芳明（一九三〇年生まれ、美術評論家）、杉本英介（生年不明、コピーライター）、馬渕晴子

戦争	193	見る	25	考える	19
人	55	人間	24	話	19
言う	53	日本	24	学校	18
思う	38	東京	22	アメリカ	17
世界	31	愛	21	作る	17
映画	28	年	20	死ぬ	17
反対	27	先生	20	書く	17
今	27	核	19	出る	17

表4-2 『ビックリハウス』戦争関連記事頻出語リスト
（1981-1985年、総抽出語数24,048、うち分析に使用した語数8,881）

（一九三六年生まれ、女優）がいる。彼らはいわゆる「戦中世代」の中でも幼少期に戦争の経験をした者だと考えられる。また、より年長の世代としては、岡本太郎（一九一一年生まれ、芸術家）、井上真由美（一九一八年生まれ、生物学者）、糸川英夫（一九一二年生まれ、工学者）、秋山清（一九〇四年生まれ、詩人）などがいる。

語りの傾向としては、幼少期の疎開体験や、少年期の基地での体験といったものが多く、その体験を総括し、何らかの主張に結びつけるよりも、その時々の行動、感想を記述している記事が多い。つまり、現時点の語り手自身と切り離された経験としての戦中・戦後が語られる傾向にある。

一九八一―一九八五年

では、一九七五年から一九八〇年にかけて『ビックリハウス』で見られた「戦争語り」の傾向は、一九八一年以降どのように変化したのか。前項と同様に、抽出語リストと共起ネットワークを析出し、見比べてみよう（表4-2、図4-2）。

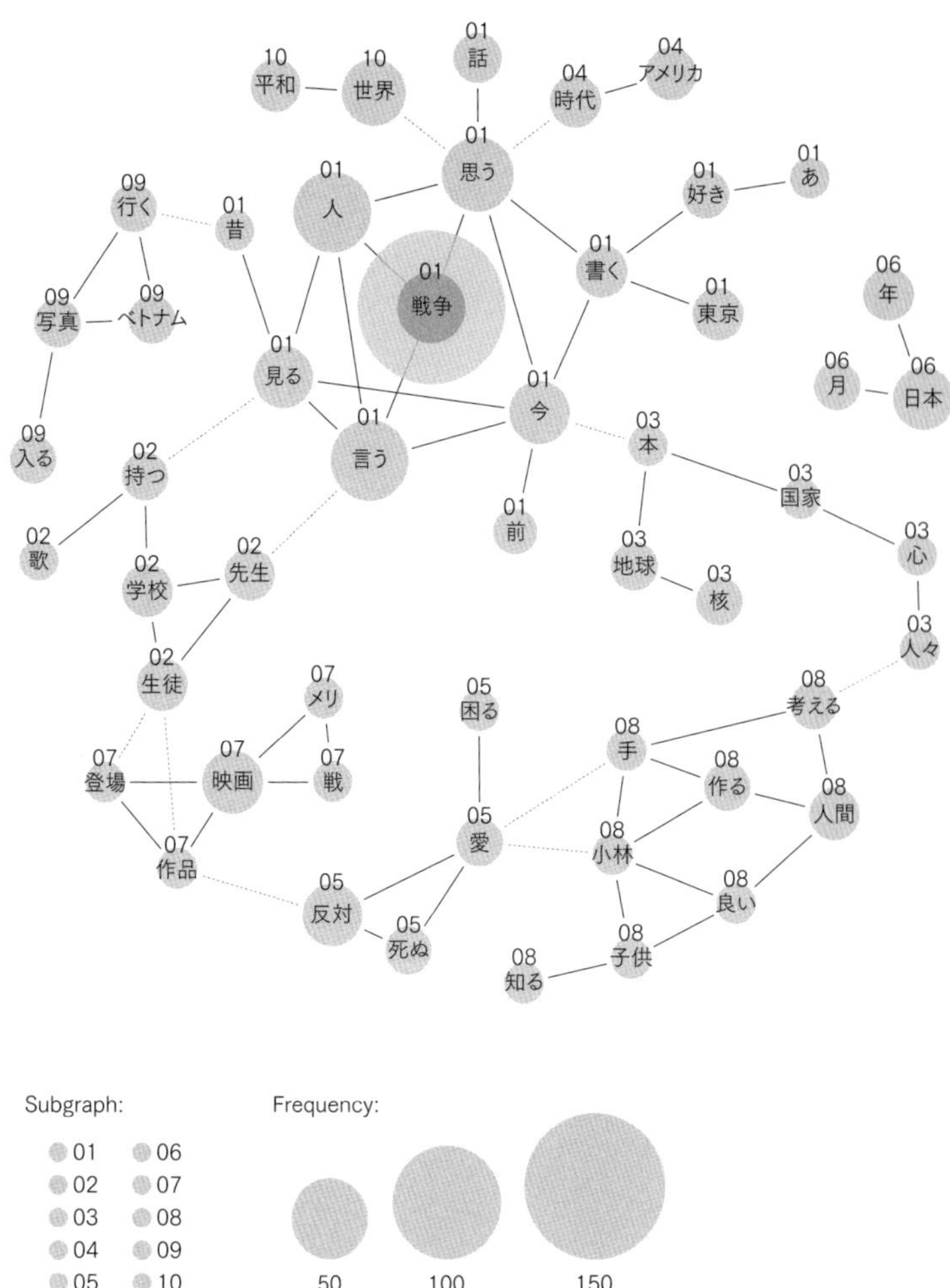

図4-2　『ビックリハウス』戦争関連記事における共起ネットワーク図（1981-1985年）

「映画」が比較的上位にある点は七五―八〇年と変わらないが（subgraph04、「映画」「戦」「メリ」「作品」「登場」）、結びつく単語がかなり具体的になっている。この「メリ」とは『戦場のメリークリスマス』（一九八三年、日本）の記事であり、誌面にもしばしば登場した坂本龍一（一九五二年生まれ、音楽家）の出演が特に強調された。ただ、内容についての批評は少数で、「戦争」映画としてよりは、キャラクターの人柄や関係性への言及が多い。そのため、特定の映画の名前として頻出ではあるけれども、「戦争」の語とは結びついていない点も七五―八〇年と異なる点だろう。例えば次のような記事は、この時期の代表的な「映画」記事である。

『戦場のメリークリスマス』は、素直に良かったと思う。ところがどうも、どこかで一度似たような映画を観た記憶があるのだ。思うにそれは、『12人の怒れる男』ではないだろうか。御存知のとおり、この『12人の…』は、ほぼ全篇にわたり、ひとつの部屋の中で物語が進む密室劇だ。ラスト近くになって中にいた人間が建物の外に出ると、観客は、ようやくそこで解放感を得、物語はハッピー・エンドを告げる。僕は『戦メリ』の「メリー・クリスマス！」のラストにも、同様の解放感と安堵感を感じた。そう、この映画は、ひとつの島、または戦争というひとつの状況下で展開される一種の密室劇なのだ。ただし、こちらには、ハッピー・エンドは用意されていない。何故なら、あの後、たけしを待っているものは、死、あるのみ、なのだから。

（佐藤雅和（生年不明、ビックリハウス編集者）、同一九八三年七月号、一六〇頁）

また、もう一つ興味深い点としては、「反対」という単語が見られることだ。先行研究が指摘した『ビックリハウス』の非政治性、非対抗性[23]からすると、ここまで明確な語が見られること自体が珍しい。「反対」の含まれるネットワークはsubgraph05（「反対」「死ぬ」「愛」「困る」）となる。これらが含まれる文章に以下のようなものがある。

昨年より、はじめました、〝死ぬのは嫌だ！恐い。戦争反対〟キャンペーン。世界平和を願うスネークマン・ショーのファンとして、また良識ある人間として、この愛の黒い羽根運動に、たくさんの方々が賛同してくれました。ほんとうに、ありがとうございます。もう、愛の黒い羽根は、お手元に届きましたでしょうか。まだの方は、もう少しお待ちください。

（愛の小林敬治（アルファ・レコード宣伝 スネークマンショー担当、生年不明）、同一九八二年二月号、一三四―一三五頁）

この文章には、Subgraph08（「手」「作る」「考える」「人間」「小林」「良い」「子供」「知る」）の単語も見られる。「死ぬのは嫌だ！怖い。戦争反対」は、クリエーター・桑原茂一（もいち）と小林克也、伊武雅刀から成るユニットであるスネークマン・ショーによるセカンド・アルバムのタイトルである。プロモーションとして「世界平和を願うスネークマン・ショーのファンとして、戦争反対の意思表示のために愛の黒い羽根をつけましょう。●お申し込み一口につき、愛の黒い羽根を50本差しあげます。（二口以上も可）皆さんはこの黒い羽根を50人（以上）の方に配布し、戦争反対ファンクラブを全国各地で結成して下さい」という広告を掲載したところ、[24]多くの賛同が寄せられた。桑原の「戦争に反対するならきちんと反対しよう」という意志のもと行われたキャンペーンであり、販売促進部としては「あくまでもパロディ」のつもりだったようだが、集まった賛同の署名は二〇万にものぼった。[25]署名に加え、献金もあったため、まとめてユニセフに寄付したという。

確かに、一見すると「ネタ」だか「マジ」だかわからないキャンペーンなのだが、寄せられた感想は次のような、かなり真面目なものが多い。

> 今日、ビックリハウス12月号をかいました。（よみました）それで、感激しました。前から「戦争反対」というのをやりたかったのです。というより、前から少しずつこわかったのです。私の力で何とかしたい、でも高校生だし（今受験生だもんで）力不足、時間不足、人手不足で何もできませんでした。
> 学校の方は現国とかで「こわいんだぞ！」と言いきかせるための話をいつも読ませ、

思い知らせているくせに、最後のとこはボカして「考えてみなさい」でしょ!!考えるだけじゃあダメなんだし、みんな考えようとしないでいつも終わってしまう。クリスタルなんだ。私はこの戦前ムードがこわい。戦争したいなんて言ってるオッサンはきっと気がおかしいに違いない。

（読者投稿、一七歳・女性、同一九八二年一月号）

また、前述した「学校」との関連で見ると、七五―八〇年では見られなかった「先生」を中心とするsubgraph02（「歌」「待つ」「学校」「先生」「生徒」）の出現も興味深い。これは、戦中・戦後に幼少・青年期を過ごした大人の体験談を伝達する記事が中心となって形成されている。以下のような内容が代表的だ。

数学の森永先生は、モールス信号の順列の問題を見て、「自分は昔、陸軍の暗号部隊にいた」と言って、戦争の話をなつかしそーに話して、1時間つぶした

（読者投稿、一六歳・男性、同一九八一年四月号、五一頁）

私の日本史の先生は戦争に行き飛行機のバクゲキを受けたことを毎年かならず自慢する

（読者投稿、一八歳、同一九八四年一一月号、五九頁）

記事数を見ると教員による語りの伝聞が目立つが、例えば「父は戦争直後「米を出せ！」と区役所に突入、区長の机の上に陣取ったそうだ[26]」（読者投稿、二九歳・男性）といった、「父」「母」「祖父」といった身近な大人の体験談もよく見られる。七五―八〇年の体験談が著名人の直接の戦争体験をベースとした寄稿・インタビュー中心であったのに対して、これらは読者投稿であり、保護者や教員の伝聞を「なつかしそー」「自慢」といった形で、いわば「おもしろエピソード」として紹介するような投稿が多くを占める。

著名人が戦時中や戦後の体験を語る記事は他の三誌にも共通して見られた。しかし、読者による伝聞の形をとっているとはいえ、編集者や著名人ではない「市井の人々」の声が多く見られるのは投稿雑誌である『ビックリハウス』特有であろう。また、反戦・平和運動に関する言及は『宝島』『面白半分』や『話の特集』でも見られるが、『ビックリハウス』を通じて見られたものは、『面白半分』や『話の特集』のような運動の方法論への賛否ではなく、きわめて素朴な学生・若者の生活実感に基づく戦争への恐怖や抵抗であった点で『宝島』と近い。

こうした『ビックリハウス』の戦争関連記事の特徴はどのように解釈できるだろうか。次節では、戦争経験の研究を援用しこれらの記事を読み解く。

4-3 「戦後」から遠く離れて

本章では『ビックリハウス』の「戦争」関連記事を七五―八〇年、八一―八五年へと時期を分けて記事の比較分析を行った。その結果、八〇年代以降に、スネークマンショーのキャンペーンに呼応する形で「戦争反対ファンクラブ」による「反戦運動」が見られた。ここから、比較的対抗性・政治性が薄いと捉えられてきた『ビックリハウス』の読者・編集者共同体といえど社会運動とは無関係ではなかったことがわかる。さらに、七〇年代から八〇年代に向かうにつれて、先行世代の戦争体験は「軽く」「面白く」語られるようになったこともわかった。『ビックリハウス』で言及されたスネークマン・ショーの「死ぬのは嫌だ！怖い。戦争反対」キャンペーンに呼応する形で行われた「反戦運動」は先述したとおりパロディ色の強いキャンペーンという「ネタ」であり、それを「マジ」で受け止めた読者たちによる反応は、ある意味、『ビックリハウス』のような投稿主体の雑誌がもつ不可測性が可能にした運動とも言えるかもしれない。ただし、ごく短期間であったためか、他誌が取り上げたような「安保」の延長線上にも、かといって文学者声明やアトミック・ロック・カフェのような新しい形での「反核」運動にもカテゴライズされることはなかった。

語られなかった戦争の経験

また、戦争体験が、七五―八〇年の著名人・文化人による体験談から、八一―八五年に見られる市井の人々による「面白い」「軽い」戦争語り（の伝聞）への移行がなぜ生じたのか、戦争体験の研究から考えてみたい。[27] 福間良明は、終戦時点で一〇歳以下の人々を「戦後派」、また一九二〇年代前半に生まれた人々を「戦中派」世代としてまとめている。[28] 同じ戦争体験であっても、社会の指導的役割を果たしていなかった戦中派世代とその前後の世代では大きく異なる。[29] 特に戦中派世代に存在する心性として「共犯意識」や「気恥ずかしさ」、「ためらい」があり、これらの要素が、戦中派の彼らに戦後しばらく戦争体験を語ることを抑制し続けた。

この点から『ビックリハウス』に掲載された七五―八〇年の著名人・文化人による戦争体験を振り返ると、確かに戦争体験について語った「戦中派」は長沼静（一九二〇年生まれ）をのぞいて存在せず、一九二〇年代後半生まれの石井ふく子、向田邦子、一九三〇年代生まれの東野芳明、馬渕晴子、石上三登志は「戦中派」より下の世代である。

以下は、「戦中派」より年長世代の井上真由美と秋山清の語りであるが、直接に戦場での戦闘を経験した者は登場していないことがわかる。

北大の農学部を、終戦の時に出たんですが、大学にしばらく残って、微生物をつかって石油燃料のオクタン価をあげるための添加剤の研究をやった。トウモロコシを原料にしてね。戦争に行くかわりに、そっちの方をやらされて生命拾いしたんです。終戦で日本はひどい廃虚になったでしょ。その当時は結核が人間の不幸をもたらす最たるものでしたから、それを防ぐペニシリンとかストレプトマイシンの研究を…、そういう薬は微生物が作ってくれるものですからね。

（井上真由美「闘魂シリーズ⑤激殺 ミクロの生命体が地球を覆う！」

同一九七七年四月号、六六頁）

ベニヤの世話とか南洋材をやっている内に、戦争でフィリピンを占領して、そこに代表的な木材会社が陸軍の命令で伐採にいくことになった。そこでまた組合が作られて、その世話をぼくがすることになった。マニラと東京に事務所があって、東京をぼくが預った。その統制会社に行ったのは16年の暮れですが、その頃は、大変いい月給をもらった。20年まで世話をしたかな。で、何もかも駄目になりましたね。

（秋山清「人間生態学②自由のための犠牲 アナキスト、詩人 秋山清」

同一九七七年五月号、五八頁）

七五年から八〇年にかけて、著名人の寄稿には戦争体験が活発に書かれたにもかかわらず、読者投稿の側に「戦争体験」があまり見られないのも興味深い。もちろん当時の子ども・若者は戦争経験者ではないだろうが、八一年以降の投稿に「陸軍の暗号部隊にいた」「飛行機のバクゲキを受けた」など明確に戦場にいたことがわかる祖父や教員の戦争体験談（の伝聞）が見られるのに、なぜ八〇年代以前はそうした投稿がなかったのだろうか。

八〇年以前も、八一年以降と同様の読者投稿コーナーはもちろん存在しており、身の回りの人の話やちょっとした出来事を書くという体裁は一貫して変わらない。もちろん、その時々で投稿の選定を担当する編集者は異なり、たまたま編集者の好みにそぐわない時期が多く続いたのかもしれないが、本書ではまた異なる可能性を考えたい。

高橋由典らの研究はこの問いを解くにあたって重要な示唆を与えてくれる。この研究は一九八三年の調査をもとに戦争経験者によって結成された同窓会組織「戦友会」を論じたものだ。それによると、全人口に占める戦争未経験者の割合が増加するにつれ、社会制度としての軍隊を知らない、戦争を体験していない世代との間に、軍隊生活や戦闘体験に関する有効なコミュニケーションはきわめて少なくなる。また、反戦・平和といった規範が広く共有された戦後社会において、戦争体験の回顧は当事者以外の人々に否定的に評価されるのが普通である。したがって、戦友会の会員たちが自らの体験を自分の子供や孫に伝えることに対しては消極的だという傾向を、高橋らは明らかにした[30]。このように、戦後三〇年が経とうとする日本においても、戦争体験は語る場や相手を選ぶものであり、また語ることのできる機会も限られていた。

こうした高橋らの議論は、七〇年代には見られなかった戦争体験の語りが、八〇年代に見られるようになった事実を考察する上で重要である。八〇年代において、戦争は過去の記憶となりつつあった。[31]また、同じく戦争に行き、複雑な経験を抱えて日本社会に還ってきた者が数多く社会にいた七〇年代と異なり、戦場の「同期」が退職し、社会の第一線から引退しはじめる八〇年代は、彼らにとってようやく「戦友」以外の人々に、自らの体験を武勇伝的であれうっかり話的であれ語れる機会だったのではないか。

ここで、前節で紹介したものに加え二つの「戦争語り」を引用したい。

［読者投稿］政・経の中村先生は寝ていた友人Tを「起きんかっ」と、どなったあと「満州で蒙古人150人を扱うには、これくらいの声が必要だ」と、おっしゃった［編集者からのコメント］☞中村先生の戦後は、まだ終っていないっっ!! ほおっておいていいんだろーか。生徒としてどう対処すべきか考えよ。騎馬民族の衣装で登校するとかさ。ちょっと、ハデかな。

（読者投稿、一八歳、同一九八四年一〇月号、四二頁）

祖父が戦争中、太平洋を3日かけて泳いだ

（読者投稿、一八歳、同一九八五年九月号、八三頁）

掲載されたコーナーの「ビックラゲーション」は、一九七五年七月号（開始時は「最近ビックリした出来事」で、同年九月号から改題）から一九八五年一〇月号まで続いた人気コーナーである。その名のとおり「最近ビックリした出来事」を書くだけというシンプルなコーナーであるが、回を重ねるにつれ、単に「驚いた話」というよりは「笑い話」の比重が大きくなっていく。[32] このような文脈を考えると、上の二つの伝聞は、もちろん従軍経験、戦争体験という点では子供たちにとっての未知の領域という「驚いた話」であるが、一方でどちらも「笑い話」の文脈の中で綴られた点に特徴がある。この「ビックラゲーション」のコーナーは、「優秀賞」「佳作」といった形で最も笑える投稿や驚いた投稿が選出されるが、上の「中村先生」の話は「優秀賞」となり、編集者からのコメントが付記されている。このコメントを見ても、やはり「笑い」の文脈に回収されていると解釈できる。

また、こうした「祖父」や「先生」の語りには、暴力や殺人といった事柄がない。もちろん、語られていても投稿の「ネタ」にするにはいささか重すぎたため、比較的身近な面白い話のほうを採用して投稿したという可能性もある。しかし、先述した先行研究の知見を踏まえれば、そもそも語ることができない記憶としてあった可能性も大きい。そのため、戦中世代は暴力や攻撃に触れない範囲で自らの戦争体験としての武勇伝やうっかり話を語り、若者や子どもがそれを「面白い話」として受け取ったのだと考察できる。

もう一つは、戦後世代と戦中世代の共同体に対する意識の違いが、国のための戦争体験を「笑い話」として受容させた可能性だ。「満州で蒙古人一五〇人を扱った（指揮した）」「太平洋を渡った」というのは「お国のため」[33]に行われたことであり、その価値観を共有している戦中世代が戦友会などの場で戦争をともにした人々と語れば、苦労話であり武勇伝にもなりうるだろう。しかし、八〇―八五年において『ビックリハウス』の読者層だと想定される層は、五〇年代後半から六〇年代後半生まれであり、第1章でも示したとおりそもそも共同体に対する責任感や使命感がそれほど高くない世代である。[34]彼らからすればそもそも「満州で蒙古人を扱う」「太平洋を渡る」感覚、国のために滅私奉公をするという感覚そのものが共有しづらく、こうした価値観のずれもまた、武勇伝や懐古話を素朴な驚きと笑いとともに捉える一因となったのではないだろうか。

この世代と社会意識のずれを考察するにあたって、同時期に『話の特集』に掲載された永千絵(えいちよ)（1959年生まれ）のエッセイ[35]は興味深い。「お国のために死んで来い」という言葉に対して永が「信じられない、ばかみたい」と言ったところ、母が突然怒り出して呆気にとられたという内容だ。それまでは友人のように近しく感じていた母と大きな意識の溝を感じたという永の述懐は『ビックリハウス』の若者たちと年長者の意識のずれを考える上で参考になる。

本章をまとめると、『ビックリハウス』を通じて見られた反戦・平和運動は、他のサブカル誌が示した六〇年、七〇年代の「安保闘争」の延長線上にあるものでもなく、八〇年代以降の文学者声明やアトミック・カフェ・フェスティバルに代表される若者の反核運動ともまた異なっていた。本書で見た「戦争反対ファンクラブ」がスネークマンショーのいわば「パロディ」広告に始まるきわめて短期間のキャンペーンであり、かつての社会運動の延長線上でも、新しいタイプの反核・反原発運動ともつかない点で、先行研究では社会運動とみなされづらかったのだろう。同キャンペーンのような社会運動がなぜ共感を集めたのかという点と、この発端となったユニット「スネークマン・ショー」に関しては、また第3部で言及する。

また『ビックリハウス』は投稿雑誌であるがゆえに、著名人・文化人と一般の人々とを問わず戦争中の体験も言及されていた。八〇年代は、場所と話題を限定してではあれど戦争経験が語られ始める時代でもあった。その経験を共同性への責任感や使命感抜きに継承した若者たちは、当事者たちの戦争体験を「笑い話」として解釈することもあった。

若者たちは、一時的ではあれど確かに反戦・平和に対しても関心をもち、その関心を投稿雑誌という私生活を通じた共同体に反映させていた。また一方で、本章で見た戦争体験の継承のように、本来は共同体への使命感や責任感と結びつけて語られてきた「公的な」言説が、笑い話として「私的に」継承されるさまも見られた。本章では「戦争」というトピックを検証することで、一見非政治的とみなされた若者たちの共同体が短期間ではあれど政治的・社会的コミットメントの主体となった過程と、戦後日本の社会意識の変容によって、公的な経験が私的に受容される過程を明らかにした。

(1) Avenell, Simon Andrew, 2010, *M Making Japanese citizens: civil society and the mythology of the shimin in postwar Japan*, University of California Press. 平井一臣『ベ平連とその時代——身ぶりとしての政治』有志舎、二〇二〇年。

(2) 山本昭宏『核と日本人——ヒロシマ・ゴジラ・フクシマ』中央公論社、二〇一五年。絓秀実『反原発の思想史——冷戦からフクシマへ』筑摩書房、二〇一二年。安藤丈将『脱原発の運動史——チェルノブイリ、福島、そしてこれから』岩波書店、二〇一九年。本田宏『脱原子力の運動と政治——日本のエネルギー政策の転換は可能か』北海道大学出版会、二〇〇五年。

(3)『面白半分』一九七八年九月号、一〇二—一〇五頁。

(4) 同右、一九七五年七月号など。

(5) 同右、一九七七—七九年に連載。

(6)『話の特集』、同右、一九八四—八五年。

(7) 同右、一九七八年五月号。

(8) 同右、一九八三年三月号。

(9) 同右、一九七七年二月号。

(10) 同右、一九八〇年一〇月号。

(11) 同右、一九七五—七六年にかけて連載。

(12) 同右、一九八五年九月号。

(13) 同右、一九八〇年八月号、一九七五年一一月号。

(14)『宝島』一九八四年八月号など。

(15) 山本昭宏は一九八五年以降の『宝島』における反核関連記事を研究対象としており、山本によれば八五年以降も反核関連の記事は増加の一途をたどっている。

(16) 藤井徳行・関藤一智「1982年反核運動の政治的意義——平和教育への展開」『学校教育学研究』五号、一九九三年、七五—八七頁。

(17) 『話の特集』一九八二年七月号、八月号。

(18) 同右、一九八二年七月号、一七六—一七七頁、一九八三年一〇月号、二〇—二一頁。

(19) 吉本隆明『「反核」異論』深夜叢書社、一九八三年。花崎育代「核戦争の危機を訴える文学者の声明」と大岡昇平」『日本文学』五五巻一一号、二〇〇六年。

(20) NHK放送文化研究所『現代日本人の意識構造』NHK出版、二〇二〇年。

(21) 樋口耕一『社会調査のための計量テキスト分析——内容分析の継承と発展を目指して［第二版］』ナカニシヤ出版、二〇二〇年、一八三頁。

(22) サブグラフ検出には「modurality」と「randam walks」の二種類の検出方法があるが、それぞれの検出結果を確認したのち、結果が大きく変わりないことを確認し、便宜的に「modurality」での検出図を使用している。

(23) 難波功士「"-er"の系譜——サブカルチュラル・アイデンティティの現在」『関西学院大学社会学部紀要』一〇〇号、二〇〇六年。北田暁大『嗤う日本の「ナショナリズム」』日本放送出版協会、二〇〇五年。外山恒一『改訂版 全共闘以後』イースト・プレス、二〇一八年。

(24) 『ビックリハウス』一九八一年一二月号、巻末広告、一九八二年一月号、五五—五六頁。

(25) 『現代の眼』一九八二年五月号、一二八頁。桑原茂一監修・吉村栄一著『これ、なんですか？ スネークマンショー』新潮社、二〇〇三年、一四七—一四八頁。

（26）『ビックリハウス』一九八四年一二月号、一八六頁。

（27）清水亮『「予科練」戦友会の社会学――戦争の記憶のかたち』新曜社、二〇二二年。福間良明『「戦争体験」の戦後史』中央公論新社、二〇〇九年。高橋三郎編著『共同研究・戦友会（新装版）』インパクト出版会、二〇〇五年。

（28）福間良明『「戦争体験」の戦後史』。

（29）同右、一〇八―一一〇頁。

（30）高橋由典「戦友会をつくる人びと」高橋三郎編著『共同研究・戦友会（新装版）』、二〇〇五年、一三四―一三六頁。

（31）伊藤公雄「戦中派世代と戦友会」高橋三郎編著『共同研究・戦友会（新装版）』二〇〇五年、一七四頁。

（32）富永京子「「書くこと」による読者共同体の形成メカニズム――若者雑誌『ビックリハウス』の投稿を事例として」『ソシオロジ』六七巻一号、二〇二二年。

（33）高橋由典「戦友会をつくる人びと」、一三五頁。

（34）「社会責任」型人間の減少と「私生活」人間の増加（ＮＨＫ放送文化研究所「日本人の意識」調査）、第1章も参照のこと。

（35）『話の特集』一九八五年九月号、五六―五七頁。

5 女性解放——運動がなしえた個人の解放、解放された個人への抑圧としての運動

七〇年代以降に見られた新しい社会運動の代表に、ウーマンリブやフェミニズムといった女性解放の活動が見られる。こうした運動は、性をはじめとする身体的側面と職業などの社会的側面、両面において押し付けられる規範から女性を解放しようとする動きであり、同時代の女性雑誌・サブカル誌を通じてもさまざまな試みが見られた（5－1）。そこで本章では、『ビックリハウス』上で女性解放に関する語りが見られたか否か、また見られたとしたらどのような形だったのかを検討する。特に『ビックリハウス』の編集者らは、女性の経済的自立や職業上の性役割規範からの解放を支持する一方、自身の性や身体に関しては解放を享受できたとは言い難いさまも見られた。また、女性解放そのものは支持していても、女性解放「運動」には強い忌避感を表明した（5－2）。このようなアンビバレンスな反応がなぜ生じたのかを、女性解放運動と強い関連があった差別語規制の動きと、女性解放運動がそれまでになしえた「解放」を享受する若い女性たちの語りから明らかにする。

5-1 同時期の雑誌上における女性表象の両義性

七〇年代から八〇年代にかけての女性運動は、婚姻秩序や生殖からの解放といった「性の解放」と、主婦や母親といった社会的役割から解放され、男に媚びず、女らしさにとらわれず、自立した女として、自身が「私らしく」生きるという「個の解放」を目的とした運動としてあった。[1]

この時期、女性解放を果たすにあたり重要な役割を担ったメディアとして雑誌があったことは、第2章でも言及したとおりであるが、[2]「性」と「個」二種類の女性解放はどのように語られていたのか。第一に「性の解放」について例を見ていこう。例えば女性雑誌『MORE（一九七七年創刊）』は、一九八〇年、一九八七年と『モア・リポート』を特集した。[3]それまで女性の性意識や性行動に関する調査がほとんどゼロに近い日本において、女性を対象とした全国規模の性に関する初めての調査であり、その時代としてはきわめてセンセーショナルなものであった。[4]また、同時期に公刊された『クロワッサン』には「女性のためのポルノ夏期集中講座」といった特集も見られ、[5]一九七九年に日本版が創刊された『COSMOPOLITAN』も、男女の性の問題を真剣に議論する記事を掲載するなど、[6]女性誌が性の解放を後押しするメディアとしてあった。

同時期のサブカル誌でも女性自身による性に関する語りが見られる。『話の特集』では、テレビタレント・エッセイストとして多方面に活躍し、参議院議員となる中山千夏（一九四八年生）が一九七六年から一九七七年まで「男たちよ！」を連載した。「女には、どうしても、わかってもらえないことが、いっぱいあります。せめて、事実だけでも、正確に知ってほしいのです」[7]というメッセージとともに始まったこの連載は、中山千夏をホストに、女性文化人らが月経、女性の性欲、性感・性交、避妊といった主題を縦横無尽に語る対談である。『宝島』では、国際婦人年の一九七五年に「女性」特集を行い[8][9]、生理痛や中絶といった主題を扱った[10]。ほか、『宝島』では一九七九年四月号より「女の子の手による女の子のためのページ」として「ano・ano」が連載され、単行本化もされている。「女の子の外泊」や「女性誌と私」といった主題で、「女の子同士のお喋り」を模した座談会形式の連載となっている。もちろん、セックスや身体に関する座談もある。

サブカル誌で「性の語り」がこれほどにも多く見られた背景として、女性が自らの言葉で「性」を語る重要性が共有されていたのみならず、男性読者の「スケベな」（「性的に消費する」と言った方が適切かもしれないが……）目線もあっただろう。『面白半分』にも女性（少女）が性的なことがらについて言及する企画はあるが[11]、こちらは『話の特集』『宝島』よりもさらに男性目線の性的なトーンが強く、例えば「精」や「毛」について複数の少女に語らせるといったコーナーがある[12]。天野正子は七〇年代を端緒にメディアにおける「性肯定文化」や「性文化」の氾濫が生じ、とりわけ女性の性のみが大きくとりあげられ、性的欲求（快楽）の対象とされた点を指摘した。[13] 桑原桃音も、少女向け雑誌『セブンティーン』を事例に、八〇年代以降に性をめぐる語りが純潔や処女性といった旧来の性規範から解放されたものの、その解放された女性像は男性への「受け」を意識して形成されたと論じる。[14] ここからは、「性の語り」がすべて女性解放につながるかといえばそのようなことはなく、異性からの性的な関心・快楽の対象とされうることが見てとれる。サブカル誌における「性の語り」も、そのような読み取りをされた可能性は十分にあっただろう。

第二に「個の解放」についてである。個の解放そのものは多義的な概念であり、例えば個性など自分らしさの確立とも考えられるが、七〇年代を境に雑誌に現れたのは「仕事を持つ女たち」[15]、「「女性が」夫や子供への依存から脱却し経済力を身につける」[16]ライフスタイルであった。七〇―八〇年代の女性雑誌を研究した井上輝子の分析によると、六〇年代までの女性誌は家事・育児に専念することこそ女の幸せとするメディアだったが、七〇年代以後の女性誌は、女性たちに職場で働くことを推奨し、さまざまな女性のロールモデルが出現する「性役割流動化の促進剤」だった。

また同時代に、女性の自立や多様なキャリアを啓蒙した代表的な雑誌として『クロワッサン』もある。同誌は、知性や教養ある経済的に独立した女性を「御用達文化人」[17]として登用した。彼女たちを一種のロールモデルとした「キャリア・ウーマン」ブームは性と個の解放を支えたが、そのキャリアを達成できる女性はごく少数に過ぎず、雑誌によって提示される女性の理想像と現実社会での周縁的な役割のあいだで相対的剥奪感や焦燥感・閉塞感を抱く女性も見られた[18]。

サブカル誌においても、女性の「個の解放」に関する記事は多く見られる。『話の特集』のキーパーソンを担っていた中山千夏は、女の身体に限らず職業的・経済的独立についても、編集長・矢崎泰久をはじめ、様々な識者と意見を交わす[19]。八〇年には参議院議員選挙に立候補するが、中山のこの体験に関する手記自体が女性が社会に出ること、政治に関わるといった「個の解放」の語りとも考えられるだろう[20]。加納実紀代（女性史研究家）や吉田ルイ子（ジャーナリスト）ほか、中山に次いで多くの論稿・談話を寄せた花柳幻舟（はなやぎげんしゅう）（舞踏家）など、フェミニストの寄稿者もかなり多い。結婚や賃金格差から国際的な女性の連帯まで女性解放に関する主題を縦横無尽に扱っている[21]。

『面白半分』は女性寄稿者が多いとは言えないものの、田辺聖子が責任編集を行った半年間にかけては夫婦をめぐる性別役割分業論や女性のキャリアの議論が盛んに行われている[22]。ほかにも有吉佐和子、桐島洋子、犬養智子といった女性文化人が登場しており[23]、『話の特集』ほど社会的トピックとして前面に出すことはないが、女性文化人や知識人が積極的に（性的な事柄も含め）プライベートや職業生活について語るという点では、『話の特集』と同様の性格をもっている。

フェミニスト・アクティヴィストの記事もあり、女性活動家・評論家であり一九七七年に革新自由連合より出馬した俵萠子（CM「私作る人、ぼく食べる人」への抗議行動などで活動）や市川房枝、中村智子などが登場し、自らの運動の趣旨やそれをとりまく世論について述べている。[24]『宝島』は「性の解放」と比べると「個の解放」に関する記事はやや少数だが、メインターゲット層である二〇代や大学生の読者を意識してか、「女子大生の就職活動」などの主題は時折取り上げられており、女性の社会進出の困難に対する問題意識は他誌と共通している。[25]

女性雑誌でもサブカル誌でも、婦人解放や女性の自立に関するメッセージの重要性については共有されており、「性の解放」の語りへの反応にあったような「からかい」のトーンはあまり見られない。

一方、これほど女性性の解放と個の解放を後押しし、多くのフェミニストが誌面に登場したサブカル誌でも、一部の女性解放運動に対してはきわめて冷ややかな目を向けていた。例えば『話の特集』では、中ピ連（中絶禁止法に反対しピル解禁を要求する女性解放連合）の代表であった榎美沙子が読者が嫌いな著名人に投票する「不人気投票」企画で常に上位に入っており、「教祖様」「リブを売り物にする」「ピルの副作用でしょうか」と繰り返し批判・揶揄された。[26]『宝島』でも節操のないマスコミ進出や選挙での惨敗を「偽解放派（エセ・リブ）」や「自己顕示欲」「売名」といった言葉で攻撃されている。[27][28]『面白半分』は女性解放運動の主旨には賛同するものの、性役割を固定化するような差別語廃止の動きについては否定的である。[29]これは同誌がわいせつ表現をめぐって裁判を行っており、表現の自由を強く支持した点と関連があるだろう。

性の解放・個の解放に対する誤解と並んで、女性解放運動が「性」を取り扱ったことに起因する誤解や「からかい」[30]も各種マスメディアで数多く見られた。週刊誌などの報道は「偏見、抽象、歪曲のトーン」、「嘲笑の対象として」運動を見るものであり、ウーマンリブに対する視線は「『全ブス連』『もてない女のヒステリー』など、マスコミからありとあらゆる非難、中傷、ばり、からかい」に満ちたものだったことを考えると[31]、サブカル誌の女性解放運動に対する記述はまだ共感的だといえるが、『話の特集』や『宝島』の中ピ連に対するコメントは「からかい」のトーンに近い。

まとめると、サブカル誌ではやや誤解混じりの反応も招いたかもしれないが女性自身による「性の語り」が盛んに見られ、「個の解放」の語りも積極的に掲載していた。また、性・個の解放を可能にする一助となった「女性解放運動」に関する言及も数多くあり、アクティヴィスト自身が自らの活動について語る記事もあるものの、部分的には揶揄やからかいのトーンを帯びたコメントも見られた。

では、サブカル誌の中でも、『ビックリハウス』にはどのような「性の解放」「個の解放」、また女性解放運動に関する語りがあったのだろうか。第3章にて言及したとおり、『ビックリハウス』は女性編集長を擁し、編集者も女性が大半を占めた時期がある、当時としてはかなり珍しい雑誌である。この特徴は女性誌と比べても、またサブカル誌と比べても特殊であったろう。その意味では、『ビックリハウス』において語られる性や個の解放、また女性解放運動への賛否は、女性誌ともサブカル誌とも異なるであろう点が予測される。

本書は、高橋章子編集長が着任し、編集者の男女比が女性多数である一九七七年から一九八四年の誌面を対象に「性の解放」と「個の解放」の語りを分析する。他のサブカル誌と同様に女性が書いたと予測されるインタビュー記事や連載といった寄稿、また女性読者の投稿を対象として分析する。「性の解放」を読み解く上で、女性の身体や性的なことがらに関する記事四〇六件(総抽出語数三万七一〇〇)、また「個の解放」を読み解く上で、女性の職業や生き方といった、キャリアやライフコースに関する語りを含んだ記事一一六件(総抽出語数 四万一九三五)を検討した。ここでは書き手・語り手自身のキャリアに関する記事のみならず、主婦やキャリア・ウーマンに対するイメージ、子どもをもつかもたないかなど、書き手・語り手の価値観が現れている記事を幅広く選定している。編集者、投稿した読者、また連載やインタビューの書き手・語り手が女性であることは名前から判断した。その上で、読者・編集者による女性解放運動に関する言及を検討する。

5-2 「個の解放」への真摯さと「性の解放」の挫折

「個の解放」――「キャリア・ウーマン」から距離を置く「働く女」たち

『ビックリハウス』の女性編集者たちは、いわゆる「個の解放」、つまり女性の経済的自立や職業をもつということについて一貫して真摯である。例えば、高橋編集長は男性読者との座談会の中で次のようなやりとりをしている（対談相手の読者は本名表記であるが「読者」と改めた）。

読者　僕、女の人をうらやましいと思うんです。自分のやりたいことがだめになったら、結婚に逃げるってことは考えてないですか？　僕が女だったら、そう考えて行動するんじゃないかな、男だと生きていく為に必ず職につかなきゃいけないでしょ。
章子　そういう考え、許せないなあ。女でも男でも、仕事に向う姿勢は同じはずなんだよ。ＧＦ［ガールフレンド］いる？
読者　いないです。ＧＦでも、あんまり仕事ができるっていうのは望みません。りこうな女性ってのは好きじゃない。友達も、みんな「一人で独占したい」って考えですね。
（『ビックリハウス』一九七九年一〇月号、七一―七二頁）

「女の人は結婚に逃げられる」という男性の意見に対して、それまでは談笑していた高橋が「許せない」と切り返す。また他の対談記事でも「アイツ女だからだって言われんの口惜しいからね、仕事の面ではキリッとしようとか思います」[32]と仕事への真摯さと性別は関係ないと高橋は語る。[33]

こうした職業的自立に関する語り自体は、『話の特集』や『面白半分』に見られる中山千夏や市川房枝の主張とそこまで遠くない。一方、興味深いことに、時折投稿者や読者として「主婦」が出てくる際、彼女たちに対して『ビックリハウス』の編集者たちは距離を置くような態度を取る。例えば以下は、高橋編集長が『ビックリハウス』ファンの二八歳主婦に話を聞くという内容の記事である。

あなたにとって、BH［ビックリハウス］とは？

「家に入ってると変化がありませんでしょ、不安で……。社会的に合流するっていうか、その為に。主婦の友？　好きじゃありません！　この間〝3WC〟［投稿コーナー「3WORDS CONTE」の略］に投稿しましたよ。デキ？　どうかしらね」［…］「チャップリンの一連のものは風刺がきいてますでしょ、庶民の抵抗できない権力に対して逆説的に笑いの中から抵抗するっていうか。笑いを普通の生活に持ち込むのはいいけど、BHのは単なる笑いに終〔おわ〕ってしまうような……それがちょっとテイコウあります」
私、毎日、単に笑って終ってますけど。もっとも家帰ってから布団かじって泣いてますが。
（同一九七八年六月号、一三六頁）

『ビックリハウス』内に出現する主婦の語りは、それが現実に行われたとされるインタビューか創作的な記事かを問わず、丁寧語・女言葉（「ありませんでしょ」「どうかしらね」）、社会的に意識が高く（「風刺」「逆説的に笑いの中から抵抗する」）、小さな日々の幸福を愛でるといった特徴をもつ[34]。また主婦たちのそうした態度に編集者陣が冷ややかに反応する（「私、毎日、単に笑って終わってますけど」）、といった流れもよく見られるものだ。

読者の平均年齢が一八歳であり、高校生・大学生を中心的な読者とするこの雑誌において、主婦である読者はそれほど多くない[35]。そのため、前述のようなインタビュー記事はむしろ少なく、主婦像は編集者や読者によって創作されるものがほとんどだ。

『ビックリハウス』に描かれる「主婦」に典型的な像として、節約が好き、あるいはその必要に迫られている[36]、手芸が好き[37]、「紅茶茶碗の茶シブを台所用漂白剤ハイターで一生懸命落」とす、「夫が焼肉やすき焼きの時私のお皿に肉をとってくれる」など、生活のささやかな事柄に幸せを感じるといった像がある[38]。これらは編集者や読者によって「小市民[39]」「主婦根性[40]」などの言葉で形容される場合もある。

こうした主婦の社会的な意識の高さやささやかな幸せ志向――もっともそれ自体が『ビックリハウス』の編集者・読者によって戯画化されたものだが――に対する編集者の反感は、年を重ねるごとにますます強くなっていき、一九八三年以降の記事にとりわけ多くみられる。例えば、アダルトビデオの廃止運動を行う女性に対して「だから主婦ってバカだって言われちゃうんですよ」[41]といった厳しい評価を下すものもある。[42]以下はコーナー「メディア・ジャック」[43]にて、ドラマの性表現に抗議した新聞投書を取り上げた投稿に対するコメントである。

最近主婦のアル中は増える一方であるという。まあ、外に出てウダウダ「仕事」という名目で暇つぶしをしている亭主族に比べれば、家にとじこもりっきりの主婦族のストレスのたまり具合はすごいんだろうな、と思う。せめて腹いっぱいの女になって、ストレスでも解消してください。だから、無茶苦茶なことを電話でいうのはやめてくださいね、お願いします。

（同一九八四年一〇月号、一一頁）

『ビックリハウス』が提示した、小市民、ささやか、女らしい、意識が高いという主婦像は、一九七〇―八〇年代の日本社会における主婦像と重なる部分もある。一九七〇年代には母子関係の絆を強調する言説が展開され、「母は家庭で子育て」という規範が高まる一方で、一九八〇年代の「新しい社会運動」の主要な担い手には主婦がおり、誌面でも取り上げられたような、新聞の投稿欄に問題提起をする女性たちの投稿が数多く寄せられた[44]。

ここから『ビックリハウス』の編集者たちは、女性の自立を支持しつつも、主婦という存在をステレオタイプ化し距離をとったと考えられるが、かといって働く女性、「キャリア・ウーマン」に共感を寄せるわけでもないのが興味深いところだ。

『ビックリハウス』の女性編集者たちは、自らを他の女性誌に出現する女性のように「キャリア・ウーマン時代[45]」を象徴する存在とは捉えず、「キャリア・ウーマン」や「翔んでる女」といった、女性の経済的・職業的自立を象徴する呼称[46]をあえておちょくる。例えば彼女たちのキャリア・ウーマンに関する記事を見てみると、「キャリア・ウーマンこそ我が青春のプロレス！[47]」「男の変り身（かわり）の早さについては、よっく分かるのよね。なにしろ私、経験の豊富なキャリア・ウーマンムキンポ女だから［「ムキンポ」は、読者投稿コーナー「全国流行語振興会」を通じて創作されたビックリハウス誌上の造語。特定の意味はなく、間投詞のように使われることが多い[48]］」「今、セックス自由に楽しめんのが翔んでる女だとか、キャリアウーマンがどうしたこうしたって、世の中ギャーギャーもりあがってる[49]」と、同じ独身女性という立場ではあっても、ややや茶化すような、遠目に見るような態度が垣間見える[50]。

「性の解放」――解放に行きつかない身体の語り

では、貞淑でつつましやかな主婦からはもちろんのこと、キャリア・ウーマンの表象からも距離をとる女性編集者たちは「性の解放」についてどのように捉えていたのだろうか。彼女たち自身の「性」の語りは、彼女たちが「キャリア・ウーマン」と捉える人々の語りと何が異なるのか、本項では他誌の「性の語り」と比較する形で明らかにする。以下は、新コーナーのタイトルについて編集者間で議論が行われた経緯を記録した記事である。

この『〜日記』のパターンは、女性スタッフの異常なコーフンを呼び、一瞬、編集部内は騒然となった。『アンネの日記』!!『生理の日記』!!『アンネ・メモ』『ニーナの日記』『ドバドバ日記』『キャリア・ウーマン日記』『オギノ式日記』——もう完全なヒステリィ状態で、私はいっそのこと『ドバドバ日記』とネーミングし、女性スタッフ陣の基礎体温と生理日などを毎月、発表していこうかと思うのであった。（同一九八二年一月号、九二頁）

この記事では「キャリア・ウーマン」という個の解放をあらわす言葉と、「ヒステリィ」「生理」といった、身体にまつわる性の解放（と言えるかどうかわからないが）の言葉が並んでいる。この両者の混在自体は他のメディアでも見られるものであり、ウーマンリブの提示した「自立した女」像は、当時の流行語となった「翔んでる女」言説やフリーセックスといった議論とともに言及された(51)。江原由美子はこのような性と個の混同があったからこそ女性解放運動のメッセージが広がったとしているが、『ビックリハウス』の身体に対する言及は右のように

抽出語	出現回数
顔	61
オッパイ・胸・バスト	36
目	24
手	22
尻・おしり	21
口	16
頭	14
鼻	12

表5-1　『ビックリハウス』において女性編集者・読者が言及した身体部位の頻出語

かなりあけすけで、同時期の女性誌における「性の解放」を語った記事[52]とはやや異なる様相を示す。

例えば表5-1は『ビックリハウス』の女性編集者による記事、識者のインタビューや寄稿、また読者投稿が身体のどのような部分に言及しているのかを析出したものだ。女性の美容整形を分析した谷本奈穂の研究に倣い、身体の部分に関する語句をKH Coderで抽出し、以下はその出現回数順に上位から並べたもの[53]である。「目」や「手」といった単語に関しては、「駄目」「手紙」や「目につく」「手がかり」などといった記述も数多く抽出されるため直接的に性的な言及をされているものばかりとは限らないが、「顔」や「胸」「尻」などは高頻度で出現する。先行研究が検討したほかの女性誌においても、こうした部位に関する言及は数多く見られるが、先行研究にあって『ビックリハウス』にない部位としては「膣」「クリトリス」といった性交や自慰とより強く関連する部分が挙げられる。[54]

また、言及のされ方も、性体験や異性との関わりを主題とした他の女性誌とは大きく異なる。『ビックリハウス』では、以下のような記述が多数を占める。

兄が「お前よりボインだも〜ん」と胸をはって言った

（読者投稿、一九歳・女性、同一九八四年一一月号、五五頁）

少女のようなオッパイさすり、BH［ビックリハウス］教養・文芸・知的・ローカル線を、多少ナマリながらも、歩き始めました。多大のご声援を。（K）

（編集者コメント、同一九七八年三月号、一六〇頁）

これら『ビックリハウス』の記事に対して、先行研究が示した「胸」に関する言及は「彼が私の髪の毛やまだ未発達の胸に触れると、自分が三六〇度異なった人間になっていくような気がした[55]」（『モア・リポート』）のようなもので、他誌と比べ『ビックリハウス』の投稿者や編集者は身体の特徴を「笑い」や「卑下」とともに語る傾向があることがわかる。身体に関する言及のほとんども、性体験とは関係なく「誰かこの脂肪をもらって下さい！　ニンシンしてません　単なる出腹です[56]」「私の顔の体積はバスケットボールの1・8倍あります[57]」（読者投稿）といった、自らの容貌を低く評価する、いわゆる「自虐」的な内容であることも特徴的であり（四〇六件中一一二件）、読者投稿も女性編集者による記事も同様の性格をもっている。

他誌のように、身体の部位を性交や自慰と関与させながら語った記事は、四〇六件中三件（性交）、八件（自慰）ときわめて少なく、比較的多い内容としては「私、女の人の裸を見るとアソコがうずいて濡れるのがわかる」[58]「生理の直前になると、オッパイが張って、自分でも困るくらいスケベになります。異常体質ですか？」[59]（読者投稿）といった、性交や自慰にいたらない性欲の発露（四〇六件中五一件）がある。

ここまでをまとめてみると、「顔」「胸」「尻」といったセクシュアルな身体の部位に言及する点までは他の女性誌と同様だが、性交や自慰といった記述の占める割合はきわめて少なく、他誌において語られる「性の解放」が、基本的にはセックスを指すことだとすると対照的である。

また、サブカル誌における女性の語りと比べても、『ビックリハウス』の女性たちの言及は独特だ。例えば「月経」に関して、『話の特集』連載「男たちよ！」で対談した中山千夏と小沢遼子（作家・浦和市議会議員）、山口はるみ（イラストレーター）は次のように語っている。

千夏　生理用品の支給にしても、生理休暇にしてもさ、男にはそれに代わるものがないじゃない、だから腹立たしいかな。

遼子　そう、それにね、昔から男固有のものに対する、男の差しでがましさったらないわね。想像を絶するのよ。［…］女が男に言うことと比べたら盛大に男は言ってるわよ。

千夏　私が言ってる女性解放ってのは、いったいなんなのだろう、って考えたのね。それでね、ハタとうろこが落ちるように解ったことはね、とにかく女のすることにとやかく言わないで欲しい、ってその一言なのよ。ほっといて欲しいってね。男のすることに、女がなんか言いましたかってね。

（『話の特集 二〇〇号 話の特集の特集』、二四七頁）

中山らは終始、生理休暇の是非、トイレにタンポンを設置するか否かといった社会的な課題と連続する形で「月経」を語っているのに対し、『ビックリハウス』で語られる「自分でも困るくらいスケベになります」という「生理」語りにはそういった側面がほとんどない。

このような背景として、初代編集長・萩原朔美は『ビックリハウス』がパルコ資本であり、女性を主要な顧客層とすることから、セックスをはじめとする性的な話題に言及し難かったという経緯を語っている。(60) また『ビックリハウス』の編集者たちが、いわゆる「キャリア・ウーマン」に代表されるようなキャリア女性と距離をとっていたことから、そうした女性たちとの差異化としてある種の親しみやすさを演出した可能性もある。しかし、それだけでは「ブス」（三二件）や「便秘」（一六件）「デブ・肥満・ぜい肉」（一二件）といった、自身の身体・容貌に対する卑下・貶めに関する記述をなぜ『ビックリハウス』の女性編集者と読者が繰り返したのか説明できない。この論点は本章の問いの範疇を超えるため第3部にて再度言及することとし、ここでは『ビックリハウス』の女性たちが他誌と同様に身体に関する語りを行ったものの、それが政治的・社会的な意味での「性の解放」に至らなかった点を指摘するにとどめたい。

女性解放への支持、女性解放「運動」への蔑視

他のサブカル誌では、女性解放運動に関する肯定的評価も否定的評価もも見られたが、『ビックリハウス』では、女性解放の運動はどのように語られていたのだろうか。表5－2は、七五年から八五年にかけてウーマンリブやフェミニズムといった女性解放運動についての言及（全四七件）をまとめた表である。

女性解放に関しては、七〇年代と八〇年代で論調の転換が明確である。

一九七〇年代、特に萩原編集長時代（七七年一〇月号まで）にはフェミニストやウーマンリブのアクティビスト（道下匡子、犬養智子）が積極的に海外の潮流や女性学の視点を紹介する一方、三浦雅士や今井裕康、火野鉄平といった書評担当者は、女性解放関連書の書評において女性解放運動を強く批判した。堀田瑞枝や松永タカコ、平沢啓子といった女性文化人は、直接的に運動を批判するわけではないが「できれば仲良くってのが好きだな[61]」「闘う相手は男の人じゃなし自分自身でしょう?[62]」と女性解放運動の闘争性に対して反感を示す。

このように、女性解放運動への賛否両論が見られた七〇年代の誌面に対し、八〇年代になると一転して女性解放運動に対し「おちょくる」ような論調が強くなる。具体的に言えば、それまでに見られた、女性解放の主張・議論への賛否を示す記事ではなく、社会運動やその担い手をバカにする、からかうといった形式の記事が多くなる。

特にこの「おちょくり」の対象となったトピックに性表現の規制を求める運動がある。例え

ば、一九八五年七月号の「メディア・ジャック」では、アニメ『ドラえもん』の入浴シーンが頻発する事態に対し、制作側の感覚を疑うという市民の新聞投書に対し、以下のようなコメントがある。

テレビなんかで、出演者が思い切った発言なんかすると、その後、テレビ局に抗議の電話がワンサカワンサ鳴りっぱなしっていう話は、よく耳にするよね。そーいうことをやたらしたがる、いわゆる良識オジサンオバサンの芽を、この投書の中にみつけましたね。抗議することや意見っていうのはさぁ、今すごいタレ流し状態でしょ

（『ビックリハウス』一九八五年七月号、一四二頁）

抗議を行う人々に対する「良識オジサンオバサン」という表現は、主張そのものに対する批判や異議というよりも彼らを「からかい」の対象にしようという意図が見て取れる。

当時の女性解放運動は、現実社会の性差別の反映であり、女性のイメージを歪めるポルノグラフィに対して抗議した。[63]また一九七五年にも、「国際婦人年をきっかけとして行動する女たちの会」がハウス食品のCM「私作る人、ぼく食べる人」に対して大規模な抗議キャンペーンを行った。[64]この抗議を発端の一つとして始まったマスコミの差別語規制への動きは、日本文藝家協会から、規制の範囲が無限に広がる危険があるとして「いわゆる差別語への使用規制問

号	記事内容	発信者	種類
1978.4	エリカ・ジョング『飛ぶのが恐い』等の批判.	今井裕康	批評
1979.5	小池真理子『知的悪女のすすめ』への批判	火野鉄平	批評
1980.2	書籍『女ざかりからの出発』紹介	記名なし	紹介
1980.4	漫画『32歳は中年か?』年齢差別に対し異議申し立てをする自立した女性を題材とした漫画	西村玲子	漫画
1980.5	漫画『あかり』ストーカーから政治問題に発展するかもと妄想する女性を題材とした漫画	西村玲子	漫画
1980.6	書籍『強姦された男』紹介「フェミニスト必読の書」	記名なし	紹介
1980.12	書籍『愚かな女だから愚かに生きるのですか』紹介	記名なし	紹介
1982.1	1970年代頃には、街頭で女性活動家とサラリーマンが政治討論する様子もあった。資本主義によって生み出された服を着た女性のアジテーションには共感しないから運動に無理がある	南雲晴樹	エッセイ
1983.2	書籍『ルンルンを買っておうちに帰ろう』『スケジュールノートBOOK』紹介	記名なし	紹介
1983.7	「青少年のための良好な環境整備」として、静岡県の有害指定図書選定基準を批判	読者・編集者	読者投稿コメント
1983.11	悪書追放運動や青少年を環境悪から守る運動にもかかわらず、子供あてにポルノカタログが届く。より一層の取締が必要だという新聞投書に「だから主婦ってバカだって言われちゃうんですよ」と批判	読者・編集者	読者投稿コメント
1983.12	近所の騒音から「民主主義とは」を考える主婦の投書に対し、「学生の頃もこういう真面目ぶった女子っていましたよね」と記述	読者・編集者	読者投稿コメント
1984.2	「強姦救援センター」という貼り紙が大学にあるのだが、なんだか物々しい。字面だけ見ると強姦した側を支援するようにも見える	読者	読者投稿コメント
1984.3	露出狂の男性に遭遇し、それを警察に報告した女性を皮肉った県警のコメントと、それを掲載する新聞への批判	読者・編集者	読者投稿コメント
1984.4	1983.7に続き、静岡県の指定した有害指定図書を列挙.「担当者はこれ全部読んでるの?」と批判	読者・編集者	読者投稿コメント
1984.5	書籍『タフネス女子読本　ウテナさん祝電です』	記名なし	紹介
1984.9	テレビのセックスシーンには、同時に妊娠と性病に気をつけるよう視聴者への警告字幕を流すべきだというニュージーランドの女性団体に対し「僕は女性団体というものが気のきいたことを言ったのを聞いたことがない」と批判	読者・編集者	読者投稿コメント
1985.7	「ドラえもんの入浴シーンが気にかかる」という投書に対し、「良識オジサンやオバサンの芽を投書の中に見つけました」と批判	読者・編集者	読者投稿コメント
同上	美男、美女でない人ほど頭が良いとする児童心理学者の知見に対して、「そういうことを研究の対象として論じる時点で低俗なのではないか」と批判	読者・編集者	読者投稿コメント
1985.11	最終号の振り返り記事にて、大屋政子氏のウーマン・リブ評価(1977.11)について、「そんじょそこらの"女性ナントカ"とは違う魅力」と言及	編集者	紹介

表5-2　『ビックリハウス』における女性解放運動についての言及一覧

号	記事内容	発信者	種類
1975.2	ウーマンズ・リブ雑誌『ミズ』の書評	道下匡子	批評
1975.5	アメリカの女性雑誌『ミズ』の紹介・入手法	記名なし	紹介
1975.8	「何も男の人と力で闘うのじゃなくて、できれば仲良くってのが好きだな」とコメント	松永タカコ	取材
同上	「女と男が平等だなんて、私はさらさら思わないし、平等というのがもしあるとすれば、女は女の領分で一所懸命やることだろうと思う」とコメント	堀田瑞枝	取材
同上	「闘う相手は男の人じゃなし自分自身でしょう？　ヘルメットかぶって闘うような運動はあまり好きになれません」とコメント	平沢啓子	取材
同上	アメリカのリブ・グループが運営しているウィメンズ・ホスピタル紹介	記名なし	紹介
同上	海外の女性雑誌紹介(『ミズ』『コスモポリタン』『モダン・ブライド』『グッド・ハウスキーピング』『マッコールズ』『バイバ』)	道下匡子	批評
同上	書籍『ほんとうの女らしさとは』紹介	記名なし	紹介
1975.9	フランス人とドイツ語で「婦人解放」を議論した	読者	読者投稿
同上	書籍『産むのが不安でならない』紹介	記名なし	批評
1975.11	書籍『性の自然革命』紹介	記名なし	批評
1975.12	書籍『オープン・マリッジ』紹介	三浦雅士	批評
1976.1	書籍『女のコ、あつまれ』紹介	記名なし	紹介
同上	書籍『ほんとうの女らしさとは』書評	三浦雅士	批評
同上	書籍『強姦されないために』紹介	記名なし	紹介
1976.3	読者投稿「女に関する15の報告」「中ピ連はマスコミを利用して男に天誅を加えているつもりだが、結局マスコミに利用され茶番を演じている。男にはその茶番がとっても楽しい」	読者	読者投稿
1976.4	寄稿「主婦にならないために」	犬飼智子	エッセイ
同上	寄稿「ウーメンズ・リブはウーメンズ・ラブ」	道下匡子	エッセイ
1976.6	読者投稿「オトコに関する15の報告」(1976年3月号「女に関する15の報告」に対する反論)	読者	読者投稿
1976.11	「ウーマン・リブ」について「勉強が不足ゆえ、何とも言えず」とコメント	中島みゆき	取材
1977.2	書籍『いい女のあなたへ』紹介	記名なし	紹介
1977.5	恋愛における「嫉妬」から他者の所有と自立を説く	道下匡子	エッセイ
1977.6	マスターベーションにおいて性差は存在しない	道下匡子	エッセイ
1977.7	1977年7月号における道下匡子の嫉妬論への反論	今井裕康	エッセイ
1977.7	道下匡子のマスターベーション論に対する反論	読者	エッセイ
1977.1	今なお日本に浸透する「女大学」的価値観	道下匡子	エッセイ
1977.11	「日本の男というのはなんかというと女を圧(おさ)えるんやね[…]そんなのはダイッ嫌い。平等でありたい。だけどね、男を圧えつけてね、リブじゃリブじゃ言うて、女が先頭になるのも嫌い。とにかく仲良うしていきたい」とコメント	大屋政子	取材

題」への声明書という形で表現の自由の観点から抗議を受けている。[65]

これは女性解放の運動に限らずだが、マイノリティによる運動の多くは社会的に周縁化された存在をめぐる差別が表象や言語によって再生産され、強化されることを危惧したために、差別的とされる表現に対する規制を求めた。女性解放に対して積極的な『話の特集』や『面白半分』といったサブカル誌でも、こうした表現規制、「差別語」問題に対しては一貫して批判的な姿勢を示している。[66]『ビックリハウス』に関わる読者や編集者もその流れに属していたと考えられる。[67]

5-3 解放の過程にある女性たち

『ビックリハウス』の女性たちは、女性誌における「翔んでる女」のようにセックスについて語らないことで、当時隆盛しており、また性的な奔放さと混同されていた「キャリア・ウーマン」というアイデンティティを拒否した。さらに、いわゆる女らしさ、貞淑さ、社会的な意識の高さに象徴される「主婦」像からも距離を置いた。その結果女性の経済的独立を支持しつつ、「下ネタ」や「自虐」の言及も辞さない、豪放で奔放で女らしくない像として自分たちを自己提示する。

他者による表象に自分たちを委ねるのではなく、女性自身が自らの身体と自立について自らの言葉で書く、という行動は「個の解放」「性の解放」に対して大きな影響をもたらした。この点は女性雑誌もサブカル誌も同様であり、本章で紹介した「男たちよ！」（『話の特集』）に限らず、「ano・ano」（『宝島』）や「モア・リポート」（『MORE』）、「玲子のページ」（『面白半分』）など、「どこにでもいるごく普通の女の子」「一人一人の女の子」[68]が自らの私生活を語るタイプの記事はそれだけで女性解放としての意義を有していたと考えられる。『ビックリハウス』の女性読者・編集者らの語りも、その点は同様だろう。

しかし、女性だからといって女性解放運動を支持しているかといえばそんなことはない。『話の特集』不人気投票では榎美沙子に投票した女性のコメントも見られ、『面白半分』では「あんまり男とか女とか気にしない」と語る読者が「ウーマンリブって［…］女、女っていう感じですごくいやになっちゃう」と話す。[69]女性の地位向上に貢献してきた女性解放運動が、まさにその成果（「男も女も気にしない」社会の到来）によって批判される事態が生じる。

このような中にあって『ビックリハウス』の女性編集者たちもまた、女性であることの構造的不利を主張する女性解放運動に対して距離を置く言明を強調していた。特にこの点において、二代目編集長・高橋章子の語りは興味深い。高橋は「アイツ女だからだって言われんの口惜しいからね」「そういう［「女の人は結婚に逃げられる」］考え、許せないなあ」と語り、女子高校生たちに「女が生きやすいようにはなってないよ、今」[70]と女性をめぐる差別構造の存在をほのめかす一方、「対社会ということでいえば、［自らが女性で］得したことばかり」[71]と、高橋自身の中でも揺れのある心境を示す。高橋は、自著でも次のように語っている。

女ですもの、人に言われなくても、お針セットぐらい持ってるの当たり前ですわ。という〝世間の常識〟もある。あれはヘンである。しかし、ヘンだからといって女性差別反対とか言ってプラカードなどかついだりしないところが私のエライところである。めんどくさいのだ。

だいたい、アレでよしとする二人がいるのなら、私には関係ないことだ。割って入って、間違っている！　なぞと誰が言うことが出来ましょう。それはそれできっと正しいのだ。世の中、すべて需要と供給の関係である。

ただ、お針セットを携帯したいタチなのに、男だからヤバイと思い込んで悩んでいる方。あなたはハッキリ間違っている。さっそく今日から持ち歩きましょう。

（高橋章子『アッコです、ドモ。——高橋章子大全』、三八頁）

この文章で示されているのは、「お針セット」に象徴される性別役割分業を「ヘン」としつつも、「女性差別反対とか言ってプラカードなどかつ」ぎ、二人の間に「割って入って、間違っている！」と主張する押し付けは「正しくない」とする価値観である。社会運動の掲げる「正義」や「規範」、ある種の窮屈な価値観の押しつけに対する忌避感とも捉えられるが、この高橋の文章にもまた、先述した「男とか女とか気にしない」と語った『面白半分』の女性読者のコメントに通底する平等観を垣間見ることができる。「女性」という属性を軸に結集し、女性の解放をある程度可能にした女性解放運動だが、女性が解放された後の社会を生きている高橋からすれば、むしろ自分たちを再度「女」という柵に追い込み、価値観の押し付けを行う「不自由な」運動のように感じられたのではないか。これに近い意見として、『宝島』に読者の女子大学生が投稿した以下のような投稿がある。

この頃、お友だちとかと集まると必ず女の子の差別ってなんだろう、みたいな話になります。ほんとは「女だから差別されているんじゃなくて、個人差なのにひとまとめにされたくないよ！」っていうのと、もうひとつは「やっぱり強者の理論で、能力のない人がよくできるなんておかしいっていうことがあるよ」っていうのと。

（『宝島』一九七七年八月号、二三六頁）

後者の意味がとりにくいが、対比的な構造で書かれていることを前提にすると、「女性差別」はどこまでが女性に対する理不尽な差別で、どこからが個人の能力に対する正当な評価なのかの判断がつきづらいということだろう。投稿者はこの悩みを「もうなにがなんだかわからない」と締めくくっている。

女性全体に対する構造的差別の存在を理解しつつ性別でひと括りにされている「個」としての解放を求めた『ビックリハウス』や『宝島』の女性読者・編集者は、女性解放運動の主張には同意するものの、運動が行った表現規制や「女性」というだけで一括りにされることに反発した。とりわけ、ポルノグラフィをはじめとするメディアの性的な表現への抑圧に対しては強く反発を覚え、活動従事者を「バカ」「良識オジサンオバサン」といった形で揶揄する。

こうした「表現の自由」への反発は、サブカル誌が行った、モデルガンや大麻所持、もしくはさまざまなわいせつ表現の規制に対する抗議を彷彿とさせる。もともと女性解放運動に複雑な距離感を抱いてた『ビックリハウス』に関わる人々は、当該運動が性表現への規制を求めると明確な批判と「からかい」の眼差しを投げかけるようになった。

しかし、ここで一つ疑問が残る。社会構造の不平等を認めつつ、「個」として自分や他者を認めようとする女性が、「主婦」であれ「キャリア・ウーマン」であれカテゴライズに反発することや、女性全体の構造的差別や平等を求めようとする運動に否定的になることそのものは理解できる。彼女たちの接したサブカルが、表現や嗜好の規制に反発する立場であればなおさら、表現規制を求める女性解放運動には否定的にならざるをえないだろう。

だが、女性解放運動を否定するにあたって、『ビックリハウス』の人々は論そのものへの批判や反論から、運動従事者への揶揄や攻撃、「からかい」や「戯画化」という手段へと移行していった。なぜ『ビックリハウス』読者・編集者共同体は社会運動に対し、主張内容への批判ではなく、運動や従事者へのからかいという手段を用いたのか。この点に関しては、第3部の課題となるだろう。

（1）斎藤美奈子『モダンガール論』文藝春秋、二〇〇三年。井上輝子『女性学とその周辺』勁草書房、一九八〇年。

（2）井上輝子『女性雑誌を解読する――COMPAREPOLITAN 日・米・メキシコ比較 研究』垣内出版、一九八九年。岡満男『婦人雑誌ジャーナリズム――女性解放の歴史とともに』現代ジャーナリズム研究会、一九八一年。池松玲子「雑誌『クロワッサン』が描いた〈女性の自立〉と読者の意識」『国際ジェンダー学会誌』一一号、二〇一三年。坂本佳鶴恵『女性雑誌とファッションの歴史社会学――ビジュアル・ファッション誌の成立』新曜社、二〇一九年。斎藤美奈子『モダンガール論』。

（3）小形桜子『モア・リポートの20年――女たちの性を見つめて』集英社、二〇〇〇年。モア・リポート班編『モア・リポート――女たちの生と性』集英社、一九八五年。

（4）小形桜子『モア・リポートの20年』、一三頁。

（5）池松玲子「雑誌『クロワッサン』が描いた〈女性の自立〉と読者の意識」、九七頁。

（6）岡満男『婦人雑誌ジャーナリズム』、二二六頁。

（7）『話の特集二〇〇号記念臨時増刊　話の特集の特集』、一九八二年、二三九頁。

（8）『宝島』一九七五年三月号。

（9）ほぼ同時期に『ビックリハウス』でも編集者や寄稿者がすべて女性という「女の特集」を行なっており

（『ビックリハウス』一九七五年八月号）、両誌の編集後記で「企画がかぶった」といった内容が記されている。

（10）『宝島』一九七五年三月号。

（11）『面白半分』一九七九年一〇月号、一九七六年一二月号など。

（12）同右、一九七五年七月号―一二月号。

（13）天野正子「問われる性役割――『自己決定』権の確立に向けて」朝尾直弘ほか編『岩波講座　日本通史　第21巻　現代2』岩波書店、一九九五年、一九七頁。

（14）桑原桃音「1970～1990年代の『セブンティーン』にみる女子中学生の性愛表象の変容」小山静子・赤枝香奈子・今田絵里香編『セクシュアリティの戦後史』京都大学学術出版会、二〇一四年、二六三頁。

（15）井上輝子『女性雑誌を解読する』、五頁。

（16）池松玲子「雑誌『クロワッサン』が描いた〈女性の自立〉と読者の意識」、九頁。

（17）松原惇子『クロワッサン症候群』文藝春秋、一九九一年。斎藤美奈子『あほらし屋の鐘が鳴る』文藝春秋、二〇〇六年。坂本佳鶴恵『女性雑誌とファッションの歴史社会学』。

（18）池松玲子「雑誌『クロワッサン』が描いた〈女性の自立〉と読者の意識」、一〇七―一〇九頁。松原惇子『クロワッサン症候群』。坂本佳鶴恵『女性雑誌とファッションの歴史社会学』。

（19）『話の特集』一九七七年一一月号、一九七八年七月号、八月号。

（20）同右、一九八〇年九月号。

（21）『面白半分』一九七七年一月号―六月号。

（22）『話の特集』一九八一年七月号、一九八五年七月号、一一月号など多数。

(23)『面白半分』一九七五年九月号、一九七六年七月臨時増刊号、一九七九年二月号など。
(24)同右、一九七六年三月号、一九七七年三月号など。
(25)『宝島』一九七九年九月号、一九七七年六月号、一九八一年一月号、一九七九年五月号など。
(26)『話の特集』一九七六年五月号、七月号、一二月号ほか。
(27)『宝島』一九七八年一月号。
(28)同様にリブ運動の当事者も榎や中ピ連に対し「マスコミ受けのするキャンペーンでリブに対する偏見を固定化し、分裂のイメージを作り出した」と批判をしており、リブの時代を共有した人の中ではかなり共通した認識だったとも秋山洋子は語る(秋山洋子『リブ私史ノート——女たちの時代から』インパクト出版会、一九九三年、一三六—一三七頁)。
(29)『面白半分』一九七五年一二月号など。
(30)江原由美子『女性解放という思想』勁草書房、一九八五年。
(31)藤枝澪子「日本の女性運動——リブ再考」『女性学年報』一一号、一九九〇年、六頁。江原由美子「フェミニズムの70年代と80年代」、一九頁。上野千鶴子「日本のリブ——その思想と背景」井上輝子・上野千鶴子・江原由美子編『日本のフェミニズム1 リブとフェミニズム』岩波書店、一九九四年、二頁。
(32)『ビックリハウス』一九八〇年九月号、一八頁。
(33)同様の主張が見られる記事として『ビックリハウス』一九八〇年六月号、九月号などがある。
(34)『ビックリハウス』一九七八年七月号、一九八三年一一月号、一九八一年一一月号、一九八三年一二月号。
(35)同右、一九八二年、一九八三年、一九八四年「ビックリハウスレポート」、一九八一年六月号。
(36)同右、一九七九年八月号、一九八一年六月号、一九八〇年一一月号、一九八〇年八月号、四月号。

(37)『ビックリハウス』、一九七九年四月号、一九八一年六月号、一九八四年四月号。
(38) 同右、一九八〇年一〇月号、一一月号、一九八四年四月号。
(39) 同右、一九八一年六月号、一〇六頁。
(40) 同右、一九八〇年四月号、六三頁。
(41) 同右、一九八三年一一月号、一〇頁。
(42) 同様の主張が見られる記事として、『ビックリハウス』一九八三年一二月号など。
(43)『ビックリハウス』内のコーナー「メディア・ジャック」は「TV、ラジオ、あらゆるメディアでみつけた面白ニュースや記事、ちょっと気になる情報」を、「どこが面白かったのかのコメント」(同誌一九八三年四月号、一四二頁)とともに読者が投稿するコーナーである。そのため「メディア・ジャック」に書けるコメントのコンセプトそのものは読者によるが、コメントは無記名であるため投稿者による作文か編集者が文章化したものかは厳密には判別できないが、本文中の引用部については読者・編集者双方の「主婦」イメージが反映されたコメントとして捉えることはできるだろう。
(44) 天野正子「問われる性役割」、二〇〇―二一二頁。
(45)『ビックリハウス』一九七九年四月号。
(46) 江原由美子「フェミニズムの70年代と80年代」。斎藤美奈子『モダンガール論』。池松玲子「雑誌『クロワッサン』が描いた〈女性の自立〉と読者の意識」
(47)『ビックリハウス』一九八一年一〇月号、一四六頁。
(48) 同右、一九七八年一一月号、一一七頁。
(49) 同右、一九七九年七月号、九八頁。
(50) 同右、一九八〇年一二月号など。

(51) 斉藤正美「クリティカル・ディスコース・アナリシス——ニュースの知/権力を読み解く方法論——新聞の「ウーマン・リブ運動」(一九七〇)を事例として」『マス・コミュニケーション研究』五二号、一九九八年。江原由美子「フェミニズムの70年代と80年代」江原由美子編『フェミニズム論争——70年代から90年代へ』勁草書房、一九九〇年。

(52) 小形桜子『モア・リポートの20年』。桑原桃音「1970~1990年代の『セブンティーン』にみる女子中学生の性愛表象の変容」。岡満男『婦人雑誌ジャーナリズム』。池松玲子「雑誌『クロワッサン』が描いた〈女性の自立〉と読者の意識」。

(53) 谷本奈穂『美容整形というコミュニケーション——社会規範と自己満足を超えて』花伝社、二〇一八年。

(54) 小形桜子『モア・リポートの20年』など。

(55) モア・リポート班編『モア・リポート』、三七頁。

(56)『ビックリハウス』一九八二年九月号、一一〇頁。

(57) 同右、一九八三年一一月号、六〇頁。

(58) 同右、一九八三年三月号、六〇頁。

(59) 同右、一九八三年八月号、一二六頁。

(60) 萩原朔美氏インタビュー、筆者による。二〇二二年一〇月一九日。また、同内容の語りは『ビックリハウス』一三一号(二〇〇五年刊)でも見られる。

(61)『ビックリハウス』一九七五年八月号、一二頁。

(62) 同右、一九七五年八月号、八頁。

(63) 樋熊亜衣『日本の女性運動——1970年代から何が引き継がれたのか』首都大学東京大学院人文科学研究科社会行動学専攻社会学教室 二〇一八年度博士論文、二〇一八年。

(64) 行動する会記録編集委員会編『行動する女たちが拓いた道——メキシコからニューヨークへ』未來社、一九九九年。

(65) 朝日新聞、一九七五年一一月六日付。

(66)『面白半分』一九七五年一二月号、一九七八年八月号など『話の特集』一九七七年一二月号、一九八〇年二月号など。

(67) 日本文藝家協会から声明が出た際に、文芸家協会に所属する文筆家でもあり「行動する会」で活動していた俵萠子は「非常に複雑な心境で、体が二つに分かれるみたいな気がして」(『面白半分』一九七六年三月号、三一頁)とその苦悩を語っている。女性解放運動と表現の自由を完全な対立構造として解釈しないために、このような告白も記録しておくべきだろう。

(68)『宝島』一九七九年二月号、三四—三五頁。

(69)『話の特集』一九七六年三月号など。『面白半分』一九七六年一二月号、二五頁。

(70)『ビックリハウス』一九七九年七月号、九八頁。

(71)『小説現代』講談社、一九八六年二月号、三一二頁。

6 「論争」から「私論」へ——みんなで語るそれぞれのロック

本章では、『ビックリハウス』における「ロック」への言及を分析する。

「消費社会における私生活を通じた若者共同体による政治的・社会的コミットメント」という本書の研究対象を論じるにあたり、音楽を分析対象とすると聞くと戸惑う読者もいるかもしれない。しかし、音楽鑑賞はひとり孤独に音楽を消費するだけの営みではない。長崎励朗によると、労音（勤労者音楽協議会）のような音楽鑑賞団体は、特に若者が音楽について語り合い、演奏会のジャンルを選定し、音楽を評価するといったコミュニケーションを通じて共同性を構築し、政治的・社会的コミットメントを行う主体だった。[1] また音楽雑誌も重要な政治的・社会的コミットメントの場である。例えば、アンダーグラウンド・フォークを扱った音楽誌（より正確にいうならインディーズレーベル「URCレコード」の広報誌）『フォーク・リポート』は、小説の性表現におけるわいせつ容疑で押収された際、司法への抗議を誌面上で行い、同じく音楽雑誌である『プレイガイドジャーナル』も裁判レポートを掲載し続けた。[2] 同誌は反戦のための万国博覧会「ハンパク」や放送禁止となった日本の民謡や性表現をともなう歌を収録したレコード「日本禁歌集」の製作[3]といった活動もしている。

労音や『フォーク・リポート』、『プレイガイドジャーナル』の事例を踏まえると、雑誌を通じて音楽について語り合うことが政治的・社会的コミットメントを生み出す可能性は、本書が対象とする七〇―八〇年代においても十分考えられる。六〇年代後半から七〇年代は『ニューミュージック・マガジン』(六九年、後に『ミュージック・マガジン』に改称)、『ロッキング・オン』(七二年)、『ローリング・ストーン』日本版(七三年)が相次いで創刊された。このような音楽雑誌を通じた読者共同体は、本書で議論する「消費社会を通じた読者共同体」により近く、本章の事例検討を行う上で参照しうる対象となるだろう[4]。

本章では、第4章、第5章と同じように、他のサブカル誌、特にロックへの言及が多い『宝島』におけるカウンターカルチャーの記述を検討する(6-1)。その上で、『宝島』の記述と対比する形で『ビックリハウス』のロック記述を検討し、他誌に見られた対抗文化としての性質が見られない点、またロックの「聴き方」が中心的に議論された点を指摘する(6-2)。さらに、ロック雑誌の研究を補助線としながら、『ビックリハウス』における読者・編集者共同体が、ロックのあり方をめぐる論争を避け、また聴き方の多様性、個別性を尊重した点を明らかにする(6-3)。

6-1 『宝島』と対抗文化としてのロック

第4章、第5章と、本書で『ビックリハウス』と対比したサブカル誌は『面白半分』『話の特集』『宝島』だが、実は『面白半分』と『話の特集』では、レコード紹介連載やミュージシャンのインタビュー記事はあるものの、[5]ロックに言及した記事はかなり少ない。これは、『面白半分』と『話の特集』の想定読者の年齢層が宝島のそれよりやや高いことが理由であると思われるが、同時にそれだけ当時においてロックが若者の文化であったともいえるだろう。[6][7]

七〇年代の『宝島』にはヒッピー・カルチャー、カウンター・カルチャーとロックの結びつきに言及する記事がこれでもかとばかりに見られる。例えばレコード紹介コーナーなどは『ビックリハウス』にも存在するし、音楽紹介記事の書き手も両誌である程度重複しているのだが、『宝島』のスタンスは明示的に政治的・社会的に映る。[8]例えば『宝島』のレビューでは、ミュージシャンの置かれた社会環境（経済階層や人種など）がいかに音楽へと反映されているかを論じたレビューが数多く見られる。

また、ロック・フェスティバルに関する記事も数多い。[9]「金の匂い」がする営利を目的としたフェスを批判し、[10]「おカネのシステム」に支配されないフリー・コンサートを行い商業主義への対抗を主張する記事もある。[11]フェスの中で主張される内容は若年失業者の増加や人種差別への抗議などの訴えも見られ[12]、フェスと併催されるイベントも、無公害野菜、古着、骨董品の販売[13]などバラエティに富んでいる。

さらに同誌を見ると、ロックはライブハウスやコンサートホール、路上、レコード店といった場所を通じて労働運動や住民運動とも結びつくことがわかる[14]。ライブハウスでの労働組合結成に関する記事や[15]、自治体の一存で閉鎖されるコンサートホールを守る活動の呼びかけも見られる[16]。路上イベントに対する警察の規制を問題視する特集もある[17]。

日本人と外国人とを問わずロック・ミュージシャンやロック・ジャーナリストの対談やインタビュー記事も多いが、ベトナム戦争や徴兵制[18]、捕鯨の是非[19]や反核運動[20]、植民地支配[21]など音楽そのものより政治的・社会的な事柄に紙幅が割かれることも多い。よく登場するミュージシャンとして、沖縄出身の喜納昌吉（元参議院議員）は積極的に沖縄の自然や沖縄が置かれた政治的状況について語り、保坂展人（のぶと）と対談をした特集もある[22]。八〇年代になると、レコード倫理委員会による規制[23]や資本主義の中でロックをやっていくにあたってミュージシャンが抱える困難[24]に言及した論稿も見られる。また、ミュージシャン自身が六〇年代の社会運動経験に言及するインタビュー記事も少なくない[25]。

ただ、カウンターカルチャーやヒッピーカルチャーと政治的・社会的課題との結びつきを強調する記事は、七五年から八〇年前後に集中している。『宝島』のロック関連記事を分析した篠原章（あきら）は八一年以降から、南田勝也は八三年ごろから『宝島』が本格的に音楽雑誌化したと捉えるが[26]、八一年以降は、政治・社会的トピックとロックとの関連は以前ほど論じられず、新進バンドやライブハウス・イベントの紹介、パンクファッションの着こなし術といった内容が多くなる。[27]八〇年代の記事でミュージシャンが政治や運動経験を語ることはとくに珍しくなかったが、一九八三年の記事ではミュージシャン自身が植民地主義や三里塚闘争といったトピックに言及するとインタビュアーが「政治的だね」と返す記事も見られる。[28]こうした変容からも、七〇年代と比べ、政治性や対抗性は薄くなったと考えられる。八〇年八月号から編集長となった関川誠も、篠原章のインタビューに対し「われわれはもっとミーハーでいたいというか。批評という行為は意味がないんじゃないかと思ってましたから。面白いものを面白くとりあげようと」[29]と、八〇年代以降の誌面の変容について語る。

『宝島』ロック論争

もう一点、七〇年代の『宝島』を見ると、ロックを題材とした記事には論争が多く見られる点も興味深い。[30]この「論争」傾向を考えるにあたっては、南田勝也の論が参考になる。七〇年代初頭は、ロックを批評・評論の対象として語るニーズが高まっていた。[31]またロックはメッセージの伝わりやすさゆえに、立場によって見え方が大きく変わるため、「ロックの本質論争」を惹起しやすい文化でもある。[32]南田の議論を踏まえれば、『宝島』でロックが論争の題材となることそのものはそれほど意外性はない。しかし、その論争の過程と読者の受容は興味深い。

『宝島』のロック論争は、読者と編集者、寄稿者であるライターや文化人、また時には他誌の編集者も巻き込んで大規模かつ長期的な議論に発展した。例えば、一九七八年の八月号から一二月号にわたる議論では、ロックはすでにカウンターカルチャーではなくなったとする柾木高司の批判的な論考が掲載され[33]、「きみも論争に参加してみないか[34]」という編集部のコメントを受けて、読者たちが議論に参加した。

ロックの衰退と大衆化を訴えた柾木に対し「これからのロックンロールを発展させるためには、演奏者も聞き手も、それぞれ自分の楽しみたい音楽をもつことが大切だと思う[35]」という、個々人の感性を重要視する意見もあれば、ロックの衰退を勝手に決めつけ、「大衆」や「若者」を下に見る柾木の姿勢を批判する意見もあった[36]。

このような論争は、『宝島』の編集者と他誌の編集者の間でも行われており、中でも『ニューミュージック・マガジン』編集長・中村とうようと、『宝島』編集長・関川誠の論争[37]には大きな反響があったようだ。中村は日本にロックやフォークを紹介した第一人者であり[38]、『ニューミュージック・マガジン』の臨時増刊号に対する『宝島』の書評を「支離メツレツ」と批判し、さらに自身が編集長を務める『ニューミュージック・マガジン』について「ロックの伝えるものはなにか、それを受け取って若者はどう生きるべきか、といった問題を念頭に置きながら音楽を語りつづけてきた[39]」と振り返った。

これに対して関川は書評の瑕疵を認めて中村に謝罪し、その上で、もはやロックが若者すべてに共有される「生活信条」「生き方」ではなく、大半の人間にとっては「〃つまらなさ〃〃やるせなさ〃をなんとかする慰めの〃刺激〃」であり、そのような潮流は確実に高まっている。だからこそ、こうした大多数の人々を「若者はダメだ」と批判するのではなく、そうした大衆化状況を踏まえた批評が必要なのではないか、と指摘した[40]。

こうした論争には、立場や位相は異なれども全員が共有している理念があることに注目したい。「ロック文化の発展」と「主体的な聴き手の形成」という理念である。例えば、柾木に反論した読者たちは、「ロックンロールを発展させるには」という前提のもと、聴き手としてどうあるべきかの持論を述べ、中村は「日本のロックを育てるという気持ちはあまりなかったですね。おこがましいし」と前置きしつつも「本物のロックの聴衆を育てたい[41]」と語る。このように、受動的に音楽を享受するにとどまらず、創造的に音楽を鑑賞する聴き手を作り、ロックという文化をより良いものにする、という考え方は、音楽雑誌においても『宝島』のようなサブカル誌においても引き継がれてきた。

6-2 『ビックリハウス』はロックをどう「論争」したか

第3章でも述べたとおり、『ビックリハウス』が刊行された七五年から八五年まで、「ロック」は常に上位の頻出語であった。しかし七〇年代の『宝島』のように、ロックが資本主義や商業主義、人種差別、警察による規制や反核、捕鯨といった主題と関連して論じられることはかなり稀である。

『ビックリハウス』には、ロック・フェスティバルやライブ・イベントの告知、感想が見られるものの[42]、明確な対抗文化としてのロックを押し出した記事はほとんど見られない。ごく初期にはカウンターカルチャー色の強いイベントスペースの告知が掲載された。

「地球の子供たち」

もう気負って聴くなんて原初的ロック状況はおわった。ロックは我我にとって空気と同じような存在感で存り続けているはず。……食べ物と同じレベルで僕らの新しい〝価値〟となった〝音楽〟や〝本〟を考え、〝都市の捨て方〟を精神面、物理面の両サイドからより具体的に考えてみたい。そしてもし都市の醜悪さしか残らないならば人間として正直に生きられる場めざして、民族大移動の計画を具体的なかたちで実現させていく仲間たちを求めている。……この「地球の子供たち」は僕らが1年間を通じて送り続けるメッセージであり、病んだ都市や地球、そして僕ら自身の在り方を考える為の1年間のイベントである。

（『ビックリハウス』一九七五年五月号、六四頁）

今読むとややスピリチュアルな要素を強く感じる読者もいるかと思われるが、ヒッピーカルチャーとロックの結びつきは、当時のサブカルチャーにおいてそれほど珍しいことではなかった。ヒッピーカルチャーと音楽の結びつきという点では、約一〇年後である一九八四年六月号にも「ウッドストック・フェスティバル」の流れを引き継ぐロンドンの野外ロックフェスティバル「ピースフェスティバル」が紹介されるものの、その論調は前述した記事とはだいぶ異なる。

自由と、平和への祈りと、ピースサインに満ち満ちた〝ウッドストック〟は、60年代のフ、フラワーチルドレンの世紀の祭典だったんだぜいっどーだ、知らないだろー」［…］「70年代に入ってサッパリになってしまったかにみえたピースムーヴメントは、70年代、80年代も脈々と息づいていたんだね。ナニピースムーヴメントも知らない？ってどーしょーもねぇなぁこれは。ピースムーヴメントとは、核戦争の脅威に対抗して、のびやかで平和な地球を作ろうといった世界的な若者のムーヴメントなのだ。

（同一九八四年七月号、一二五頁）

八〇年代もピースフェスティバルのような反核・平和を志すミュージシャンの動きは世界中で行われていたが、少なくともこの記事の書き手（編集者）は、『ビックリハウス』読者にとってすでに平和運動や反核運動は「サッパリになってしまった」と認識していたようだ。

『ビックリハウス』にはレコード紹介の連載もあるが、『宝島』のように政治や社会状況を踏まえた音楽評は少ない。「曲自体はリズムがしっかりしていて、リズムの中心のドラムとボンゴの感じがとてもいい。静かなテンポで、耳に馴(なじ)みやすいメロディーがうまく、掠れたセクシーな声をマッチさせています(43)」といった形で、「リズム」や「メロディー」の「感じ」が、「いい」といった単語が数多く見られる。『宝島』で沖縄と本土の問題や自然保護について語ってきた喜納昌吉のレコードも紹介されているが、その紹介は次のようなものである。「日本でロックといわれる音楽をやっている人達にいつでもつきまとってきた英語で歌うか日本語で歌うかという問題は、喜納昌吉&チャンプルーズにとってはちっとも関係ないみたい。自分が使う言葉で自分の音楽をやると、こんなに説得力のあるレコードができるという素晴らしい見本(44)」。ここでは、沖縄と本土の問題も破壊される自然も言及されない。

トム・ウェイツや原田真二、矢沢永吉、大瀧詠一、世良公則、スージー・クアトロ、坂本龍一、安岡力也、戸川純、山本コウタロー、立花ハジメ、中川勝彦、松尾清憲といったミュージシャンのインタビューやエッセイもひんぱんに掲載され、定期的に寄稿する「常連」メンバーにもミュージシャンが目立つ。みうらじゅんや鈴木慶一、高橋幸宏、坂本龍一、矢野顕子がその代表的な人物であり、彼らが連載や対談の中でロックに言及する機会ももちろんある(45)。しかし、初期『宝島』のように、ロックと政治的・社会的トピックを関連させた語りは見られない。

『ビックリハウス』のロック論争

ここまでをまとめると、『ビックリハウス』の読者・編集者たちのロック受容は決して政治的・社会的とは言えないが、ロックを論争の主題とする点は『宝島』と共通している。『ビックリハウス』でも一九七六年、七七年に読者コーナー「メディア・ジャパン」でロック論争が行われており、次は中でも大きな反響があった歌詞に関する投稿だ。

歌詩も知らずに言えるかョ

[…] それからロックなんだけど、最近、日本の高校生を中心にベイ・シティ・ローラーズっていうのに凝ってるみたいだけど、あれはどう考えてもイギリスあたりでは12歳位の人が聞いている音楽だし(イギリス公演での写真やトレーシーハイドの言葉より)、あれはロックとは違う。ロックとロックンロールだって同じじゃないんだし。コージー・パウエルも言ってたけど、キッスやエアロスミスも問題外、演奏力が十分でない。それから日本の自称ロックファンたちは、ロックについて大変な誤解をしている。彼らは聞いている曲の、ほとんどの歌詩を知らない。それであれがいいとかこれがいいとか、ましてや批判などできるわけはない。日本でのロックシーンが進歩しないのは、そこに原因があるのかもしれないし、自分たちのロックを聞く姿勢というのをもっと考えて欲しいな。……独断より。

(読者投稿、一八歳・男性、同一九七七年七月号、一四七頁)

この投稿には、『宝島』上のロック論争の軸となっていた、ロックの対抗性や大衆化といった視点はなく、歌詞を理解してロックを聴くか否かという聴き手の立場からのロック受容をめぐる論点が軸になっている。

『ビックリハウス』のロック論争におけるもうひとつの軸は、「ロックシーン」「ロック文化」に対する温度差である。

前述した投稿の書き手のように「ロックを聴く姿勢」にこだわる人々は、『宝島』のロック愛好家たちと同じく、「ロック文化の発展・進歩」に寄与する鑑賞のあり方を重要視する。例えば「ロックシーンが進歩しないのは、そこに原因があるのかもしれない」(前掲引用)、また「何が「気分よければそれでいい」ですか。まあ、それはそれで一理あるとは思うけれど、それが全てだなんて、その根性がいけないのです。[ロック文化の]死を招きます[46]」といった表現は聴き手の姿勢とロック文化のあり方を連関して捉える代表的な意見であり、先行研究における労音の人々とも、『宝島』や『ニューミュージック・マガジン』の編集者らとも共通する。

このような意見に対して反論側は、「ロックは、田山氏[前掲引用の投稿者]が考える程難(むず)かしいものじゃないと思う[47]」「ロックを聞くには理屈なぞいらんのじゃ。一番自分らしいやり方で聞くのだ![48]」といった表現で、正しい形での鑑賞のあり方を追求する人々に対して反論する。

「極私的ロック論」誕生

よほど多くの投書があったのか、『ビックリハウス』一九七七年一一月号に編集者は「同内容の手紙、たくさん届きました。でも、あげあし取りが多かった。そこで！　けなしあいなんかじゃない「極私的ロック論」を募ります。ロックは理論じゃないなんて言わないで、こんな風に捉えてるョ、こんな風に聞いてるョっていう、君とロックの仲♪を知らせて下さい」[49]と、論争を「けなしあい」「あげあし取り」として避け、あくまで個人の聴き方紹介としてのロック論を投稿するコーナーを立ち上げる。この「極私的ロック論」には、以下のような投稿が寄せられた。

極私的ロック論――どんなオサケもみんなで酔って楽しもう

［…］でもね、私思うんだけど、別にさ、ミュージシャンが言わんとしてることと聴いてる人の解釈がピッタシカンカンに合わなくても良いよ。文学だってそうじゃん。作家の意図と読者の解釈がくい違っても、何も悪いことはない。かえって「作家が気づかなかったこと」を読者が発見することだってあるんだから。だから訳す時は、自分の都合のいいように訳してる。プログレッシブ・ロックも最近いいなぁって思うけど、やはり〝ことば〟って生々しい迫力があるわね。それで最後に言いたいんだけど、ロックの歌詞って、あく

までシンプルで、かつ直接的であって欲しい。変に婉曲的な表現や複雑な言いまわしは、ロックのあの歯切れのいいリズムを殺してしまうから。それじゃ、外国のミュージシャンも日本のミュージシャンもがんばってね。オンザロックもどぶろくも、同じ酒なんだから、みんなで酔って楽しもう！　（読者投稿、二〇歳・女性、同一九七八年一月号、一三四—一三五頁）

極私的ロック論——歌詞を理解するのは難しいことだけど

あの、ビックリハウスの〝メディア・ジャパン〟にけなし合いでなければ極論的ロック論を書いてよい欄ができたとかいうので、少し書いてみたいと思う。ロックにおける詞の位置は重要だ、いやたいしたことないって、両端の意見がでてるみたいだけど、僕にとってはどちらでもない。アメリカのエンターテイナーのファッツ・ドミノが「歌詞は決してはっきりうたうべきではない」と言っているが、僕の考え方はその言葉に集約されそうである。つまり、［…］詞に重きを置くとしても、実際に詞を詞として完璧に理解することは不可能。第一、詞がわからなければ、などといっていたら、僕はパティ・スミスなど聴けないし、いくら単語の意味や文章として理解できたとしてもランディ・ニューマンの詞は難解で「なんだ、これ」だし、それにそれが本歌とり的な要素をそなえてることもあるみたいだし、ともかく歌詞を理解することはまったく難しいことだと思う。また、かといって、歌詞をまったく無視するわけにもいかないのも事実だろう。英語にしても日本語にしても、断片的に聴えてくる言葉に一瞬ハッとさせられることがあるんだから。まあ結局に、なににひきずられようとそれでその歌（演奏）を楽しめれば、僕はそれでいいと思うのだが……。

（読者投稿、一七歳・男性、同一九七八年三月号、一一一頁）

「極私的ロック論」がコーナー化してからは、個々人のロックの聴き方、とりわけ「歌詞」をどのように享受するかという点に議論が集中するようになる。[50]さらに、コーナー化以前には存在した「ロック文化を発展させる」「ロック文化に貢献する」といった共通認識も見られず、あくまで個人でロックを楽しみ、その楽しみを他者と共有する傾向が強くなっていく。

ここで興味深いのは、ロックの正しい聞き方とは何かという論争が「あげあし取り」「けなしあい」として解釈されている点だ。南田勝也が指摘したとおり、ロックは作り手のメッセージ性が反映されやすく、そのメッセージは聞き手の立場によっていかようにも解釈可能な音楽だった。[51]だからこそ、「ロックとは何か」という本質をめぐる論争になりやすいし、論争を通じて「本質」を追い求めることは、ロック文化を発展させるために必要と考えられてきた。

しかし、こうした本質の追求は、論争を「あげあし取り」「けなしあい」とみなす人々からすれば、好き好きに消費している音楽に「正しさ」や「べき」をもち込む事態にしかならない。だからこそ『ビックリハウス』の読者・編集者共同体はロックの本質を問い、ロック文化を発展させるという方針はとらず、「こんな風に捉えてるヨ、こんな風に聞いてるヨ」という多様な鑑賞のあり方を共有した。

6-3 「人それぞれ」の読者・編集者共同体

ここまで本章では、ロックを対抗文化として捉え、ロックの本質を探求するための論争を辞さなかった『宝島』の読者・編集者に対し、そもそもロックを政治性・対抗性と関係づけることにあまり積極的でなく、ロックの本質をめぐる論争に対しても及び腰であった『ビックリハウス』の読者・編集者たちの言説を比較した。

音楽の専門雑誌というわけでもない『ビックリハウス』にも多くの投書があった事実からわかるとおり、七〇年代後半の若者たちにとって「ロック」は趣味を通じて共有できる重要な若者文化だったのだろう。『ビックリハウス』初期の読者・編集者共同体は、「ロックとは何か」「ロックシーンを進歩させるには」という問題意識のもと、直接政治的・社会的トピックには触れないものの熱い論争を行ったが、編集者の提案に沿って、「あげあし取り」「けなしあい」を避けそれぞれの「極私的ロック論」を語るようになる。

このような「ロックの語り方」は、消費社会における私生活を通じた若者共同体としての『ビックリハウス』読者がどのような性質をもつのか、本節ではロック雑誌の先行研究を参照しながら考えてみたい。

政治的・社会的トピックとは離れた形で、あくまで自分にとってのロックについて語るという『ビックリハウス』の作法は、実は同時代の音楽雑誌『ロッキング・オン』でも見られるものである。[52] 石川千穂はロックと社会的事柄をダイレクトに関連させて音楽を語った『ニューミュージック・マガジン』に対して、『ロッキング・オン』の編集者と読者は、社会的存在としての「私」がどれほど切実にロックを必要としているか、それを他者も納得する形で記述することにより個人の体験を普遍性のある批評にしたと論じた。[53] 長崎励朗もまた、初期の『ロッキング・オン』が「自分の主観性を全面に押し出した印象批評[54]」、著名な外国人ミュージシャンに対する架空インタビューに反映された聞き手の「感動という主観的なもの[55]」や「文学的な思想の投影[56]」が、誌面を通じて他の読者にも共有されるプロセスを分析した。

「極私的ロック論」とそれ以前とを問わず、『ビックリハウス』のロック論争が「歌詞」ということばの正確な理解をめぐる論争であったという点も興味深い。七〇年代には日本語詞のはっぴいえんどと、英語詞による世界進出を目指した内田裕也との間で論争が生じたが、[57] それがもっぱら発信者からのアプローチだったのに対し、『ビックリハウス』の読者たちは、鑑賞者であり消費者の立場からこの議論にアプローチした点も特徴的である。

歌詞を正確に理解することがロック文化の正当な享受だという主張を「小難しい」「理屈」とはねつける『ビックリハウス』読者の姿勢は、部分的に『ロッキング・オン』に見られる読者の姿勢と一致する。長崎励朗や南田勝也は、『ニューミュージック・マガジン』の特徴を客観的な点数制、ルーツを重んじる姿勢や取材をした事実関係に基づく報告記事・批評にあると位置づけ、それと対比する形で『ロッキング・オン』の特徴を主観的な印象批評や架空インタビューに位置付ける。[58]

一方で、ロックは「知識」や「理屈」で聞くものではないのだ、とする『ビックリハウス』読者・編集者の立場そのものは、「私」の主観を強調する『ロッキング・オン』の立場と重なるが違いもある。「本場のロック」の強調を通じて「本物のロックとそうでないロック」の線引きは維持し続けた『ロッキング・オン』に対し、[59]『ビックリハウス』の読者たちは「極私的ロック論」という営みを通して「聴き方に本物もそうでないもなく、すべてよい」という価値観を前面に押し出そうとする。

本書の問いに立ち返るならば、ビックリハウスの読者・編集者共同体はロック文化の発展を志し論争する主体的な聴き手ではなく、その意味で彼らはロックを消費者として受容している。かつ、聴き手という消費者の立場から鑑賞のあり方を語り合うことで生じた『ビックリハウス』の読者・編集者共同体は、山崎正和や天野正子の論じた「消費を通じた共同体」に近く、[60]彼らが「極私的ロック話」で行っていたのは、まさにロックという音楽の吟味のあり方を通じた社交であるとも考えられる。共通の趣味を語り合うことで、彼らは自分のこだわりがどこにあるのかに気づくこともあっただろう。

多様な受容を認める共同体

では、このような消費を通じた共同体はどのような性格をもっているだろうか。『ビックリハウス』読者のロック語りを見る限り、外山恒一の挙げたような反核運動や管理社会への抗議(61)に結びつくわけではなく、新しい社会運動として生産至上主義社会への対抗の潜勢力となるわけではない。しかし、正統とされる知識や解釈でなく、あくまで「私」の感性で受容する立場を許容する。この共同体は「あげあし取り」や「けなしあい」を避け、個々人のロックの受容のあり方を相互に否定しない、多様性を認める性質をも有する。

ロック鑑賞において、例えば聴取歴が長かったり、演奏家を取り巻く社会状況の知識が豊富だということは、対抗文化の享受・継承のあり方としては正統であるかもしれないが、若く、まだ知識をもたない読者には一種の権威主義とも感じられるだろう。「極私的ロック論」は、あらゆる聞き方を情報としてその優劣をつけずに提示することで、「知識」や「頭」で解釈した感想と「感性」や「心」で表した感想を対等に並べる。あらゆる聴き方を同列に扱うことが、既成の権威を平準化しようと試みる文化的な反乱とも考えられるのではないか。

本章の知見をまとめると、『ビックリハウス』読者・編集者共同体における「極私的ロック論」のようなロック受容とその語りのあり方は、「私」個人の消費が複数共存し、多様な享受のあり方を認め合うことで、自分と消費する対象の関係を問い直したり、よりよい消費のあり方を吟味することも可能にするということになる。だとすると、この事例は、先行研究が批判したような「消費社会が私生活主義を押し進め、政治・社会へのコミットメントを失った」事例として捉えるべきなのだろうか？　それとも、「消費社会の作り出した、新たな形で社会・政治にコミットする共同体」と捉えるべきなのだろうか？　本章で析出された『ビックリハウス』読者・編集者共同体に見られる「政治性・対抗性の減退」「論争の回避」「消費・受容の多様性」といった傾向を、第3部での検討の材料としたい。

（1）長崎励朗『「つながり」の戦後文化史——労音、そして宝塚、万博』河出書房新社、二〇一三年。
（2）村本武『プレイガイドジャーナルへの道1968〜1973——大阪労音－フォークリポート－プレイガイドジャーナル』東方出版、二〇一六年。
（3）村本武『プレイガイドジャーナルへの道1968〜1973』、四四頁。
（4）南田勝也「音楽言説空間の変容——価値増幅装置としての活字メディア」東谷護編『拡散する音楽文化をどうとらえるか』勁草書房、二〇〇八年。石川千穂「『社会』をめぐる話法としての対抗文化——日本のロック雑誌の変遷から——」『年報社会学論集』二七号、二〇一四年。長崎励朗「『ロッキング・オン』——音楽に託した『自分語り』の盛衰」佐藤拓己編著『青年と雑誌の黄金時代』岩波書店、二〇一五年。
（5）中村とうよう（『ニューミュージックマガジン編集長』）や中川五郎（フォークシンガー）がレコード紹介を行っている（『話の特集』中村とうよう「一枚のレコードを聴きながら」（一九七九—八〇年）、「中川五郎的音楽生活」（一九八二年より）、『面白半分』一九七八年七月号）ほか、たまにミュージシャンのインタビューはあるものの、ロックミュージシャンは少数である（『話の特集』一九七九年一〇月号、一九八三年九月号）。

（6）ここでは、「ロック」あるいは「ロックンローラー」と誌面で称された物事をすべて「ロック」として解釈し、分析しているため、そもそものロック（ロックンロール）の定義やどこまでをロックとするかといった議論には立ち入らない。ちなみに『宝島』でロックとされている音楽はかなり広く、一九八一年二月号では「イエロー・マジック・オーケストラを筆頭にプラスチックス、シーナ&ロケッツ、アナーキー、ヒカシュー、Pモデル、RCサクセション、ジューシィ・フルーツ」「ロッカーズ、イミテーション、ルースターズ、スパイ、ノー・コメンツ、ハルメンズ、フィルムス」「スキン、ZIGZAG、ピンナップス、絶対零度、シネマ、プライス、モッズ」（『宝島』一九八一年二月号、九六頁）が「日本のロック・シーン」のグループとして挙げられている。

（7）もっとも、『宝島』の読者投稿でも「音楽に関してはロックのことばかり。宝島はロック・ファンのための本なのかしらネ」（『宝島』一九七八年一二月号、二二八頁）という意見もあるので、世代的な面をおいても、トピックがロックに偏っていたとも考えられるが。

（8）『宝島』JICC出版局、一九七六年六月号、一九九七年三月号、八月号、一〇月号。

（9）同右、一九七五年一〇月号、一九七六年五月号、八月号、一一月号、一九七八年八月号、一〇月号、一九七九年七月号、一九八三年四月号、一九八四年八月号、一九八五年一月号、一〇月号など。

（10）同右、一九七六年八月号。

（11）同右、一九七六年一一月号。

（12）同右、一九七八年八月号、一〇月号。

（13）同右、一九七六年五月号。

（14）同右、一九七六年一一月号、一九七八年一月号、一九七九年二月号、一九八〇年七月号。

(15)『宝島』、一九七六年一一月号。
(16)同右、一九七八年一月号。
(17)同右、一九八一年一月号。
(18)同右、一九七六年四月号。
(19)同右、一九七七年三月号、五月号。
(20)同右、一九八二年一一月号。
(21)同右、一九八三年一月号。
(22)同右、一九七七年一一月号、一九七八年一月号、一九七九年八月号。
(23)同右、一九八一年二月号。
(24)同右、一九八一年二月号。
(25)同右、一九八二年一〇月号、一九八一年一二月号など。
(26)篠原章『日本ロック雑誌クロニクル』太田出版、二〇〇五年、二一二頁。南田勝也「音楽言説空間の変容」、一四九頁。
(27)南田勝也「音楽言説空間の変容」。
(28)『宝島』一九八三年一月号、一二五―一二六頁。
(29)篠原章『日本ロック雑誌クロニクル』二一三頁。
(30)『宝島』一九七八年八月号、一〇月号、一一月号、一二月号、一九七九年七月号、一九八〇年一月号、一九八一年一一月号。
(31)南田勝也「音楽言説空間の変容」。
(32)南田勝也『ロックミュージックの社会学』青弓社、二〇〇一年、三六頁、一一四頁。

(33)『宝島』一九七八年八月号、一四―二六頁。
(34) 同右、一九七八年一〇月号、二二三頁。
(35) 同右、一九七八年一二月号、二二六頁。
(36) 同右、一九七八年一二月号、二二七頁。
(37) 同右、一九七九年五月号、七月号。
(38) 長崎励朗『「つながり」の戦後文化史』。篠原章『日本ロック雑誌クロニクル』。
(39)『宝島』一九七九年七月号、一四一頁。
(40) 同右、一九七九年七月号、一四三―一四四頁。南田勝也は「音楽言説空間の変容」で、『ニューミュージック・マガジン』と『宝島』の対比をそれぞれ一九七〇年代と一九八〇年代の音楽言説空間に位置付けている。中村とうようを「反体制メンタリティの高い」論者と位置づけ、ニュー・ミュージックマガジンの「ルーツを重んじる姿勢と点数制のレコード表、編集長の政治的スタンス」を特徴とする姿勢は「悪く言えば権威的なムード」と評する(同論考、一四四頁)。篠原章も『日本ロック雑誌クロニクル』で、「それ自体批評というより一個の思想になっていると思えないことはないのだが、たしかに『ロックはこうあるべき』とか『ロックの〝質〟』を問うような記事は希(まれ)」(同書、二一三頁)と『宝島』の位置付けを記している。
(41) 篠原章『日本ロック雑誌クロニクル』、一二〇頁。
(42)『ビックリハウス』一九七五年一〇月号、一九八〇年五月号、一一月号、一九八五年六月号など。
(43) 同右、一九七五年八月号、七七頁。
(44) 同右、一九七八年一月、一二四頁。
(45) 同右、一九八三年七月号、八月号、九月号、一九八四年六月号など。
(46) 同右、一九七六年九月号、一三二頁。

(47)『ビックリハウス』、一九七六年一一月号、一三〇頁。

(48) 同右、一九七七年九月号、一四九頁。

(49) 同右、一九七七年一一月号、一五九頁。

(50) 同右、一九九七年一一月号。

(51) 南田勝也「音楽言説空間の変容」。

(52) 石川千穂「『社会』をめぐる話法としての対抗文化」。長崎励朗「『ロッキング・オン』」。

(53) 石川千穂「『社会』をめぐる話法としての対抗文化」、一八―一九頁。

(54) 長崎励朗「『ロッキング・オン』」、二二〇頁。

(55) 同右、二二三頁。

(56) 南田勝也「音楽言説空間の変容」、一四五頁。

(57) 南田勝也『ロックミュージックの社会学』。南田勝也「日本のロック黎明期における『作品の空間』と『生産の空間』」南田勝也編『私たちは洋楽とどう向き合ってきたのか――日本ポピュラー音楽の洋楽受容史』花伝社、二〇一九年。山崎隆広「雑誌メディアにおける〈情況〉と〈運動〉、〈他者性〉をめぐる問題――『ニューミュージック・マガジン』1970―1974年――」『群馬県立女子大学紀要』三七号、二〇一六年。篠原章『日本ロック雑誌クロニクル』二〇〇六年。

(58) 長崎励朗「『ロッキング・オン』」。南田勝也「音楽言説空間の変容」。

(59) 南田勝也「音楽言説空間の変容」、一四五頁。

(60) 山崎正和『柔らかい個人主義の誕生』中央公論社、一九八四年。天野正子「問われる性役割――『自己決定』権の確立に向けて」朝尾直弘ほか編『岩波講座　日本通史　第21巻　現代2』岩波書店、一九九五年。

(61) 外山恒一『改訂版　全共闘以後』イースト・プレス、二〇一八年。

第3部

みんなの正しさという古い建前、個人の本音という新しい正義

7 社会運動・政治参加——規範と教条主義に対する忌避・回避

第2部では、消費社会における私生活を通じた若者共同体としての『ビックリハウス』上で語られた政治的・社会的トピックである「戦争」「女性解放」「ロック」を、同時代のサブカル誌『面白半分』『話の特集』『宝島』の記述と対比する形で論じた。第4章から第6章にかけて析出した『ビックリハウス』読者・編集者共同体に関する知見を、以下にまとめたい。

・「戦争反対ファンクラブ」のように、社会運動に発展する動きは短期間だが見られた。この動きは、かつての六〇・七〇年代の安保運動の延長線上とも、音楽フェスのような新しいタイプの反核・反原発運動とも異なる

・戦中世代による戦争体験の語りが部分的に可能になり、若者たちにも伝えられるようになった。彼らの語りには暴力や死といった内容よりも戦時の日常や武勇伝が多く、その経験を共同体への責任感や使命感抜きに継承した若者たちは、戦争体験を「笑い話」として解釈する

- 『ビックリハウス』の女性編集者たちは、女性解放運動が主張した、性の解放、個の解放を支持するものの、メディアによって提示されるキャリア・ウーマンというロールモデルも既存の女性像（主婦）も拒否する
- 表現規制がトピックにのぼると、女性解放運動を積極的に揶揄・攻撃するようになる。
- 対抗文化としてロックを享受する傾向はあまりなく、消費者として、ロックの聴き方を語り合う共同体を形成した
- さらにこの共同体は、「あげあし取り」や「けなしあい」を忌避し、個々人のロックの受容のあり方を相互に否定しない、多様性を認める性質をもつ

これらの知見は、戦後社会が人々をそれまでの主流であった価値観や規範から解放したことの両義性を示している。戦中世代の教員や祖父は、戦争経験をめぐる沈黙から解放されたために、生徒・児童や孫に戦争体験を語れるようになった。女性たちは婦徳や賢母といった価値観から解放されたために、性や個の自立を自由に主張し始めた。『ビックリハウス』の若者共同体が、戦争を笑い話にでき、女性の自立を支持するのはそのためだ。

しかし、『ビックリハウス』の読者・編集者共同体に見られる七〇—八〇年代の若者たちの解放は、戦中・戦後すぐに形成された因習的な価値観や負の記憶のみならず、それらに対抗した六〇—七〇年代の社会運動や対抗文化にも向けられている。彼らは、女性解放運動が形成し

たロールモデルや表現規制からの解放を訴え、対抗文化であるロックを聴取する上で知識をもたなくてはならないという規範や正統性からの解放も訴えた。つまり七〇―八〇年代の若者たちは、戦中・戦後を貫く男尊女卑や権威主義はもちろんのこと、そこからの解放を唱える六〇―七〇年代の婦人解放や対抗文化という解放をも打ち破るべき規範とみなし、〝解放からの解放〟を志向した。

七〇―八〇年代の若者たちには権威主義や性別役割分業はもちろんのこと、そこから人々を解放しようとする社会運動や対抗文化も、自らの表現や文化の享受を抑圧する枷として映ったのだろう。しかし、社会運動や対抗文化は言うまでもなく、それまで社会構造によって抑圧され、周縁的な存在であったマイノリティ――そこには『ビックリハウス』の読者・編集者である女性や若者も含まれている――を生得的な属性による不利益や、権利の侵害から解放するための試みであった。例えば女性解放運動が唱えた「私作る人、僕食べる人」といったCM表現への抗議は性役割を固定させないためのものであり、歌手の人種や民族といったルーツや歌詞を踏まえて音楽を聴く姿勢も、ただの堅苦しいこだわりではなく、マイノリティによる対抗文化としてのロックを形成する重要な要素だからだ。こうした事実自体は、同時代的にウーマンリブやフェミニズム、反核・平和・反戦といった運動に接し、政治的・対抗的な色彩を色濃く残すサブカル誌を併読していた『ビックリハウス』の読者・編集者たちならわかっていただろう。しかし『ビックリハウス』の読者・編集者共同体は、女性解放運動から距離を置き、場合によってはからかいや揶揄の対象とする。また、ロックを愛好するものの、その対抗性や政治性に目を向けることは少ない。

本書の問題意識に戻るならば、消費社会の担い手であった若者共同体は、私生活と公的関心をつなぐ政治的・社会的コミットメントの存在を認知しつつ、そうしたコミットのあり方を忌避・回避した、ということになる。

マイノリティを構造的抑圧から解放した社会運動・対抗文化の功績を認知していたにもかかわらず、彼らは社会運動を抑圧の装置として捉え、攻撃・揶揄の対象とし、対抗文化からは政治性・対抗性を脱色して享受した。七〇―八〇年代の若者たちがなぜそれほどにも政治性・対抗性をいやがったのかを知るために、第3部ではまず、社会運動を含む政治参加そのものに対する『ビックリハウス』読者たちの言及を分析する（第7章）。また、一方で、社会運動によって権利を支持される主体であった「マイノリティ」へのまなざしを検討する（第8章）。

最後に、『ビックリハウス』を通じて見られた若者共同体の政治性・対抗性への忌避、社会運動への攻撃・冷笑、そして社会的弱者への率直な言明は、それまでの社会を形成してきた年長者からどのように受け止められたのか。それを明らかにするために、『ビックリハウス』とその読者・編集者たちが新聞や雑誌といった他のメディアでどのように言及されたのか、社会においてどのような立ち位置を与えられたのかを明らかにする（第9章）。

七〇年代に、社会運動のトピックとして見られた戦争、女性、ロックに対して、『ビックリハウス』の読者たちは他のサブカル誌とも、女性誌や音楽雑誌の読者とも異なる姿勢を示してきた。反戦平和運動への一時的な関与は見られるも、それは既存の運動が示した安保闘争の延長や反核運動といった形とは異なる。ウーマンリブやフェミニズムがもたらした性の解放と個の解放を享受しつつ、女性解放運動に対しては厳しい目を向ける。消費者として様々なロックの楽しみ方を見つけるものの、そこに政治性や対抗性はない。

七〇―八〇年代の若者共同体がなぜこのような経緯を辿ったのかを追究するために、本章では、『ビックリハウス』において社会運動・政治参加がどのように言及されたのかを検証する。

基本的には、第2部と同じく、他のサブカル誌において「社会運動・政治参加」の言及がどのようになされたかを確認しながら（7－1）、「トピック」と「言及のされ方」をカテゴリ化し、そのカテゴリに沿って記事データの集計を行う（7－2）。編集者・寄稿者である知識人・文化人らは、政治参加や社会運動の規範性・教条主義に対する忌避・回避を積極的に表明した。その価値観とパロディという手法が投稿の選評を通じて読者に共有され、読者投稿に非政治的・非対抗的なパロディが反映された結果、読者・編集者共同体から政治性・対抗性が脱色されたと本書は考察する（7－3）。

7-1 政治への関与を辞さないサブカル誌

第2章での雑誌の紹介、また第2部の議論を見ても分かるとおり、本書で特に比較対象とした一九七五—八五年の『話の特集』『面白半分』『宝島』にも社会運動や政治への言及は見られる。一誌ずつ見ていきたい。

『話の特集』

とりわけ『話の特集』ではほぼ毎号のように市民運動が言及されている。これは、『話の特集』のキーパーソンである矢崎泰久・中山千夏がリベラルな政治的立場をもつ文化人・知識人・芸能人とともに政党「革新自由連合」を結成し、その選挙運動を進めた点に大きく起因している。太田竜や重信房子、吉川勇一、津野田真理子などの市民活動家や、竹中労、黒柳徹子や宇井純、粉川哲夫といった市民活動にゆかりの深い人物の連載・寄稿も多い。(1)

特集記事では、三里塚闘争の特集とともに戸村一作(三里塚芝山連合空港反対同盟)のインタビュー、小林敏明(反五輪市民共闘会議)、丸山友岐子(死刑をなくす女の会)、田宮高麿(元赤軍派軍事委員会)による寄稿、(2)政治家としては、中山千夏をのぞいては江田五月、松本善明などのインタビューが見られる。(3)毎月、編集後記では編集長(矢崎泰久)が時事問題とともに自民党や内閣に対して忌憚ない批判を記している。

矢崎・中山を中心とした選挙活動記録としては革新自由連合発足の呼びかけ文「いま、なぜ政治なのか[4]」を皮切りに、七七年の選挙ルポルタージュ[5]、七八年の横浜市長選の記録[6]など多量にあり、今読んでも興味深いが、そのピークが中山千夏の参議員全国区当選の報であろう。「80'千夏の陣・選挙日記[7]」からは、そのユニークな選挙活動と興奮が伝わってくる。中山の選挙運動・政治活動は「政治がきらいなあなた、少しのぞきたいあなた[8]」「シロウトに政治を[9]」といったメッセージが目立ち、当時すでに雰囲気としてはびこっていた「政治嫌い」「政治への無関心」を打破したいという意向も垣間見られる。矢崎泰久も繰り返し「すべての賢明な有権者の一人一人がどうとりくむか考えて欲しい[10]」「私たちの信頼できる人を、政治の場へ送り出すことも考えてみなくてはならない[11]」と呼びかけるなど、雑誌を挙げて選挙への呼びかけをしてきた。八二年一二月に中山千夏、青島幸男を中心に「参議院をとりもどす会」を、八三年には参院選の選挙母体として「無党派市民連合」を発足し、『話の特集』もこの動きを追いかけているが、八三年の解散を機に、政治への言及が減少する。[12]

選挙関連記事以外では、特に初期の『話の特集』が好んだ政治的トピックへの言及手法に「パロディ」がある。嫌いな著名人を読者が投票する「不人気投票」(一九七六年。上位には天皇、笹川良一、永六輔、榎美沙子、児玉誉士夫、宮本顕治、中曽根康弘、田中角栄など[13])や、官僚・学者・活動家の別を問わず強烈なラベリングとともに批判する「文化犯罪者を斬る!」では「もうひとつの権力亡者」として日本共産党書記長・不破哲三や「薄汚い血統書ボンボン」として麻生太郎が批判され、[14]読者も反天皇制、元号廃止、自民党批判、自衛隊反対といった政治的スタンスを共有している。[15]時事問題・事件のパロディとして、八四年・八五年に発生した事件をもとにした「かい人21面相ゴッコ」[16]などがあるが、後期になると、政治的な対抗というよりは時事に対する関心や実録ルポとしての役割が強い。パリ人肉事件の佐川一政にも特集・取材を行うなど、[17]いわゆる政治的・対抗的な問題関心とは異なる関心が浮上している。

反権力・反体制の立場ではあるが社会運動に対しても是々非々の態度を取っており、編集長・矢崎は一九七五年の公労協によるスト権ストを支持しつつ、[18]国鉄・私鉄の春闘に対して、「利用者にばかり負担がかかる」[19]と手厳しい。第4章で見たとおり、八〇年代の反核運動にも批判的だ。全共闘運動については、一九八三年以降、戸井十月・糸井重里のような、『話の特集』としては比較的若い論者の思い出話[20]で言及される程度だ。『話の特集』メンバーのように継続的に市民活動を続けている人々にとっては、全共闘運動も数ある社会運動の一つ、という位置づけなのだろう。

『面白半分』

一方、『面白半分』は、井上ひさしや田辺聖子、筒井康隆、遠藤周作、半村良、田村隆一といった小説家らが交代で責任編集を務めた雑誌であり、政治に直接言及した記事の量としては『話の特集』ほど多くはない。が、パロディを用いた「笑い」の対象として政治的アクターがたびたび登場する。例えば、「皇室アルバム」のパロディとして連載「庶民アルバム」[21]、都心の皇居の土地を再利用するにあたってアイディアを募る『「皇居」再利用計画』[22]などである。パロディの対象は皇室[23]だけではもちろんなく、日本共産党の機関紙である『赤旗』をもじった「アカンハタ」[24]などが見られる。『面白半分』も読者アンケートに基づくランキングネタはあり、「いい顔の政治家いやな顔の政治家」[25]などが代表的だ。ちなみに「いい顔」一位の河野洋平は翌月号でインタビューもされている。[26]

また、運動団体の名前を流用して、ナンセンスな団体（「全国冷し中華愛好会（全冷中）」[27]、「大日本肥満連盟（大ピ連）」[28]）といったキャンペーンを形成するのも『面白半分』の得意技である。また掲載される小説にも、「市民連合」や「デモ」のパロディが出現することがある。[29]

制度的な政治への関わりや政治家の登場も『話の特集』ほどではないがたびたび見られる。田辺聖子による土井たか子の選挙協力記録[30]、衆参ダブル選挙の際には「バーバー政談［床屋政談の意］」と称した常連寄稿者の座談会[31]。連載としては第4章でも言及した「安保を考える」や、ジャーナリスト萩野弘巳の「国際戯評」[32]なども見られる。活動家としては、吉川勇一（元べ平連事務局長）[33]、小沢遼子（埼玉べ平連代表）[34]が登場。部落解放運動、東アジア反日武装戦線、三里塚闘争での弾圧経験に関する言及もある。[35]

『面白半分』において、最も政治的かつ多くの紙面が割かれたトピックに、野坂昭如「四畳半襖の下張」をめぐる裁判がある。この裁判自体が表現の自由をめぐる「裁判闘争」[36]であり、裁判を特集した増刊号では名だたる作家と並んで、当時元衆議院議員でもあった石原慎太郎が対談に登場し、活動家・五味正彦（摸索舎代表）も寄稿した(37)。

『宝島』

『宝島』では、第2部で見たロックや女性のライフスタイルといった、どちらかといえば私生活や文化を通じて見られた政治に関する記事が多く、直接的に政治的な議論は他の二誌と比べ相対的に少ない。それでもロッテの不買運動呼びかけやヤマハへの抗議行動といった企業・政府への批判も多く寄せられている。紹介される社会運動団体も、アムネスティからべ平連、東アジア反日武装戦線など幅広い(38)。

若者向け雑誌ということもあり、学生運動への言及も数多いのが他誌と比べた特徴であろう(39)。保坂展人や高中正義、泉谷しげる、佐藤B作、山下達郎、竹宮恵子といったスターが全共闘運動をはじめとする学生時代の運動参加に関する思い出を語ることもある(40)。笠井潔、呉智英といった学生運動経験をもつ文筆家・批評家も連載などの形で定期的に寄稿している(41)。

ロッキード事件(42)やよど号ハイジャック事件(43)など、時事的なニュースや国際情勢の解説(44)も数多く見られる。第2章、第6章でも言及したとおり、芸能人のマリファナ（マリワナ）利用による逮捕の際には一号を挙げて特集を組んでいる(45)。

政党・政治家・政府に対する言及は、運動そのものに対する言及に比べて少ないのも他誌との大きな違いである。具体的な内容としては、防衛庁・自衛隊に対する批判[46]や田中角栄、江田三郎・五月といった政治家に対する批判・批評[47]、マリワナ（マリファナ）関連裁判の際の警察・司法批判といった内容が主だが、天皇制に対する批判は他の二誌と比べてかなり少数である。選挙への言及も少ない[48]。

政府批判や学生運動の懐古といった記事、あるいは環境保護運動や反核運動の紹介など扱う対象にバラエティはあるものの、他誌と比べてパロディはやや少ない。代表的なコーナーは、嵐山光三郎・糸井重里・安西水丸らによる連載「チューサン階級ノトモ[49]」である。この「チューサン階級のトモ」は、新聞（朝「目」新聞）をフォーマットとして「社説」「天声人語」「文壇時評」「声」といったコーナーが並ぶ。マスコミや政府、社会運動をパロディ化した内容である。

ここまでを踏まえると、サブカル誌における政治の言及のあり方は三パターンある。第一には、比較的長文の記事で持論を展開したり、賛否を主張したり、対談内で是非を問うといった「議論」である。もう一つは、『話の特集』の選挙関連報告や『宝島』に見られる過去の学生運動経験、『面白半分』の裁判証言記録や報告など、書き手が政治への関与の経験を報告・述懐するタイプの記事であり、これを「記録・記述」としてまとめたい。最後に、批判や批評したい対象を戯画的・遊戯的に言及する「いい顔の政治家いやな顔の政治家」（『面白半分』）や

「文化犯罪者を斬る！」（『話の特集』）、「チューサン階級のトモ」（『宝島』）のような「パロディ」もサブカル誌の定番であろう。これらはひとまず「パロディ」としてまとめた。

さらに、対象とされる「政治」の存在も様々で、ロッキード事件などの事件・時事から、政治家・内閣・皇室といった公的アクター、社会運動団体や選挙活動など市井の中での政治のかかわりが確認できる。

7-2 『ビックリハウス』の政治関心

本章では第一に、『ビックリハウス』全一三〇号において「政治」関連の事柄に言及した記事を分類した。「政治」関連トピックは、他のサブカル誌を鑑みて最大限広くとり、市井の中での政治のかかわりである「社会運動（市民団体、運動体、過去に行われた活動など）」、公的な政治アクターである「政治家・政党・皇室」「行政・国家など」、また、「事件・時事・出来事（政治事件、外交問題、選挙など）」に言及した記事をすべて選定した。特に本章の問題意識は「七〇—八〇年代以降における社会運動・政治参加への忌避」にあるため、政治参加研究の制度的政治参加・非制度的政治参加という分類を参考に、(50)非制度的な政治アクター（社会運動など）と制度的な政治アクター（政治家や自治体など）を分けることで若者共同体が政治のどの要素を忌避したのかを精緻に判別可能だと考えた。

抽出にあたっては「選挙」「学生運動」といった比較的抽象化された語から、「杉並区役所」「鈴木善幸」「ロッキード事件」といった固有名詞まで網羅的に捕捉した。例えば学生運動を指す単語としては「全学連」「学生運動」など多岐にわたるため、コーダー三名が二種類のファイル（テキスト化ファイル、ＰＤＦ化ファイル）を目視した上である程度の記事把握を行い、そこから出てきた語をテキスト化ファイル上で検索することで政治的トピックに言及した記事を抽出した（四一三件）。

第二に、記事における言及のされ方を分類する。『話の特集』『面白半分』『宝島』に沿って記事の分類を行うと、特定の政策や政治家に対する主張あるいは批判、また議論を行った記事を「批判・議論・主張」、また事件や特定組織に対し揶揄や茶化しを交えて言及した記事を「戯画化・パロディ」、また政治的立場にもとづく価値判断を含めない実態記述、記録や報告を「実態記述」とした。

第三に、記事の書き手を分類した。記事の書き手は、編集部が依頼した寄稿者あるいは編集者自身によるものであれば「寄稿」、読者による投稿であれば「読者投稿」とした。

前置きすると、政治的事柄を扱った記事の割合は、そもそも全体から言って非常に少数である。本書では、参考までに毎年七月号の記事を「友人・恋愛」「学校・勉強」「家族」「創作」「芸能・娯楽」「政治・時事」「地域・都市」「仕事・労働」へと分類して計上したが、毎号五割前後の記事が「友人・恋愛」「家族」「地域・都市」といった、友人や恋人あるいは家族といった身近な人間関係について記述した記事で占められている。次いで多いものが創作小噺などの「創作」、芸能人やテレビ番組に関する「芸能・娯楽」関連記事である。

第4章「戦争」で分析対象となった記事数が五五六件、第5章「女性」で分析対象となった記事数が五一七件、第6章「ロック」で分析対象となった記事が七七五記事（単語数）であるため、そもそも政党・政治家・社会運動・選挙といった直接的に政治的な課題に関する記事（四一三件）は決して多くないことに留意いただきたい。『ビックリハウス』発行年毎の「政治」関連記事数と、「政治」記事が総記事数に占める割合および、前述の分類ごとにその内訳を示したのが表7-1である。[51]

この表から、全体的に「政治」関連の記事が少数であることに変わりはないが、内訳を見ると微細であるが変容していることがわかる。

言及のあり方としては、七五―七七年には直接的な政党・政策・事件に対する「批判・議論・主張」、あるいはこの政治家を街で見た、こんな政策を知って驚いたという「実態記述」に類する言及が二〇～三〇パーセントあった。しかし七八年を境に、両者の割合が減少し、それぞれのアクターをパロディ的に描写する、笑いを含めて揶揄すると言った「戯画化・パロディ」の割合が増加する。また、それまでは編集者・寄稿者による言及が多かったのに対し、八割近くの言及を読者の投稿が占めるようになる。

言及されるアクターは、全体を通して見れば制度外アクター（四五・〇パーセント）と制度

	言及のあり方				書き手	
事件・時事・出来事	批判・議論・主張	戯画化・パロディ	実態記述	寄稿	読者投稿
0 (0.0%)	9 (25.0%)	6 (16.6%)	21 (58.3%)	30 (83.3%)	6 (16.6%)
7 (12.5%)	18 (32.1%)	26 (46.4%)	12 (21.4%)	31 (55.3%)	25 (44.6%)
5 (10.4%)	15 (31.2%)	23 (47.9%)	10 (20.8%)	28 (58.3%)	20 (41.6%)
6 (13.3%)	4 (8.8%)	36 (80%)	5 (11.1%)	7 (15.5%)	38 (79.1%)
1 (2.0%)	6 (12.5%)	39 (81.2%)	3 (6.2%)	9 (18.7%)	39 (81.2%)
0 (0.0%)	3 (11.5%)	20 (76.9%)	3 (11.5%)	6 (23.0%)	20 (76.9%)
1 (3.4%)	2 (6.8%)	22 (75.5%)	5 (17.2%)	7 (24.1%)	22 (75.5%)
1 (4.3%)	9 (39.1%)	11 (47.8%)	3 (13.0%)	8 (34.7%)	15 (65.2%)
4 (12.1%)	4 (12.1%)	20 (60.6%)	9 (27.2%)	17 (51.5%)	16 (48.4%)
4 (14.2%)	2 (7.1%)	22 (78.5%)	4 (14.2%)	12 (42.8%)	16 (57.1%)
1 (2.4%)	1 (2.4%)	33 (80.4%)	7 (17.0%)	20 (48.7%)	21 (51.2%)
30 (7.2%)	73 (17.6%)	258 (62.4%)	82 (19.8%)	175 (42.3%)	238 (57.6%)

刊行年	年間総単語数	政治関連記事単語数割合	政治記事数	言及アクター	
				制度外（社会運動など）	制度内（政治家・自治体など）
1975	753,054	7821（1%）	36	30（83.3%）	6（16.6%）
1976	968,044	43582（4%）	56	26（46.4%）	23（41.0%）
1977	1,125,638	21692（1.9%）	48	22（45.8%）	21（43.7%）
1978	1,143,901	11334（0.9%）	45	25（55.5%）	14（31.1%）
1979	1,165,064	18420（1.5%）	48	17（35.4%）	30（62.5%）
1980	1,193,050	7568（0.6%）	26	7（26.9%）	19（73.0%）
1981	1,306,623	7311（0.5%）	29	9（31.0%）	19（65.5%）
1982	1,163,509	6521（0.5%）	23	13（56.5%）	9（39.1%）
1983	1,188,623	8407（0.7%）	33	12（36.3%）	17（51.5%）
1984	1051,119	8793（0.8%）	28	8（28.5%）	16（57.1%）
1985	961,659	11121（1.1%）	41	17（41.4%）	23（56.0%）
合計	12,026,284	152,570（1.3%）	413	186（45.0%）	197（47.6%）

表7-1　『ビックリハウス』における政治をめぐる投稿の推移（筆者作成。1975年2月号-1985年11月号）

内アクター（四七・六パーセント）で大きく変わらない。制度外アクター関連の記事で言及される運動は、右翼、革マル、女性団体、中核派、生活クラブ、日教組と、いわゆる学生運動の諸党派から市民運動まで多様である[52]。

制度内アクターに関しては、政党（自民党、共産党、社会党等）や時の政治家・内閣総理大臣（田中角栄、中曽根康弘、福田赳夫等）が言及される頻度が高い[53]。また事件・時事・出来事は、ロッキード事件[54]や大韓航空機墜落事件[55]等だが、選挙の時に家族がくだらない理由で投票した、といった居住自治体や選挙に関する言及[56]も政治関連のネタとしては恒常的に見られる。

総理ってどう思いますか？

それぞれの言及トピックをさらに詳細に検討するために、頻出語リストに基づき、言及の対象とされた個人・組織・活動を列挙した（表7－2）。ただし、例えば福田赳夫総理であれば福田赳夫、福田くん、フクちゃん、福田総理、タケオ、福田先生、あるいは自民党であれば例えば「痔民党」といった言い換えも発見された。文脈によって様々な呼称がありえるため、すべての言及を網羅できているわけではない。あくまで参考程度に確認したい。

首相や議員・政治家、選挙といった事柄への言及は特に数多く見られるものの、これらの言及のされ方は、『話の特集』『面白半分』で見るような反体制的な姿勢に基づく批判やパロディでもなく、『宝島』に見られるような懐古やストレートな批判でもない。例えば、最も言及されている「総理大臣」に関する記述として分かりやすい例に、『ビックリハウス』一九八〇年一二月号掲載の読者アンケートにもとづく特集記事「ビックリハウス・レポート」において「鈴木善幸をどう思いますか？」という質問がある。以下、回答をそのまま列挙した。

名詞	出現数
首相(総理、総理大臣)	85
議員・政治家(国会、地方議会、知事)	76
選挙(選挙運動、選挙カー、選挙ポスターなど)	73
スト(ストライキ、ハンガーストライキ、ハンスト)	38
天皇(天皇、天皇陛下、皇太子、皇室、皇后)	38
組合(労組)	28
学生運動(全学連、中核派、革マル、民青、全共闘)	27
ロッキード事件(ロッキード、ピーナッツ)	27
田中角栄	27
女性(女性活動家、女性団体、主婦連、中ピ連など)	27
閣僚(大臣)	27
自民党(自民)	27
右翼	22
自衛隊	19
デモ(デモる、デモンストレーション)	17
中曽根康弘(ヤス)	17
国鉄	16
国会	15
共産党	14
官僚、役人、公務員	13
社会党	12

表7-2　政治関連記事において言及された個人・団体・活動

「●きらい！（東京都・21歳・男）他、最悪、アホ！など、嫌悪感をもつ人、75人●基本だね！（神奈川県・17歳・男）●名前ができすぎ（群馬県・18歳・女）他、名前まけ、死相が出ているので改名しなさいなど、9人●一言でいえば、かわいそう（京都府・20歳・女）他、同情派12人●こわい（兵庫県・16歳・男）●同県人なので、リッパだ（岩手県・18歳・男）他、同じ名字なので好き、家が近所など、親しみをもった人、12人●主体性がなく影がうすい（福岡県・20歳・男）他、94人●とにかくがんばって欲しい（岩手県・21歳・女・銀行員）他応援派22人●好みじゃない。YMOの方がイイ（東京都・19歳・女）他、なんとなくイヤな人、16人●〝わらじ〟だと思う（福岡県・17歳・女）他、小林桂樹に似てる、リンゴみたいなど、何かに似てると思った人、8人●自分の苦労を売りものにするな！（長野県・15歳・男）●サロンパスくさそう（北海道・21歳・男）●もっと愛敬が欲しいと思います（東京都・17歳・女）他、7人●糸がついているようだ（山口県・21歳・男・国鉄マン）●ヘンタイよいおじさん（千葉県・17歳・女）●もっとTVに出てほしい（兵庫県・20歳・男）●かわいい（東京都・20歳・男）他、九人●商店のおやじ風だ（東京都・18歳・男）●いなか者！（茨城県・15歳・女）他、県ジーサンなど、12人●渋い！いい男（千葉県・17歳・男）他、渋いと思っている人、5人●逢ってみたい（兵庫県・20歳・女）他、電話してみたい、一緒に昼食をたべたいなど、4人●大丈夫かなあ？（宮城県・19歳・男）他、不安を抱いている人、22人●ホクロの場所が今イチ（北海道・17歳・女）他、ホクロが気になる6人●流行語を生んでほしい（東京都・17歳・男）●無難（東京都・20歳・女）●名前が親しみやすい（大阪府・18歳・女）他、名前が良いと思っている人、6人●いいんでない？（神奈川県・17歳・男）他16人●しわを伸ばしてあげたい（佐賀県・18歳・男）他、3人●幸運な人だ（福岡県・20歳・女）●下品なカオだ（東京都・20歳・女）他、顔がイヤな人、9人●ユーモアがない（佐賀県・19歳・男）他、2人●マチガイの多い人だ（京都府・18歳・女）●役に立ちそうもない（東京都・21歳・男）●大〜い好き（奈良県・18歳・女）他、抱かれたい、好きになれそうなど、好意をもつ人、42人）●誰、それ？（大阪府・22歳・女）他、知らん、どーでもいいなど、無関心派79人」

（『ビックリハウス』一九八〇年一二月号、一二頁）

政治家に対してあだ名をつける、評価を募るタイプの記事は『面白半分』の「いい顔の政治家 いやな顔の政治家」や、『話の特集』の不人気投票などが挙げられる。読者が嫌いな有名人に投票する「不人気投票」でも嫌いな著名人を募り、大平正芳や田中角栄といった政治家がランクインした。これらに添えられているコメントは「三木と二人で国会で眠りにくる老人に用はありません」[57]「今のうちに亡命して、ロッキード社の守衛になりなさい」[58]など、彼らの政治的立ち位置や言動に対する評価であり、前述した『ビックリハウス』の鈴木善幸に対する「サロンパスくさそう」「かわいい」といったコメントとはだいぶ色彩が異なる。

社会運動への言及

では、『ビックリハウス』における社会運動への言及はどのようなものだったのか。社会運動の中で最も言及が多いのは「ストライキ（スト）」であるため、次に「スト」に関する言及の代表例を記載する。ちなみにストに関しては、寄稿と読者投稿とを問わず「批判・議論・主張」がなく、寄稿者による「戯画化・パロディ」もないため、「寄稿者・実態記述」「読者・パロディ」「読者・実態記述」の三例を記載した。

［1］【寄稿者・実態記述】

永井　偉い人たちが〝あんなものはバスガールの仕事だ〟なんて言ったものだから、やる人がいなくて、新劇の中堅以下の人たちが金になりゃいいやっていうんでやってたんです。だからギャラがおさえられちゃって、いまだにひびいているんだな。それが一昨年の大闘争にまで発展していくんですがね。闘争のことで言えば、日本では、役者単独のストというのは始めてだったですよね。デモもやりましたし、24時間の出演拒否もやりました。24時間できたというのはアニメもとめちゃったからなんですね。アニメというのはスケジュールがオセオセになっていて、一日ストップすると大変なことになっちゃう。で。一日で解決しちゃったんですがね。まあ、お互いに出血ですから、そこまでやらないで話し合いで解決したいとは思っているんですがね。

（同一九七五年七月号、四五頁）

［2］【読者・パロディ】

決起左官・・・左官屋のストライキ。

（読者投稿、氏名・住所なし、同一九八五年一月号、七〇頁）

［3］【読者・実態記述】

古典の先生は「用事があるから」といって授業の途中で帰ったが、じつはストをやっていた

（読者投稿、一六歳・男性、同一九七八年一一月号、三五頁）

［1］は、テレビ番組制作者たちの対談記事であるが、編集者や寄稿者がストライキ（スト）について語る場合、過去に参加した・対峙したストライキや海外での体験談になることが多く、特に七〇年代に多く見られる。これに対して、読者投稿の中で最も多いのは［2］に見られるような「パロディ」であり、言葉遊びやもじりの題材としてストライキ（スト）を使う傾向にある。また、［3］のように、日常の中で遭遇した驚きや不運の対象として「スト」の現場を語るというものがある。

［1］のような言及は、第4章の「戦争」に関する語りのあり方と近いものがある。戦争の経験を語った戦中世代の寄稿者らと同様に、この記事の発言者である声優の永井一郎はストライキの経験があり、実体験をもとに語りを展開したのに対し、［3］のような若者たちはあくまで学校や街で遭遇した「おもしろ」や「驚き」のワンシーンとしてストライキを捉え、ときには［2］のような言葉遊びの材料としてこの語を用いている。年長の寄稿者・編集者が社会運動や政治参加の実体験を語り、若い読者らは非当事者としてその情景を記述し、また言葉遊びの材料にも用いるこの傾向は、「右翼」や「組合（労働）」など他の政治的トピックにも同様に見られる。この理由として、一〇代を中心とする『ビックリハウス』読者の多くは投票権がなく、政治に対して当事者性を有していなかったから、という考察はもちろんできるだろう。しかし、第5章で見られた性に関する女性誌上の語りや、第4章・第5章における『宝島』の反核運動やロック論争を見る限り、政治や対抗文化について熱く語り、ときには運動に参加した人々の中には、『ビックリハウス』の読者たちと同世代の一〇代から二〇代前半の若者もいた。このように考えると、世代、年齢だけが『ビックリハウス』読者により政治的トピックへの言及を非政治的・非対抗的にした要因だとは言えないだろう。

編集者たちのパロディ論

政治的トピックを批判や主張抜きに投稿するのは読者だが、選定して掲載するのは編集者である。そのように考えると、政治的トピックへのこのような言及のあり方を先行して形成したのは編集者・寄稿者の可能性もある。事実、パロディ誌としても知られていた『ビックリハウス』の編集者たちは、むしろ自分たちのパロディに政治性・対抗性がないことを前面に押し出していた。

例えば二代目編集長・高橋章子は、たびたび寄稿もしていた芸人のタモリとの対談の中で、『ビックリハウス』が「パロディ雑誌」と言われることについて「全然意識してパロディなんてやってないんですね」と話し、タモリは「パロディつーのは何だかわかんないんだな」と応答し、さらに「パロディは政治をやんなきゃいけないってのは、どこから来たのか全然わかんないね」と続ける。(59)

そもそも同じような出自をもち、類縁性の高い雑誌である『話の特集』や『面白半分』『宝島』と比べ、『ビックリハウス』における政治的トピックへの言及は少し異なっていた。総理大臣はその政策や言動でなく、「見た目」や「雰囲気」を中心に話題にされ、「スト」はその政治的意図によらず言葉遊びや日常の驚き・面白がりの対象となる。

初代編集者である萩原朔美は、二〇一〇年代のインタビューにおいて、『ビックリハウス』のパロディが非政治的だと言う批判を受け、以下のように回顧した。

ビックリハウスのパロディは反権力ではないという批判だったけど、僕らはそういうパロディに、もはや力があるとは思っていなかった。政治をパロディにしても若い子は誰もよろこばない。政治は客観的に見れば喜劇でしかない、というシビアな感覚が読者にあったんじゃないかな。彼らが作るパロディが広告だったのは、それが政治よりも自分たちの前に立ちはだかったからでしょう。

（与那原恵・萩原朔美「ビックリハウス――ハウサーの投稿が、権威を褒め殺した。」『東京人』二〇一七年三月号、三〇頁）

編集者の糸井重里は「日本パロディ展」の講評内で以下のようにコメントしている。

糸井　出す方も、審査する方も、パロディとは何かなんて考えなくなったね。それが明らかだね。自分もそうだし。今までは、「……とは何か」「こうあるべきだ」みたいな基準を、どっかで作ろうとしてたけど、もう遊びとして定着したんじゃないかしら。

（『ビックリハウス』一九八〇年一二月号）

編集者・寄稿者の側も『ビックリハウス』のパロディを必ずしも政治的なものだとは捉えておらず（タモリ・高橋）、読者の側も、政治をパロディにしようとは考えもしない（萩原）。結果として、投稿をする方にもそれを審査する方にも、パロディは単なる「遊び」という認識が定着した(糸井)。

高橋はビックリハウスのパロディを「オチョクリ」だと語り[60]、タモリもまた『ビックリハウス』のパロディを他誌と比較し、「何かいじめてやろう、おちょくってやろう」というパロディの意地悪さがない、いわば「駄パロディ」として位置づける。[61]『ビックリハウス』の非政治性・非対抗性を表すにあたり、これらの評価は的を射た表現であろう。二〇―三〇代の編集者・寄稿者と一〇代―二〇代の読者たちは、パロディはただの「遊び」だというルールを相互に確認し、投稿と選評を通じてそのゲームを楽しむようになる。

しかし、読者よりもさらに上の世代であり、他のサブカル誌を通じて社会運動や対抗文化としてのパロディに慣れていたはずの編集者や寄稿者らは、そもそもなぜそれほどまでに政治性・対抗性を忌避したのか。次節では、編集者・寄稿者たちの「社会運動・政治参加」に関する言説を検討することで、『ビックリハウス』が政治性・対抗性なき若者共同体となったのか、その形成過程に迫りたい。

7-3 「べき」への忌避、「主体性」の尊重、「共同体」の隘路

前節の図7-1を見る限り、編集者・寄稿者の政治的トピックに対する言及は、読者投稿(五七・六パーセント)に比べ四二・三パーセントと、決して少ないわけではない。刊行年と

しては七五―七七年、八三年以降に特に多く、内訳としては「パロディ・戯画化」が約二割に対し、「実態記述」「批判・議論・主張」がそれぞれ四割ほどだ。インタビューや寄稿、対談における「実態記述」や「批判・議論・主張」が多数を占める。

では、その「実態記述」や「批判・議論・主張」の内実はどのようなものなのか。表7-1で三番目に多く言及された「選挙」に関して、本節では二つの語りを紹介したい。一つ目は七〇年代に見られた、当時自民党を離党し、新自由クラブの党首となった河野洋平の「選挙」をめぐる言説であり、もう一つは八〇年代に見られる村上春樹の「選挙」言説である。

[河野洋平インタビューより]ぼくは29歳で選挙にチャレンジして、選挙中に30歳になったんです。でもつきあう人が、政治家は先輩、お役人さんにしても局長さんとか部長さんとかね、お年寄りなんだ。つまり、年寄りといる時間が長くなる、逆説的に言えば、若い人とつきあう時間が少なくなるということですよね。だから若い人も自分の周囲を見なおして、自分がどういう環境におかれているか確認される必要があると思うんですね。

(河野洋平インタビュー、同一九七六年一〇月号、二六頁)

僕のつれあいも絶対に投票に行かないけれど、彼女がどうして投票に行かないのかは僕にはわからない。二人でそういうことについて話しあったことが一度もないからである。

しかしとにかく、投票にはいかない。そういうことを言うとよく「それは権利を放棄していることだ」と言う人がいるけれど、権利というものは本来的にそれを放棄する権利をも包含しているのであって、そうでなければそれはもう権利でもなんでもないのである。

（村上春樹「人はなぜ千葉県に住むか②」、同一九八三年一二月号、一八六頁）

号を重ねるにつれ河野のような政治へのストレートなコミットを表明した語りは少なくなり（そもそも政治家が『ビックリハウス』インタビューに登場したのも一九七六年の一度だけである）村上のような語りが多くなる。村上のような語りというのは、選挙・政治に無関心であることを表明するだけではなく、[62]「無関心であることへの批判」をあらかじめ想定するタイプの語りである。これは前述した、タモリの「パロディは政治をやんなきゃいけないってのは、どこから来たのか全然わかんないね」に近い語りの型であり、パロディは政治をやる「べき」、選挙権のある人は投票に行く「べき」という規範への対抗を示す言明が、とりわけ一九七八年以降の『ビックリハウス』における編集者・寄稿者による語りに多く見られる。

学生運動と「べき」への忌避

しかし、批判をあらかじめ想定するのは、彼らがどこかで「政治に無関心ではいけない」「政治には必ず参加すべきだ」といった規範を押し付けられた経験があるからだろう。この

「べき」という規範を強く保持した主体として語られるのが、学生運動である。表7－2を見ると言及されたトピックに学生運動の語りも比較的上位に入っているが、やはりその規範性や教条主義を（ややヘラヘラしたノリで）指摘するものが多い[63]。特にこうした言説は、編集者の一人であり、人気コーナー「ヘンタイよいこ新聞」「空飛ぶ教室」を担当した糸井重里からよく発される。糸井は、二代目編集長・高橋章子との対談でこう語る。

糸井　日本文学専攻してたんだけど、ちょうどさ67年に入学でしょ、67、68年っていうのは、学校の中、立て看板だらけの時代でさ、5回ぐらい逮捕されてるわけよ。内ゲバが始まっちゃって……嫌いだったんだよね、学生同士でやるの。こりゃ、やめちゃわないとだめだなと思ってやめちゃって引っ越しちゃって隠れ住んでたの。

（同一九八〇年三月号、六六頁）

この後も糸井は、経済学者であり「ニューアカ」ブームの先鋒であり学生運動経験者であった経済学者・栗本慎一郎とともに、連載「空飛ぶ教室」にて、学生運動における「大義の強調」や「イデオロギーの押し付け」に対して距離を置く旨の発言を繰り返す[64]。

こうした糸井の学生運動への距離感と政治参加をめぐる「べき」への距離感を捉える上で、北田暁大の論は参考になる。北田暁大は、上野千鶴子の消費社会論[65]を踏まえつつ、『ビックリハウス』内コーナー「ヘンタイよいこ新聞」における糸井重里の活躍に対し、糸井と「ヘンタイよいこ新聞」が広げた七〇―八〇年代的な価値観として上野千鶴子が提起した「『良いか悪いか』ではなく『好きか嫌いか』の基準[66]」が台頭したと主張する。北田と上野はこうした「ヨコナラビの基準」は消費社会化によって生じたと指摘するが、対抗文化としてのパロディや政治参加をめぐる「べき」への忌避が後押しした部分もあっただろう。北田の論じた「好きか嫌いか」の基準は本書で論じた「べき」に対する疑義、対抗文化や社会運動が有する教条主義や規範性への忌避・回避にも基づくと言えるだろう。

二代目編集長である高橋章子は一九五二年生まれであり、学生運動の経験はない。しかし、年長世代の行った学生運動に対して「カッコいいことといっちゃうのはカッコわるい」という持論とともに、「上の世代で学生運動やったり、カッコいいことといってたのが、後では会社入りたいなんていいだし、昔のことでグチってる[67]」と批判する。ここでもやはり、「カッコいい」規範・大義を掲げた学生運動に対して高橋が抱く「カッコわるさ」が強調されている。

第3部冒頭で挙げた、なぜ『ビックリハウス』の若者たちは政治性・対抗性を忌避・回避したのかという問いに対しては、第一に社会運動や政治参加のもっていた「べき」、つまり規範性や教条主義への拒否、ということができる。対抗文化（パロディ）や社会運動（学生運動）、また政治参加（選挙）のもつ規範性や教条性、政治に関わるならばこうある／こうする「べき」という価値観に対して、『ビックリハウス』の編集者・寄稿者たちはあえて無関心を標榜し、無理解を堂々と表明する。それは彼らの「べき」への対抗であり、「べき」からの解放だったと言える。

しかし、これだけでは編集者・寄稿者が社会運動の規範性を忌避しただけにとどまる。こうした社会運動の規範性・教条主義への忌避感はどのようにして編集者から読者に受け継がれたのか。

表7-1を見ると、一九七七年ごろまでは「批判・議論・主張」や「実態記述」の投稿もそれなりに多いが、号を重ねるごとに「戯画化・パロディ」へと収斂されたことがわかる。事実、初期読者からの政治性・対抗性をもつ投稿が掲載されることもあるのだが、こうした投稿に対して、編集者は「煙に巻く」ような反応を返すことが多い。例えば以下のような形式である。

> [読者投稿] 最近、僕の心をガーンと動かしたのは、昭和40年代前半の若者達の熱い、そして強烈な社会、政治への反抗であった学生運動、プロテストソングなどなどなのです。
> [編集者コメント] ――葉をたぐっていくと必然的に根がありますがァ、その必然がなければ、明日かれ葉が残ります。あしからずっ。なんだか恐いわ、恐いわ。
>
> (同一九七七年六月号、一五二頁)

また、以下は糸井重里・栗本慎一郎のコーナー「空飛ぶ教室」に見られた投稿である。このように学生運動に対し、やや距離を取るような読者の「実態記述」に関しては、次のように「そうですね」と同意し、「もっと、ヘラヘラと生きましょう」とコメントする。

[読者投稿]「前略、このまえTV見てたら学生運動してる学生の中の一人の女子学生が、フツーの泣いたり笑ったりしている善良な学生にむかって「あなたたち、よくヘラヘラしてられるわね、今の日本はどおだと思う? 世界には飢えてる人がたくさんいるのよ!」って迫ったら、学生運動のリーダーみたいな人が、「よせ、こいつらとは所詮ちがうんだ」みたいなことを言っていた。別に学生運動の是非を問うんじゃないけど、別な意味で国家を感じました」

[編集者コメント]」☞そうですね。もっと、ヘラヘラと生きましょう。「ヘラヘラと、おにぎり持って水族館」——オソマツ。

(同一九八三年一〇月号、一一五頁)

ちなみに「国家を感じる」とは、糸井重里・栗本慎一郎のコーナー「空飛ぶ教室」によく見られるスラングであり、解釈が難しいのだが、コーナー内では「共同の幻想としてイヤともなんとも感じないウチに押し付けられ、無意識にそーさせてしまう力」[68]と説明されている。「学生運動に国家を感じた」という内容は、自主的で自発的なはずの社会運動に内在する暗黙の強制性を感じるという意味できわめて皮肉な内容であるが、こうした内容や編集者コメントは数多く見られ、ここにも、社会運動の規範性・教条主義を拒否する糸井らの姿勢が通底している。[69]

伝達された規範

唯一本書が見た『ビックリハウス』内の社会運動は、第4章で検討した「戦争反対ファンクラブ」であったが、こうした運動は、過去の社会運動に内在した規範性や教条主義をもたない「まったく新しい運動」のように見え（あるいは「運動」とも思われなかったかもしれない）、かつ、きわめて短期間だったからこそ、読者の支持を集めたのではないか。また、あくまでスネークマン・ショーのアルバムのプロモーションという「キャンペーン」であった点も大きいだろう。

このような例外を除いて、『ビックリハウス』の若者共同体は、政治をめぐる「べき」に対する忌避や回避が、パロディ論や無関心の表明、学生運動や社会運動に真剣になる人々を冷やかすといったコミュニケーションによって編集者から読者に伝達されたと言える。

しかし、ただ価値観が上世代から伝達され内面化されたというのであれば、それは「若者共同体」の特性を把握するには十分ではないし、読者を受動的な存在と捉えすぎている。読者側がどのような価値判断をもって、政治的事柄に対する対抗性・政治性なきパロディを行い、読者・編集者共同体に参加したのかを検討することが重要である。年長者である編集者らの提示した価値観と、それを内面化した若い読者の相互作用の構造が解き明かせなければ、『ビックリハウス』一誌の編集者―読者の関係を分析したにとどまってしまう。

何度も繰り返しているとおり、本書の問いは「消費社会における若者共同体が、政治的・社会的コミットメントの主体となりえなかったのはなぜなのか」である。この問いを解き明かすためには、ここにおいてどのような相互作用のメカニズムが働いていたのかをさらに厳密に検討する必要がある。

（1）『話の特集』の社会運動家や社会活動にゆかりの深い人々の連載としては宇井純（一九八〇年）、黒柳徹子（一九七五年、七九―八〇年）、太田竜（一九八二年、八四年）、津野田真理子（一九八五年）、粉川哲夫（一九八二年、八五年）、重信房子（一九八二年、八四年）、竹中労（一九七五年）、吉川勇一（一九八四年）など。

（2）社会運動家のインタビュー・寄稿として、麻島澄江（魔女コンサート、一九七七年六月号）、秋田明大（一九七六年二月号）、アイリーン・美緒子・スミス（一九七九年二月号）、藤本敏夫（大地を守る会、一九七七年五月号）、戸村一作（一九七八年七月号）、丸山友岐子（一九八五年三月号）、田宮高麿（一九八五年六月号）

（3）『話の特集』、一九七五年二月号、一九七八年二月号。

（4）同右、一九七七年六月号。

(5)『話の特集』一九七七年九月号など。

(6) 同右、一九七八年六月号。

(7) 同右、一九八〇年九月号。

(8) 同右、一九八一年九月号、一八六頁。

(9) 同右、一九八三年一月号、八六頁。

(10) 同右、一九八二年一二月号、五〇頁。

(11) 同右、一九七七年六月号、二二頁。

(12) 革新自由連合は、『話の特集』一九八三年七月号では分裂し「新聞、テレビ、週刊誌でさんざんな目に合わされ〔…〕改悪公選法に一矢報いると言う目的がすっかりかすんでしまった」(一六四頁)という顛末が書かれている。一九八四年二月号には矢崎泰久(矢崎友英)が「六年半、市民運動の延長線上ではあっても、政治の現場に関わってきた」(一六四頁)、「政治は懲りた(笑)〔…〕去年、ひどい目にあったでしょう」(同一九八四年一二月号、二〇頁)と発言し、一九八三年の統一地方選後の参院選と革自連解散を通じて味わった無念な思いが伝わってくる。

(13)『話の特集』、一九七六年一月号より一九七七年一月号まで。

(14) 同右、一九七六年より連載。

(15) 同右、一九七七年一二月号、一九七八年六月号、一二月号。

(16) 同右、一九八五年五月号。

(17) 同右、一九八五年六月号。

(18) 同右、一九七六年七月号。

(19) 同右、一九七六年六月号、一三九頁

(20) 同右、一九八三年六月号、一九八四年二月号。
(21) 『面白半分』一九七七年一月号。
(22) 同右、一九七八年一〇月号。
(23) 同右、ほか一九七五年三月号など。
(24) 同右、一九七八年一〇月号。
(25) 同右、一九八〇年一月号。
(26) 同右、一九八〇年二月号。
(27) 同右、一九七八年九月号。
(28) 同右、一九七九年一一―一二月号など。
(29) 同右、一九八〇年六月号など。
(30) 同右、一九八〇年八月号。
(31) 同右、一九八〇年四月号など。
(32) 同右、一九七五年二月号。
(33) 同右、一九七五年一月号。
(34) 同右、一九七五年一月号。
(35) 同右、一九七五年八月号、一九七九年二月号、一九八〇年五月号。
(36) 同右、一九七六年四月臨時増刊号、一一四頁。
(37) 同右、一九七五年一二月臨時増刊号。
(38) 『宝島』一九七九年一月号、一九八〇年一一月号、一九八二年五月号。
(39) 同右、一九七七年四月号、一九七九年五月号、一九七九年六月号、一九八〇年九月号、一九八四年四月号。

(40)『宝島』、一九七七年四月号、一九七九年八月号、一九八二年一〇月号、一九八三年四月号、一九八二年五月号、一九八二年九月号など。

(41) 同右、一九八〇年八月号など。

(42) 同右、一九七六年五月号、七月号。

(43) 同右、一九八〇年二月号、七月号。

(44) 同右、一九八〇年一月号、一九七九年六月号など。

(45) 同右、一九七六年一二月号。

(46) 同右、一九七七年五月号、一九八〇年三月号。

(47) 同右、一九七八年一月号、九月号、一九八〇年八月号、一九八三年四月号。

(48) 同右、一九七七年八月号、二月号。

(49) 同右、一九七六年六月号など。

(50) 蒲島郁夫・堺家史郎『政治参加論』東京大学出版会、二〇二〇年。

(51) この分類は、同じく雑誌記事の通時的分析を行った塩谷昌之「工作記事は少年たちに何を語ってきたのか――戦前・戦中の「発明」に見る実用主義の精神」神野由紀・辻泉・飯田豊『趣味とジェンダー――〈手づくり〉と〈自作〉の近代』(青弓社、二〇一九年)を参考にした。

(52)『ビックリハウス』一九七五年六月号、一九七六年六月号、一九八四年八月号、一九八五年一号月など。

(53) 同右、一九七五年八月号、一九七七年八月号、一九八一年三月号、一九八二年四月号、一九八四年八月号など。

(54) 同右、一九七六年八月号、一九八四年一月号など。

(55)同右、一九七八年七月号、一九八四年一月号。
(56)同右、一九七七年一〇月号、一九八三年一二月号など。
(57)『話の特集』一九七六年七月号、一四一頁。
(58)同右、一九七年五月号、一四〇頁
(59)『ビックリハウス』一九八〇年一二月号、三六頁。
(60)同右、一九八〇年一二月号、三六頁。
(61)『話の特集』一九八二年九月号、二二頁。
(62)関連して『ビックリハウス』一九八四年一一月号、松本伊代インタビュー、一九八四年四月号編集後記など。
(63)『ビックリハウス』一九七六年一二月号、一九七七年六月号、一九八三年六月号など。
(64)同右、一九八三年三月号、四月号、一九八四年一月号。
(65)上野千鶴子『〈私〉探しゲーム　増補』筑摩書房、一九九二年。
(66)北田暁大『嗤う日本の「ナショナリズム」』日本放送出版協会、二〇〇五年、一一四頁。
(67)『朝日新聞』一九八三年一二月二五日付。
(68)『ビックリハウス』一九八三年一月号、七六頁。
(69)糸井らのコーナーにおける「全共闘」のパロディは微に入り細に入り行われており、おそらく当該雑誌の読者にはわかりづらかったと想定されるものも存在する。例えば一九八五年一月号では「シコシコやってみよう」というフレーズを使用しているが、これは全共闘運動・新左翼運動の経験者が、その後地道な足元から運動を進めようという趣旨で多用したフレーズである（安藤丈将『ニューレフト運動と市民社会――「六〇年代」の思想のゆくえ』世界思想社、二〇一三年）。

8 「差別」が率直さの表明から不謹慎さを競うゲームになるまで

『ビックリハウス』の読者・編集者共同体は、戦争や女性解放といった公的な事柄に言及するものの、社会運動に対してはむしろ距離を置いており、対抗性や政治性といった要素も忌避・回避していた。この理由として社会運動のもつ教条主義や規範性への抵抗感が、対抗性・政治性なきパロディという形で読者・編集者共同体に共有されたためと考えられる。

しかし、「政治の季節」を生き、七〇—八〇年代においても政治性・対抗性の強いサブカル誌にも寄稿していた同誌の編集者・寄稿者たちなら、社会運動や対抗文化、政治参加は、それまで社会構造によって抑圧され、周縁的な存在であったマイノリティを生得的な属性による不利益や、権利の侵害から解放するための試みであることもわかっていたはずだ。

彼らは、政治参加や社会運動のもつ教条主義や規範性を忌避しつつ、女性解放運動が提示した女性の自立（性の解放、個の解放）という価値自体は支持していた。また、従来の平和・反核・反戦運動には参与しなかったかもしれないが、戦争反対というメッセージを共有していた。

そこで本章は、社会運動そのものではなく、社会運動が対象とした社会問題に、とくに七〇—八〇年代の「新しい社会運動」が権利保護の対象とした「マイノリティ」に関する言説にスポットを当てる。第5章で対象とした女性解放のように、運動そのものは忌避しても、運動が対象とした問題や人々を擁護することは十分ありえる。

他の章と同様に、まずは『面白半分』『話の特集』『宝島』でのマイノリティ言説を検討する。「障害」「女性」「性的少数者」「外国人」、またこれはマイノリティと括られるかは難しいところだが、「地方在住者」への言及が極めて多いため、この五点を参照項とする。サブカル誌において、マイノリティは権利保護の対象としてよりも、むしろその差異を強調して語られる、さらに言えば差別の対象として言及されていた。たとえ差別的な言論と捉えられたとしても、差別されている実態を明確に・正しく指摘するということが、建前や抑圧に対するサブカル誌従事者の抵抗としてあったためである（8-1）。この点を踏まえ、本書もまた、『ビックリハウス』の編集者・読者がどのような形でマイノリティに言及したのかを明らかにするが、『ビックリハウス』においても、地方在住者、性的マイノリティ、障害者といった人々のマジョリティとの違いを強調し、欠如や遅れが見られる存在として表象する言論はきわめて多いことがわかる（8-2）。こうした『ビックリハウス』の笑いは、他誌のような、表現に対する抑圧への抵抗や、人々を抑圧してきた建前を破る言論とは違い、そこに政治性や対抗的な意図があったとは見られがたい。「あえて」の対抗実践として行われてきた差別的な言説が、不謹慎さ・過激さを競うゲームとなっていった点を明らかにする（8-3）。

8-1 マイノリティへの本音という対抗の実践

『話の特集』――「変に社会がきれい事になってきた」

第2部や前節でも言及したとおり、『話の特集』は一定して左派的なスタンスを保っていることもあり、脳性麻痺の障害当事者である津野田真理子の連載[1]や、民族マイノリティであるアイヌ問題の一端に触れる記事が掲載されていた[2]。第5章で示したように、中山千夏（元参議院議員）がキーパーソンであることから、女性解放の問題にも一貫して言及している。また、マイノリティの権利保障を支持する方針をとっており、またそのための裁判や啓発運動に関しても特集を行った。

しかし、両義的でもあるように思われるが、編集長である矢崎泰久の言論には、ある種の「本音」を歓迎する部分もある。ここではビートたけしと矢崎の対話を紹介したい。

矢崎（友英） ぼくが小さい頃っていうのは、町にいろいろ変[かわ]った人がいた記憶がある。

たけし 差別用語になっちゃうけど、いっぱいいました。今は施設に入れられてるんだろうけど、昔は平気で歩いてた。それを平気でいじめるっていうのがあって、いじめられる

奴が、なぜか不自由なやつだったりね。［…］

矢崎　ああいうのがいた中で我々が育ってきた部分っていうのがあるでしょう。逆にそれが勉強になるみたいな。

（『話の特集』一九八三年七月号、四頁）

ビートたけしはこの対談において、一定してマイノリティ（「不自由なやつ」）に対する差別を隠さないが、矢崎もそれを否定するわけではなく「変に社会がきれい事になってきて、表の方ばっかかりで世の中生きられるんだみたいなことが強くなりすぎてる」(3)と語る。現在の「左派・リベラル」の視点から、また左派的な姿勢を貫いてきた『話の特集』の姿勢からすると意外に感じられるかもしれないが、『話の特集』は一貫して「愛のコリーダ」裁判やテレビ・ドキュメンタリーの放送中止問題、「四畳半襖の下張」裁判を中心としたワイセツ裁判を取り上げて表現規制に反対してきたため、矢崎がビートたけしの姿勢に共感するのはそれほど意外なことではない。二人とも「あけすけさ」や「率直さ」といった価値を支持する点では首尾一貫しているのだ。

『話の特集』にはこうした「差別」を逆説的にジョークの題材とした論考もたびたび見られる。長期にわたって同誌に書き続けた識者のひとりに永六輔がいるが、後期になるにつれ「毒舌」「率直」路線が強調され、マイノリティや差別についての言及頻度が高まっていく。例えば「部落」や「ブス」、「田舎」や「生活保護」といったスティグマをあえて使いながら、「障害者のたくさんいる前で平等でないことの当然であることを叫んだ」[4]といった形で〝不謹慎〟を笑いにする。

まとめると、『話の特集』におけるマイノリティへのスティグマや差別表現は、矢崎が言うところの「きれい事」への対抗ということになる。矢崎は創刊二〇周年の対談で、言論の自由が日本にない現状を踏まえ、「自由が欲しい人達がここ［『話の特集』］でやれる」と語る[5]。同誌は規制だらけの社会における一種の解放区という感じだったのだろう。

『面白半分』――「差別語」規制に対する真面目な反論

では『面白半分』はどうだろうか。マイノリティの権利に関する記述は第5章で言及した田辺聖子の責任編集号（一九七七年）で頻繁に議論された女性解放が中心である。書き手としても、マイノリティとされる属性をもつ人々は女性が中心で、たまに外国人であるキャロライン・デールといったエッセイストが執筆することはあるものの[6]、世界情勢や外国人から見た日本について記述するにとどまっている。他には性的マイノリティである美輪明宏は自らの「ホモ宣言」を通じてホモセクシャルの市民権を求めた記録を綴ったが[7]、全体としてマイノリティや差別に関する言及は刊行期間が短かったこともあり他誌よりも少ない。

第2章でも述べたとおり、野坂昭如「四畳半襖の下張」裁判をはじめとして表現の自由、言論の自由を強く主張し続けた点では『話の特集』と同様である。ドラマや文章における障害者をめぐる言説、職業差別につながりかねない表現が必要以上に規制されている状況を、『面白半分』では繰り返し批判する。[8]『話の特集』があえて差別表現を笑いの文脈で用いたのに対し、『面白半分』は「言葉をなくすなどということでは、いつまでたっても問題の解決にはなりません」[9]「要するに呼び名でしょう。[…]問題は中身がどうなのか」[10]といった形で正面から言葉を尽くして反論する。

『宝島』――「新しい差別用語」を用いた〝あえて〟の笑い

読者層が他の誌よりやや若い『宝島』はまた異なる目線からマイノリティへの差別に言及している。もともとロックを中心とした音楽に関する記事が多いためか、七〇年代は黒人差別[11]や身体障害者差別に関する啓発活動[12]なども紹介している。何より性的マイノリティに多くの紙面を割いており、[13]特集記事[14]や連載記事も掲載された(東玲子「あなたのワタクシのレズビアン通信」一九八三年など)。八〇年代は実録系・性体験関連記事の中にゲイ・カルチャーや同性愛関連記事が見られることがある(「ねえ、体験しない?」」(一九八二年)、「ウリセンやってみた」(一九八二年)、「ぼくらの性的冒険」(一九八一年)など)。

『面白半分』『話の特集』と異なる点として、有色人種や性的マイノリティといった対象への言及が多い点は、『宝島』のもつグローバルな性格とも関連しているだろう。[15]また『宝島』に特有の点として、対抗文化としてのゲイ・カルチャーと未知の世界を覗くといった「実録」系のトーンが混合している点が挙げられる。同様のコーナーとして、女子大生たちが自らの性を含めた生活について赤裸々に語る告白記事「ano・ano」のコーナーなどが挙げられる。[16]おそらくは主要読者層である二〇代の男性にとって、「ゲイ」も「女性」も未知の世界や冒険の対象であったのだろう。一方で、これらのコーナーでは、同時に女性の自立やマイノリティの権利を訴えていた。

他には、マイノリティ関連と言っていいかは微妙なところだが、やはり「地方」に関する言及は他誌と共通している。一九八三年ごろから投稿コーナー「VOW(Voice of Wonderland)」を中心に、田舎に対する「いじり」が多く見られる。例えば、「最近、埼玉・千葉といえばダサイ・クサイ・イモイと言われているが、埼玉の中でもイモの名産地川越は特にダサイのである。その川越のタウン誌は情報満載!!」[17]という導入から、タウン誌に取り上げられた農家や商店の小さなニュースにつっこむ、というものである。ほか、対象は「びわ湖テレビ」「日本唱歌集」「百姓市場」などであり、「古さ」や「田舎」を感じられるメディアが対象となりやすいようだ。

障害に関する言及は少ないが、漫画家・いがらしみきおへのインタビュー記事では「家出したり身障者の仲間入りしたり」「耳が遠いけど文句あるやつはかかってこい」といった自己言及がある。[18]これは『話の特集』のビートたけしや永六輔に近い、きれい事への対抗としての「率直さ」に近いものだろう。

また、マイノリティへのあけすけな言明をメタ的に笑いにした試みとして、『宝島』では景山民夫とスネークマンショー・桑原茂一の深夜ラジオ「ピテカントロプスの逆襲」を紹介している。番組内の「新しい差別用語コーナー」について「差別したい言葉をみんなで使わないようにしちゃおうってワケで、そのコトバを言いかえる」「〝パンチパーマ〟の言いかえを募集しております。景山さんの模範解答は『黒人の方のインモー』でありました[19]」といった説明がなされる。第4章で見たとおり、「愛の黒い羽根運動」「戦争反対ファンクラブ」と称して反戦平和キャンペーンを行ったのもスネークマンショーであり、インタビューなどでも社会問題に関して一貫した問題意識を示しているため[20]、こうした「新しい差別用語コーナー」も、状況をメタ的に捉え、笑おうとするものである可能性が強い。

ここまで、『面白半分』『話の特集』『宝島』を通じて見られるマイノリティに対する当時の感覚を一言で論じるのは難しいが、女性解放や性的マイノリティの権利に対する意識は高い一方で、差別語や放送禁止語といった規制により「きれい事」を徹底しようとするマスコミや世論に対する疑いや批判的目線もまた共通している。かつ、彼らはそれを、永六輔の放談や「新しい差別用語コーナー」といったブラックジョークのようなやり方で笑い飛ばし、差別の存在をあえて示すことで世論に反抗しようとする。そうした言動を行うことが彼らの「解放」であり、対抗の実践だった。

8-2 『ビックリハウス』におけるマイノリティと差別

『話の特集』『面白半分』『宝島』において語られたマイノリティとして「女性」「性的少数者」「障害者」「有色人種」また、前述したような属性とはやや異なるが数多く言及された人々として「地方在住者」がいた。いずれもリベラルな政治的立場にある雑誌だが、彼らはマイノリティのもつ差異――それは当時の社会では何らかの遅れ、欠如として顕現することも多いわけだが――を強調して語ることで、表現や言論をめぐる抑圧に抗議し、矢崎泰久(『話の特集』)が指摘するところの「変にきれい事ばっかりの社会」への対抗を実践していた。

『ビックリハウス』もまた、表現・言論の自由に対する問題意識は他の三誌ほどではないが垣間見られる。例えば性表現や政治表現を規制する「日本民間放送連盟放送基準」に違反したとされる歌ばかりを集めたレコードを紹介するという真面目なものから、[21]「何故、マスコミの人達は、自主規制してしまうのだろうか。[…]ち×ち×は良くて、お△こもまァなんとなく良くて[…]」、お○○こがいけないというのは、おかしい[22]」といったややギャグめいた論調の問題提起まで、一貫して言論の自由や表現の自由を支持する立場をとっている。[23] このように考えると、『ビックリハウス』の読者・編集者もまた、「あえて」マイノリティに関する直裁な表現や差異を強調する言明を行った可能性は十分にあるだろう。

	合計	女性	性的マイノリティ	障害	人種	田舎	読者投稿割合
1975	9	1	0	0	0	8	
1976	26	9	11	0	0	6	
1977	28	3	15	2	1	7	
1978	23	6	12	1	0	4	
1979	42	8	14	2	0	18	
1980	40	11	9	1	0	19	
1981	52	13	5	1	1	32	
1982	70	11	4	0	0	55	
1983	29	4	3	0	0	22	
1984	32	5	2	1	0	24	
1985	27	3	4	0	2	18	
合計	378	74	79	8	4	213	352

表8-1　マイノリティに対する「差異」を強調し、また揶揄・攻撃を含む表現

本節では、他誌を参考に、それぞれのマイノリティとされる人々（女性、性的少数者、障害者、有色人種、地方在住者）に関する、特に差別的と考えられる言及をコーディングした。他の章に倣い、三名のコーダーにより、「生得的要素の差異を強調する表現」「その上で、差異に対する攻撃・揶揄を含む表現」を中心にコーディングしたが、現代と七〇―八〇年代時点では差別に対する感覚そのものが大きく異なるため、あくまで件数に関しては目安ということで参照していただければ幸いである。

件数は表8-1のとおりとなる。一九八二年ごろまでは女性・性的少数者に対する言及が多く、一九七九年ごろから地方在住者に関する言及がかなり増加する。

一九八三年以降はいずれの言及もかなり少なくなるが、これは誌面改革により、記事数そのものが少なくなった影響が大きい。障害や人種に対する言及はほとんどない。「田舎」に関する言及の多さの理由は、「新・日本イナカ紀行」（一九八一年）、ヘンタイよいこ新聞内コーナー「明るい農村便り」（一九八〇―一九八二年）、ビックラゲーション内コーナー「今月の田舎」（一九八三年）といった形で、田舎の遅れや足りなさに言及するコーナーが増加したためだが、この点についてはまた後の節にて議論したい。

啓発か笑いか

マイノリティの言及のなされ方としてはどのようなものがあるのだろうか。「女性」については、第5章でも言及したような美醜に関する言及（「ブス」）が多数を占め、「性的マイノリティ」に関しては「オカマ・ホモ」（まれに「レズ」）が大半を占める。例えば以下のような、街で性的マイノリティの人々がユニークな言動をしていた、といった内容や、性交やライフスタイルの特異性を取り上げる内容が挙げられる。

一つ目は「シンク・ユーズ・シング」というコーナーの投稿である。毎月「お題」として出される日用品に対して、予想外の使い道やオリジナリティあふれる用途を考えるという、いかにも読者投稿雑誌らしいコーナーであるが、例えば次のような投稿が見られる。

今月のテーマ●先割れスプーン［…］

・スプーンでもフォークでもない特徴を生かして、おかまの人たちの代名詞として使う。

（読者投稿、年齢・性別不明、『ビックリハウス』一九八五年五月号、六二頁）

・おしりの穴に刺し、ホモよけに使う。

（読者投稿、二四歳・男性、同一九八五年五月号、六四頁）

もう一つは、長期連載コーナー「ビックラゲーション」である。日常の驚いたことを投稿するというだけのコーナーであるが、性的マイノリティや異性装者の存在は笑いを誘う「オチ」として使われることも多い。

・ディスコでおカマがあつかましくも〝女性料金〟で入っていた

（読者投稿、一六歳・男性、同一九七六年一二月号、一六頁）

・友達のバイト先のブティックに（明らかに男とわかる）おかまが来て、「私、スカートなんか50枚以上持ってるの」と言っていた

（読者投稿、二〇歳・女性、同一九七九年一一月号、四五頁）

・夜中に帰ったら、後ろから誰かがつけてくるので「オカマのチカンかな？」と思い全速力で走ったら追い抜かれた　（読者投稿、一八歳・男性、同一九八二年三月号、一二四頁）

このような記述は、例えば前節で挙げた『面白半分』で美輪明宏が執筆したエッセイや、『宝島』に見られた性的マイノリティや異性装の人々の記述とは大きく異なる。例えば『宝島』に見られる「異性装」の記述を見てみよう。以下は大塚隆史（ラジオ番組『スネークマンショー』パーソナリティー）による啓発記事「君たちはぼくらゲイを知らない」の一部である。

――なぜ一部のゲイは女装を好んでいるのですか？

女装するのは、要するに、それが本人にとって楽しいことだからです。女装する人は、ストレートからも、ゲイからも白い眼で見られがちですが、楽しいからするという、その人の好みの問題に属することを、他人がとやかく言うのは全くおかしいのです。[…] 女装することとゲイであることは、混同されがちですが、それは分けて考えなければいけないのです。　（『宝島』一九七九年一二月号、六六頁）

この特集は今読んでも学ぶところが多い記事で、対抗文化・社会運動的な性格の強い内容だが、それ以外の記事でも、性的少数者の文化を貶めることはないのが、『宝島』の特徴である。例えば以下の「アングラ・ポルノニュース」などがその一例だ。

過激派ホモ映像「クルージング」来襲！ NEW・YORKゲイ・パワーのすごさに戦慄必至?!

「ゴッドファーザー」等のアル・パチーノ主演。「フレンチ・コネクション」のフリードキン監督。いとも衝撃的な映画が登場。「クルージング」とは各種ハッテン場（ゲイの出会い場）を〝さまよう〟語意だそうな。

全身黒革ジャン、黒ブーツ、金属鎖をチャラつかせ、フィスト・ファック（こぶしファック）に興じるゲイ連中。N・Yアングラ・ハードロックの〝叫び〟も大胆で、上映即センセーションは必至の情勢。

（同一九八一年三月号、二〇頁）

先に示した啓発記事と比べると、よりゲイの「過激さ」「アブノーマル」を強調した点で問題のある記事ではあるかもしれないが、それでもなお『ビックリハウス』のほうがより遊戯性が強く、差別的な意図はなかったとしても結果として人々（性的マイノリティ、異性装者）の特性を強調して「笑う」コミュニケーションを遂行してしまっている。

あえて放送禁止用語やタブーとされるマイノリティの存在を明るみに出すのが他の三誌にお

ける言説の戦略だとすれば、そこに至らなかったのが『ビックリハウス』だとも言える。その背景として、マイノリティへの言及のほとんどが比較的若い世代の学生・生徒・児童である読者投稿だという点があるのではないか。同時代において、日本でもマイノリティの権利を主張・指示し、人々の意識を変えようと試みる「新しい社会運動」が興隆したとはいえ、マイノリティ理解がないまま「遊び」の延長線上で彼らが言及してしまった可能性は十分にある。

しかし、前章の知見を踏まえるのであれば、「ブス」や「オカマ」、「黒人」や「障害者」といった存在の差異を強調し、攻撃するような投稿が若者から投げかけられたとしても、最終的にそれを選定し、掲載するのは編集者である。他のサブカル誌の編集者らのように、彼らは言論・表現の自由という自らのポリシーと、読者によるマイノリティへの言及を関連づけて捉えていたのだろうか、それともそうした意図はなかったのだろうか。

次節では、『ビックリハウス』編集者による差別やマイノリティに関する言説を追うことにより、読者のマイノリティへの言及がどのような背景のもと誌面に反映されたのかを考察する。

8-3 表現規制へのカウンターから過激さの競争へ

『ビックリハウス』の編集者・寄稿者に関しても、個々のマイノリティに対する差別的な言説がないわけではない。特に女性の美醜に関する言及は第5章でも述べたとおりだが、性的マイノリティに関しては、仲が良い男性寄稿者同士を「ホモ」と呼ぶ[24]など、当時としてはおそらく多くの人々に共有された笑いであるものの、やはり『宝島』などと比べるとやや不用意な言及が目立つ[25]。

しかし、個々のマイノリティへの言及そのものよりも、『ビックリハウス』の編集者・寄稿者の記事において目立つのは「差別」という語そのものである。そこで、「差別（サベツ）」という語の増減と、編集者・寄稿者による言及の割合を調べてみた。

	合計	編集者・寄稿者	読者
1975	13	13	0
1976	15	13	2
1977	15	13	2
1978	5	3	2
1979	6	3	3
1980	9	7	2
1981	20	18	2
1982	24	23	1
1983	18	17	1
1984	30	29	1
1985	17	14	3

表8-2　差別（サベツ）という語の出現頻度とその使い手

結果は表8－2のとおり、全体を通じて編集者・寄稿者の言及が多い。用法としては、差別の定義を曖昧化して、何が差別かわからなくしてしまうという用法が多い。例えばよく見られるのは、読者投稿に対して「それ差別ですよ」とラベリングすることで笑いを誘う内容だ。例えば以下のような内容である。もう本書の読者にとってもおなじみであろうコーナー「ビックラゲーション」の一コマである。

×一見、ヤクザ風のおっさんが短刃らしき物のふろしき包みを片手に、ガムをかみながらタバコをふかしていた

［編集者コメント］わっ、差別！　好きでヤクザ風な訳じゃない。本物の短刃かどうか、ちゃーんと調べてから言うべきだ。

（読者投稿、一三歳・男性、『ビックリハウス』、一九八〇年八月号、四五頁）

このような「差別」の用法は、女性や性的少数者といったマイノリティならず、この引用のように「職業」や「年齢」、「田舎」といったネタに対する編集者コメントによく見られる。もちろん、職業差別や出身地差別はありえるだろうから、それに対して「差別ですよ」と言うことそのものは定義的な意味で間違いではないが、「差別！」と反応することそのものが笑いを促す語として用いられている。よりカジュアルかつ笑いの題材として「差別」という語が使われる事例として、次のような形容が挙げられるだろう。経済学者・栗本慎一郎によるコーナー「空飛ぶ教室」に寄せられた、ゴム飛び遊びの歌の中に「朝鮮人家」という語があり、それが差別だとしてその歌が「どんぐりころころ」に変わった、という読者投稿を受けての栗本のコメントである（㊍が栗本）。

㊍「ワセダを落ちてメイジに来た学生なんか、学生証にメイジって書いてあるのが差別だと言っているンだ。この次の大学理事会で、校名を〝どんぐりころころ〟に変えることを提案して貰いますネン」

博士「すると、田中裕子さんなんかも、どん大文学部卒となりますね」

㊍「ラグビーで、どん大が天理大と対決するときは、天丼戦になります」

（同一九八三年六月号、一三〇頁）

「朝鮮人家」が差別であるために「どんぐりころころ」に変わったことと、「学生証にメイジって書いてある」ことは、どう考えてもイコールではない。しかし「差別」という語を全く異なる両者の媒介として用いることで特定の語を差別と捉えることの無意味さを示す。『ビックリハウス』も他誌と同様に、言論・表現の自由を支持し、その自由を抑圧する運動や団体に対しては厳しい目を向けている。本書は、同誌がそうした姿勢から市民団体や社会運動を「おちょくる」経緯を第7章で論じ、さらに婦人団体や女性団体に対しては表現を抑圧するという理由で揶揄・攻撃するさまを第5章で見てきた。これらの「社会運動へのおちょくり」と「表現を抑圧する者に対するからかい」と根底を共有しつつも、異なる表れ方をしたのが、本章で指した「差別」そのものを笑いに転換するというやり方ではないか。

女性差別や障害者差別を抑制するためのわいせつ物取り締まりや放送禁止用語の指定は、彼らの自由な言論・表現を妨げる。だとすれば、編集者・寄稿者自ら何もかもを差別認定すれば、差別認定の無意味さを逆説的に示すことができる。さらにこれらの「なんでも差別認定」を笑いにすれば、『ビックリハウス』の読者が行う政治性・対抗性なきパロディとも親和性が高く、彼らの忌避した規範性や教条主義に陥る危険性もない。

さらに、編集者・寄稿者の「なんでも差別認定」の笑いは、同時代における他のサブカルチャーにも見られるものでもあった。例えば、本章第一節で紹介したラジオ番組「ピテカントロプスの逆襲」における「新しい差別用語コーナー」は、きわめて近い構造をもっている。このラジオ番組のＤＪである桑原茂一は、七〇―八〇年代に既存の対抗文化に強い問題意識を投げかけており[26]、「新しい差別用語コーナー」も増殖する差別語や言論・表現の自由が妨げられる状況に対する皮肉の笑いという側面もあっただろう。しかし、こうした笑いは高度に文脈依存的であり、文面だけを見れば差別表現と見分けがつかない。

斎藤美奈子・成田龍一・平野啓一郎は、八〇年代に「ブスと田舎者をイジる」笑いが生まれ、「差別」をネタとする風潮が見られるようになった点を指摘している[27]。八〇年代の『宝島』では、ライターである山崎浩一のコラムで用いられたのをきっかけに、「差別ネタ」という笑いの類型が定着した[28]。

こうした笑いはさらにエスカレートし、第一には「文脈をわかる人だけの笑い」へ、第二には過激さをめぐる競争へと発展していく。

第一の「文脈をわかる人だけの笑い」として、編集者たちのネタは文脈に依存する方向で発展する。具体的には、差別表現を「みんなが認識しているが使うことができない」という共通認識下にあることを前提とし、あえて伏字で表すという笑いだ。例えば「キチ〇〇（この単語は差別の関係のものらしくて、とりあえず使えないらしい）[29]」や「ご夫婦ならば子供連れで、明るくパーッと■■■しましょう。ささ、パーッと、ね！」[30]といった形で、あえて差別として禁止される言葉を「伏字」とする言葉遊びを行う。対抗として差別的な語をあえて用いる段階から、「なんでも差別認定」の笑いを経て、「差別と想定される言葉をさらに伏せる」ことで、誰もが文脈を共有している前提の笑いへと変容している。

第二に過激さをめぐる笑いの方向である。こちらは「ピテカントロプスの逆襲」の方向性に近い。編集者や寄稿者といった送り手は、増加する放送禁止用語や差別語への対抗実践として「差別ネタ」「なんでも差別認定」の手本を示したのち、読者・リスナーの投稿を促す。これにより、他者を笑わせる競争の題材として「差別」や「マイノリティ」が用いられることになり、「ギリギリアウトなことを笑いにする」不謹慎さを競うゲームの材料へと発展してしまう。

とりわけ投稿が殺到したトピックに、『ビックリハウス』や『宝島』で数多く見られた「田舎ネタ」がある。田舎の遅れ・ダサさを笑うネタは、読者投稿が殺到し、独立してコーナー内コーナーが複数できるほどの人気となった。ちなみに、投稿としては以下のようなものが典型的である。

㉕私の田舎には『うしがえるの声を聴く会』とゆーのがある（17歳・女性）
㉖夏休みアルバイトした農家で毎日10時になると山の上から『農民体操』なるものが流れ村の人々に強制的にやらせようとするのが、おそろしい（20歳・女性）
㉗山梨県石和市では、午後3時になると「県民体操をしましょう！」とスピーカーで町中に放送する。ちなみにスポンサーは県民銀行です（16歳・女性）

（読者投稿、同一九八四年一一月号、五五頁）

「田舎」に関する投稿は全体的に短文であり、前節で見たような、編集者の「差別だ」といったコメントなどもない。つまり、この短い文章だけで、（都市と比較した上での）田舎の遅れやユニークさ、ダサさを笑うのだ、というリテラシーが読者・編集者に共有されているということになる。地方や田舎がマイノリティと同様の意味で差別の対象であるとは言えないかもしれないが、そういった差別なのかどうかもよくわからない対象にゲームのルールが適用されている点が、すでに差別が正面から取り組むべき問題ではなく「ネタ」として受け容れられてしまっていることの証左ともいえる。

また、「差別」をめぐる笑いで象徴的なものに鮫肌文殊（さめはだもんじゅ）（現在は放送作家として活動）による『サベツはいけない』という作品が一九八四年九月号「カートゥーン大賞」を受賞している。

裸の男の尻が笑い声をあげており、男が「これがホントの尻言病(けつゆうびょう)!!」と叫ぶ表紙がポイントのショート・ショートの漫画作品である。「土方」と呼ばれるキャラクターが出てくる以外、差別を思わせる内容はほとんどないが、そのインパクトから大賞を受賞し、朝日新聞大阪本社版でも「過激な作風」として紹介され、読者の間でも一九八四年で「一番印象に残った作品」に選出されている。[31] 川崎徹は「とにかくイジワルな視線なわけ。あー、イヤなヤツだ、と思った。で、僕はコイツが、すっごく好きなんです[32]」と絶賛し、鈴木慶一も「最初から、この人は〝アヤしいヤツだ〟って気がしたんだ[33]」と、その「イヤ」さ、「アヤしさ」の醸し出す笑いを評価している。

この段階で、増加する差別語・放送禁止用語に対してあえて行われてきた「差別」はその政治性・対抗性が脱色され、共同体に共有されたハイコンテクストな笑いとしての「サベツ」に形を変える。建前に対する本音、率直さの表明としての「差別」は七〇—八〇年代の若者文化を席巻したが[34]、差別を用いた笑いもまた、文脈を共有する者同士のコミュニケーションの文法として同時代的に共有されたと考えられる。[35]

編集・読者間で増幅する遊戯性

本章では、『ビックリハウス』に携わる人々の政治性・対抗性が社会運動・政治参加レベルでは忌避されたとしても、微視的なレベルで反映されているのではないかという問題意識をもとに「マイノリティ」に関する言及を分析した。その結果、「マイノリティ」に関する言及は、『話の特集』や『宝島』と同じくマイノリティの差異や特質にあえて言及する形で行われるが、それらは他誌のような抑圧への対抗ではなく徹頭徹尾「遊戯」として行われるものだった。読者たちが素朴にマイノリティへの笑いを遊戯化する一方、編集者・寄稿者たちは差別とされる語が増加し誌面で使えなくなる現象そのものを遊戯化し、「差別ネタ」「差別ギャグ」として定着させることで、読者もその風潮に乗る萌芽も見られた。

前章・本章で明らかになった点が二つある。第一に、社会運動や政治参加のもつ規範や教条主義、表現への抑圧に対する対抗から、政治参加への無関心がためらいなく公言され、差別的な発言がなされるようになった点、第二に、このような政治を題材としたパロディや「差別ネタ」は、編集者や寄稿者のみならず、それよりも若い読者やリスナーが「ゲーム」として参加することによって、さらに遊戯性・競争性を帯びていった点である。

しかし、二点疑問が生じる。第一に、例えば女性の個の解放といったマイノリティの権利を支持したこともある読者・編集者共同体において、このような、不謹慎な笑いや差別的な発言が、無反省・無批判に流通したとは考えづらい。その点で、読者・編集者共同体の内部において、こうした不謹慎さを笑うゲームに多くの人々が参入した背景をさらに検討する必要があるだろう。第二に、読者・編集者共同体の外部にこのような政治への無関心や差別の笑いが広がったのか否かという点である。北田暁大は、ここで提示されたようなシニシズムが日本社会全体に広がったと指摘したが、[36] このような若者文化の価値観が、価値観の大きく異なる年長者に受け入れられ、日本社会の中心的な価値観になったとはにわかに考えづらい。そのため、読者・編集者共同体の内部と外部で前章・本章で示したような言説が受け入れられ、伝播した過程について、実証的な分析が必要であるだろう。そこで次章では、『ビックリハウス』の作り出した社会運動・政治参加・マイノリティへの姿勢が、先行世代の関わる論壇やマスメディアにどのように受け入れられたのかを明らかにする。

(1) 『話の特集』一九八五年三月号より。
(2) 同右、一九七六年九月号、一九七八年四月号。
(3) 同右、一九八三年七月号、二〇頁。
(4) 同右、一九八一年七月号、一四九―一五〇頁。
(5) 『話の特集』一九八五年二月号。
(6) 『面白半分』一九八〇年五月号。
(7) 同右、一九七八年七月号、二三頁。
(8) 同右、一九七五年三月号、四月号など。
(9) 同右、一九七五年一二月号、六三頁。
(10) 同右、一九七五年一二月号、二八頁。

（11）『宝島』一九七七年九月号、一九七八年九月号など。
（12）同右、一九七九年一二月号、一九八〇年一月号。
（13）同右、一九七九年五月号、一九八一年三月号、一九八二年一二月号。
（14）同右、一九七九年一二月号、一九八二年一月号。
（15）小森真樹「若者雑誌と１９７０年代日本における「アメリカナイゼーション」の変容――『宝島』、『Made in U.S.A. catalog』、『ポパイ』、『ブルータス』を事例に」『出版研究』四二号、二〇一一年。
（16）本書第5章も参照。
（17）『宝島』一九八三年八月号、三八頁。
（18）同右、一九八二年九月号、一三一頁。
（19）同右、一九八五年四月号、三四頁。
（20）同右、一九八一年六月号、一四七頁。
（21）『ビックリハウス』一九七六年七月号。
（22）同右、一九八四年五月号、二一頁。
（23）他に『ビックリハウス』一九七五年四月号、一九八三年一一月号、一九八五年一〇月号など。
（24）『ビックリハウス』一九八四年六月号、七月号、八月号。
（25）ちなみに、性的少数者を公言している寄稿者としては映画評論家・おすぎがいるが、おすぎ自身も性的少数者である自身を「オカマ」と呼んでいる。
（26）『宝島』一九八一年六月号、一四七頁。
（27）平野啓一郎・斎藤美奈子・成田龍一「地方・フェイク・へるめす」『１９８０年代』、河出書房新社、二〇一七―二一二頁。

(28) 『宝島』一九八五年二月号など。
(29) 『ビックリハウス』一九八一年二月号、二〇頁。
(30) 同右、一九八四年一〇月号、三六頁。
(31) 『ビックリハウス』一九八四年一二月号、一四〇頁など。
(32) 同右、一九八四年九月号、五頁。
(33) 同右、一九八四年九月号、七頁。
(34) 千石保『「まじめ」の崩壊——平成日本の若者たち』サイマル出版会、一九九一年。
(35) 北田暁大『嗤う日本の「ナショナリズム」』日本放送出版協会、二〇〇五年、一五一頁。同時代への影響については『ビックリハウス』一九八五年一一月号(終刊号)の座談会にて、作家の橋本治が「ビックリハウスが終刊するとき、全ての雑誌をビックリハウス化していったという、とてつもない影響をもってしまったわけよ。いまの雑誌はみんなビックリハウス化しているんだから。これだけ影響力のあった雑誌って他にないよ」と発言し、それに対して浅田彰が「それどころか、全てのテレビ番組はビックリハウス化してる」と応答している(二七頁)。また浅田の「メディアで遊ぶノウハウみたいなものを、一方ではマスメディアに提供しちゃったということもある。他方は読者に対してもそうだからね」(三〇頁)という発言には『ビックリハウス』の手法における影響力をうかがわせる。
(36) 北田暁大『嗤う日本の「ナショナリズム」』。

9 自主的で主体的な参加の結果、「政治に背を向けた」共同体

第7章と第8章では、『ビックリハウス』の読者・編集者共同体が「政治参加・社会運動」と「マイノリティ」に言及した過程を分析した。

編集者・寄稿者は、政治参加と社会運動の規範性・教条主義への忌避感を明言し、またその意図を汲む形で読者たちも政治性・対抗性なきパロディを生産することになる。編集者・寄稿者はさまざまな言葉が差別とされていく状況そのものを戯画化・遊戯化することで、特定の表現を差別だとして禁止することの無意味さを逆説的に示そうとする。その一方、読者たちはマイノリティへの差別的言動も含めた率直な言及を行うものの、対抗性や政治性があるわけではなく、単なる遊戯にとどまった。さらに、編集者・寄稿者が提示した差別の遊戯化に読者たちが乗ることで、『ビックリハウス』上のマイノリティや差別をめぐる言説は、ともすると不謹慎さを競うゲームや「差別ネタ」「差別ギャグ」へと転化しうる危うさを帯びてしまう。

『ビックリハウス』が示した若者文化の価値観は、政治性・対抗性の忌避・回避、マイノリテ

ィに対する差別、「建前」に優先する「本音」の明示など、先行世代の提示した共同体主義や戦後民主主義が大切にした価値観とは大きくかけ離れている。このような若者文化が、そのまま批判も訂正もなく日本社会の中心的な価値観になったとはにわかに考えづらく、また、読者・編集者の中で無反省に共有されたとも考えづらい。

そこで本章では、『ビックリハウス』の提起した価値観が先行世代や既存の論壇によってどのように受け止められたのかを明らかにする。編集者の一人である榎本了壱は、『ビックリハウス』刊行から三年の時点で、絶えずマスコミからの取材攻勢が存在し、すでにかなりの注目を受けていたと回顧している。[1] また第3章でも言及したとおり、初代編集長である萩原朔美、二代目の高橋章子も、新聞や雑誌、テレビなど多様なメディアで活躍していた。

本章では、既存の論壇やメディアが、『ビックリハウス』の提示した笑いに顔を顰めるかと思いきや、むしろ「若者の生の声」として歓迎したことを明らかにする（9-1）。また『ビックリハウス』の読者・編集者共同体でも、編集者は自主的・主体的な読者参加を歓迎しており、第7章や第8章で推察した以上に「読者の主体的参加」が尊重されていた（9-2）。この事実から、本研究は、自主性・主体性の尊重と規範・教条主義への対抗という、七〇―八〇年代日本に生じた二つの価値が、消費社会における若者共同体を通じて、「政治参加・社会運動への揶揄・冷笑・攻撃」と「差別を笑いにする態度」を生じさせてしまったと結論づける（9-3）。

9-1 若者の生の声としての『ビックリハウス』

若者専門家としての編集者たち

果たしてビックリハウスは、日本社会においてどのような存在としてみなされていたのだろうか。当時の位置付けを知る参考に、編集長である萩原朔美・高橋章子と、編集に携わった榎本了壱が登場した雑誌・新聞を表9-1にまとめた。

『ビックリハウス』との関連で言えば、三名ともやはり「パロディ」「若者文化」の専門家としてのコメントを要請されることが多い。萩原はパロディの専門家、若者文化を作り出した旗振り役としての起用も見られるのに対し[2]、高橋は編集長就任当時二〇代ということもあり、「若者の代表」としての意見や問題提起を担う。活躍する女性としてのロールモデルのような役割を背負うインタビュー記事なども多い[3]。また榎本に関しては、当時の若者の世代的特性をマーケティングや現代社会論的な見地から専門誌で説明する記事が多数見られる。

例えば高橋章子は、当時の若者語である「お茶する」「チューする」といった語の解説記事で「若者言葉の権威[4]」としてコメントを寄せ、俳句雑誌などにも寄稿し、全国紙に若者言葉に関する連載ももっている[5]。若者の特性を新語や流行語で捕捉しようとする向きは今も昔も変わりなく、『ビックリハウス』そのものも自分たちのコミュニティでしか通じない言葉を作る若

主な関係者	掲載雑誌
高橋章子	週刊平凡(1985, 1980), 週刊現代(1980), キネマ旬報(1980),太陽(1980), ねんきん(1979), アサヒカメラ(1981),学燈(1982), 週刊文春(1983),太陽(1980),歴史読本(1980), 女性セブン(1978),月間アドバタイジング(1979, 1982), 広告批評(1984, 1985, 1986), 宣伝会議(1981),平凡パンチ(1984), 婦人生活(1985), サンデー毎日(1985), an・an (1982),クロワッサン(1978, 1980, 1981, 1982, 1983), ELLE JAPON (1984, 1985),週刊読売(1984), MORE (1982, 1983), 週刊文春(1982, 1983), JUNON (1983, 1984), スコラ(1985), ちくま(1986), 潮(1987), 思想の科学(1987), 晨(1988),朝日新聞(1980, 1981, 1983, 1986, 1988), 読売新聞(1982, 1983, 1984, 1987)
萩原朔美	週刊ポスト(1976), 週刊朝日(1978, 1979, 1981),クロワッサン(1982, 1983, 1984)週刊読売(1975, 1984), 週刊大衆(1984), 週刊プレイボーイ(1984), ELLE JAPON(1985), スコラ(1985), Switch (1985), 読売新聞(1977, 1982, 1984, 1986), 毎日新聞(1978)
榎本了壱	創12(9), リクルートキャリアガイダンス16(13), 望星16(4)(177), 朝日新聞(1981), 週刊朝日(1984), 読売新聞(1980), クロワッサン(1982), 週刊朝日(1984)

表9-1　高橋章子・萩原朔美・榎本了壱の雑誌・新聞露出(1975-1989)
※大宅壮一文庫、国会図書館で確認できたものに限る

者たちの傾向を示す一つの例として引用されることがままある[6]。ビックリハウス内のコーナー発の本『ヘンタイよいこ新聞』も『大語海』も数々の書評で称賛され、読売・毎日・朝日新聞でも取り上げられ[7]「制度化され固定化された左右のモラルに対する決別である。それをパロディとして軽くやるところがユニーク[8]」といった評が見られる。

『ビックリハウス』の言葉遊びやパロディはよほど新鮮な若者文化とみなされたのか、高橋・榎本は広告雑誌やマーケティング雑誌でも活躍し、マーケティング対象としての若者を考察するにあたり、『ビックリハウス』や榎本らのコメントが参照され

ることもあった。[9] 髙橋章子は一九八五年より、『広告批評』誌における「新聞広告ベストテン」「テレビCMベストテン」でも雑評を担当した。彼らは『広告批評』『月刊アドバタイジング』『宣伝会議』といった批評誌、あるいは『思想の科学』や『現代の眼』といった論壇誌を通じ、若者文化のプレイヤーから、マーケター向けに若者のニーズを伝える役回りになっていった。[10]

若者批判と若者擁護

マーケットや論壇に対する応答として、榎本は「(新人類世代は)僕らが育った世代のようにひとくくりに〝これが団塊の世代だ〟というボリュームでつかまえ切れなくなっている」[11]、「仲間意識がなくなってきている時代に、若い人たちは言語で仲間意識をもとうとしている」[12]と語る。これは同時期にマーケティングの文脈で台頭した「分衆」論に近いものであろう。「全国流国語振興会」のようなコーナーを通じて造語を作り、それを使いあうことで盛り上がり田舎・美醜を題材にした「差別ネタ」で競い合う『ビックリハウス』読者たちは、まさに嗜好や私生活が多様化する中、言語で仲間意識をもとうとする若者たちだとみなされたのだろう。

一方で、『ビックリハウス』のパロディや言葉遊びに対しては、批判もあったようだ。高橋曰く「〝ヤツらは日本語を乱してる〟っていう言われ方」「パロディーとしてあまりにも稚拙だとかね、政治的なひっくり返りがまったくないとかね[13]」といった立場からの指摘であり、高橋章子はさらに、「ほとんど批判的な取材とか批判的な対象でしかなかった[14]」と語り、自らの投げかけられた「若者文化と日本語を乱すハレンチ女編集長」[15]、「日本にある美しい言葉をぶちこわし、若い人の文字離れを助長している」[16]といった批評を述懐している。

特に批判的観点から『ビックリハウス』に言及したのが、批評家・いいだももである。いいだももは同誌のパロディや言葉遊びについて、「極私的に発明した「流行語」を、「ビックリハウス」内の家庭語としてだけ通用させ、それぞれにバラバラな読者たちがその秘密の共有によっておたがいのぬくもりを確認しあうところにだけあるのでしょう」と、共同体への認識は榎本と似通っている。一方で、その政治性・対抗性のなさを「世相に対する批評も怒りもなければ、したがって諷刺もない」と批判し、「やさしさ」の時代の若者たちらしい態度であると締めくくっている[17]。しかしこの批判自体は、第7章で『ビックリハウス』の編集者・寄稿者が反発していた「政治性・対抗性のないパロディ」批判そのものであり、彼らにとっては常にまとわりつく批判であっただろう。榎本了壱はこのような批判を受けて「昔のパロディは〝怒り〟を表現したが、ぼくたちのは〝笑い〟。そういう意味では、やさしさの時代なのかな」[18]と締めくくる。

ここで興味深いのは「やさしさ」という語を両者が用いていることだ。いいだの「やさしさ」は、同時代の若者を評価した栗原彬[19]の議論を想起させ、まさに政治性・対抗性がない世代の特徴としての「やさしさ」と解釈できるが、榎本の論は、「怒り」や「笑い」といった感情面にフォーカスする点で興味深い。ここから想起されるのは聴き方をめぐる論争を通じてロックの本質とは何かを探求しようとした動きを「けなし合い」「あげあし取り」と捉えた編集者たちの姿だ。ロック文化の発展のための論争が彼らにとって「けなし合い」であったように、批判や対抗としてのパロディは、少なくとも当時の若者に「怒り」としてしか受け取られないと榎本は考えていたのではないか。

「ロックとは何か」という議論を通じて本質を追究しようとした『宝島』や音楽雑誌に対して、『ビックリハウス』は「あげあし取り」を禁じ、それぞれの読者が各々の聴き方を紹介する新コーナー「極私的ロック論」を展開した。規範の押し付けや教条主義を拒否し、若い読者らの主体性や、各々が考える笑いを否定しない態度こそが、「やさしさ」世代の若い読者たちに対して『ビックリハウス』編集者が示した姿勢であった。初代編集長・萩原もまた、自分たちの「パロディ」を政治性や風刺と無縁だとする理由として「政治をパロディにしても若い子は誰もよろこばない[20]」と、自分たちの考えるパロディ像を押し付けるのではなく、読者の感性や主体性を尊重する態度をとっている。

実際には『ビックリハウス』はピークでときに一八万部を売り上げてはいるものの、決して時代を代表するような存在ではないことは『ビックリハウス』に携わる榎本自身わかっていただろう。さらに『ビックリハウス』に投稿し、そのノリを共有していた者も、若年層や一〇代全体からすればきわめて少ない。榎本・高橋がマーケティング雑誌で語ったように、すでにこの時代「分衆」化した若者たちの一群でしかないはずだが、いいだのような批評家はそこに七〇―八〇年代日本の若者像を感じ取らずにいられなかった。椎名誠の「最近の若いモンの性向を知るには絶好だ[21]」といった評もまた、その代表的なものだろう。もっと売れた雑誌も多数の人々が視聴する番組もあったにもかかわらず、前述したとおり『ビックリハウス』に若者文化を読み取る人々はいいだ以外にも数多くいた。なぜ『ビックリハウス』が若者文化を代表する存在扱いされたかと言えば、そこに投稿という「若者の生の声」があったからではないか。かつ、それは編集者・寄稿者によって尊重された声でもあった。

9-2 若者の主体性を歓迎する共同体としての『ビックリハウス』

第7章・第8章からもわかるとおり、投稿は読者が一方的に行うものではなく、編集者の選評や反応を通じて形作られるものでもある。そのため、投稿に若者の生の声を読み取るいいだのような批評はやや素朴と感じる向きもあるだろう。

しかし、『ビックリハウス』の編集者たちは、少なくとも彼らの意思の上では読者の投稿を誘導しようという意図はなく、むしろ読者投稿に表れる若者の感性を尊重していた。二代目編集長・高橋章子の語りからはとくに、若者の生の声に内在する「ものの見方[22]」や「斬新な視点[23]」を尊重・歓迎している様が見て取れる。

［若者たちを］リードしてることを感じさせてないってこと？　そうね、だってそれやったらば、宗教になっちゃって、クサイじゃない。宗教嫌いだから。［…］宗教の人たちが〝答〟を教えてる、あれはうちは絶対ナシでやってるから。自分の思ったことを言えという一点でやり続けてる。それが、それこそこちら側のメッセージだね。

（『広告批評』一九八五年三月号、七四頁）

このような高橋の語りは、第7章で示した規範性・教条主義の忌避や回避を自ら明確に言語化すると同時に、読者の自主的・主体的な共同体への参加を促すと言う意味で「民主的」な態度でもある。高橋は特に若い読者の感覚に強く惹かれているようで、「ピカッと光るセンスの投書はせいぜい中学生。高校生となるとガクッと少［すく］な」[24]ると語る。また、元々は論壇誌の編集長であると言う『ブックジャック』の評者である火野鉄平（筆名）は、「鉄平くんの読者は、中・高校生がほとんどなんですが、彼らがたいへん醒めていて、常識もあって、判断力もある［…］現代の若い世代は信頼に足る世代です」[25]と評する。『ビックリハウス』は特に若い世代の自主的・主体的な参加を歓迎しており、彼らの感性やセンスを高く評価していた。大塚英志は、投稿者・寄稿者間の演出された等価性という観点から『ビックリハウス』の読者・編集共同体を論じる。同誌の投稿コーナーは、投稿者の「素人」に混じって細野晴臣や南伸坊といった人々が掲載されている。大塚はこれを「意図的にプロと素人の差を喪失させようとする」「すべてが「等価」であることの演出」であると評価する。[26] 編集者らが特に若い読者を殊更にもち上げるのは、彼らの自主性・主体性を尊重するのみならず、『ビックリハウス』が「平等」な共同体であることの強調とも考えられる。

「自分の思い」か「ウケウケの傾向」か

このような『ビックリハウス』の読者参加型という性格は賛否両論あり、『ビックリハウス』を高く評価した識者の一人に鶴見俊輔がいる。鶴見はとりわけ糸井重里が企画したコーナー「ヘンタイよいこ新聞」を高く評価する。「ヘンタイよいこ新聞」は、「キモチワルイものとは何か」「コワイものとは何か」といった糸井が提示する一〇個の「お題」に対して、読者たちが身の回りの「キモチワルイもの」や「コワイもの」を投稿するコーナーである。

> 今度、『ヘンタイよいこ新聞』を読んで、おくれてきた救いという感想をもった。今日、私はかろうじて生き延びてきたので、これを必要としない。しかし、五十年前にこの新聞が出ていて、私の手の届くところにあったら、どれほど力づけられたかしれないと思った。
>
> （鶴見俊輔「五十年おそく 糸井重里を読む」『広告批評の別冊③ 糸井重里全仕事』広告批評、一九八三年、八頁）

鶴見は、「ヘンタイよいこ新聞」が「広告板に自分の思いをぶつける一つの方法」であり、この広告板とは「大衆が大衆に対して感じ（プライヴェイト・メッセージを）つたえる場」[27]だと説く。ここに鶴見は、大学闘争の敗北以後、若者の間に生じた感覚先行の営為という、「これまでの大学流の学習に対して健全な反動」[28]を見る。

栗谷佳司はこうした鶴見の『ビックリハウス』評価と、彼の「大衆」観や生活綴方運動（生活記録運動）といった実践との関連を論じている[29]が、確かに粟谷の指摘するとおり、鶴見が「ヘンタイよいこ新聞」に見出した「自分の思いをぶつける」「大衆が大衆に対して感じを伝える」という性質は、「自分の感じたこと考えたことを、ほかの人びとに伝えるために、その感じや考えの発生のきっかけとなった事物を、借りものでない自分自身の生活のコトバで、具体的に書いた文章」[30]である生活綴方運動の理念ときわめて共通している。鶴見は、敗北した大学闘争の「大学流の学習」に基づくエリートの語彙やロジックに対置する形で、「自分の思い」「大衆の感じ」を伝える場としての『ビックリハウス』の重要性を主張する。

一方、『ビックリハウス』における読者参加に対する批判に椎名誠（小説家）のものがある[31]。椎名は、「この種の読者参加型雑誌のいやらしいところは素人がプロに媚びているところ」「投稿者は目下のウケウケの傾向を素早く察知し、編集長がヨロコビそうな話やセリフをしこたま送り込んでくる」[32]と指摘し、あくまで読者（投稿者）は編集者が作り出す「ウケウケの傾向」「ヨロコビそうな話やセリフ」を察知して投稿しているのにすぎないと批判する。

投稿・投書に関する先行研究は、投稿という行為が人々に対して自主性・主体性をもたらすきっかけとなる面を指摘する一方で[33]、編集者や編集意図による誘導や権威付与の作用を指摘している[34]。投稿や読者参加型のシステムは多様な内容の記事を生み出す開放的なシステムと思われがちだがむしろその逆で、紋切型の内容が増加するという指摘もある[35]。読者たちは、自主的に総理大臣の容姿イジリやストライキという語を使った言葉遊びを繰り広げるが、それは編集者の意図する脱政治的・脱対抗的なパロディを行ったに過ぎない、とするのが椎名の立場であろう。

『ビックリハウス』において投稿という行為は鶴見の指摘したような「自分の思い」を書く主体的な営為なのか、それとも椎名が言うような「ウケウケの傾向」を察知した受動的な試みなのか。少なくとも編集者側が読者の主体性を歓迎したことは先述したとおりだが、参加しやすさのための仕組みである「パロディ」は意図せざる形での影響を読者・編集者共同体に生じさせてしまった。高橋章子の主張に沿うならば、編集者側はそれほど強く査読や選定の権力を発揮しておらず、若者が「感性」や「センス」を発揮できる場の提供に徹したと理解できる。事実、「ビックリハウス」内のコーナーでそれほど難しいリテラシーを要求するコーナーはあまり見られない。コーナー「ビックラゲーション」であれば「最近ビックリした出来事」を書くだけで良いし、「ヘンタイよいこ新聞」であれば「身の回りのキモチワルイこと」などのお題に沿って書くだけという、まさに「誰でも参加しやすい生活レベルの笑い[36]」であるし、鶴見もここに「大衆が思いを伝える場」を見たのだろう。

『ビックリハウス』がこの「参加しやすさ」に至るまでには紆余曲折があり、刊行初期である一九七五年から一九七六年には、投稿が集まらず終了したコーナーもある。例えば初期のコーナーに、評論や社会的主張を投稿する〝10代の恐るべき論壇〟というキャッチコピーのついた「フルハウス」[37]というコーナーがあるが、割とすぐに終わってしまった。「当時の10代が大向うを相手として論理を張ることに、そう熱中することは無い」という理由により終了し、「ロジックより創作、それも作品のレベルを問うものではなく、どんな文体を、どんな形式でもかまわない文章の競演を期待して」[38]より多様なフォーマットで文章の執筆が可能になる「エンピツ賞」が新しく始まったという。

実際には『面白半分』や『宝島』で一〇代の著者が評論を執筆したこともあれば、その後の『ビックリハウス』誌面でも読者が論争を交わしたことはあるため、「当時の一〇代が大向うを相手として論理を張ることに、そう熱中することは無い」という評価が妥当であるかは判断が難しいものの、評論や社会的主張をそれなりの紙幅で展開することが誰にでも可能かといえば難しいだろう。『フルハウス』の投稿者には、その後時事通信社ロサンゼルス支局の記者となった粟津美穂やノンフィクション作家である井田真木子、その後アムネスティ・インターナショナルのコロラド支部を設立する森俊太や映画評論家としても活躍する仏文学者の中条省平など、当時としても高い教育を受けたであろう中高生・大学生がおり、そのまま文筆を仕事にし

た者もいる。(39)

その後「ロジックより創作」というテーマのもと始まった「エンピツ賞」は、多くの投稿が殺到し、前章で紹介した鮫肌文珠をはじめとして放送作家や文筆家を輩出した大ヒットコーナーになる。この点で「フルハウス」よりも敷居は下がったと言えるが、しかし「作品のレベルを問」わないわけではない。「エンピツ賞」という名のとおりコンテスト形式の投稿コーナーであり、受賞作品は全文本誌に掲載され、大賞受賞者は新作を掲載する権利を与えられる。さらに「エンピツ賞」受賞発表号では、審査に携わった人々の対談形式で数ページにわたって講評が掲載された。このような賞や講評の存在は、少なからぬ読者の投稿内容に影響を及ぼしただろう。

誰でも歓迎のパロディ

『ビックリハウス』が敷居を下げるやり方としてもう一つ採用したものが「パロディ」であった。萩原は『ビックリハウス』の編集に携わったスタッフが皆アマチュアだったことから、一から制作する必要がない既存の雑誌のパロディ企画（例えば『暮しの手帖』のパロディとして「その日暮しの手帖」、『an・an』のパロディ「wan・wan」など）を立ち上げる。(40) パロディはあくまで制作側がハードルを下げるためのノウハウだったと理解できるが、一方で読者側の参加ハードルを下げる点でも有効だったと推察される。『フルハウス』のように、評論や社会的主張を投稿するのであれば、「ロジック」や知識の「レベル」が必要になる（事実、『フルハウス』に掲載された中条による映画評論や森によるボランティア論は、高校生の段階で誰もが書けるようにはとても思えない）。しかし「パロディ」であればそれほど難しくはない。例えばロッキード事件を批評するためには何が問題でありどのような背景があるのかをある程度学ぶ必要があるが、事件を茶化すだけであれば知識やロジックを磨かなくとも投稿できる。この点で「パロディ」は、読者が『ビックリハウス』の読者・編集者共同体に参加する上で重要な媒介だったと考えられる。かつ、編集者・寄稿者に共通する政治性・対抗性の忌避と、「パロディ」や「体験談」という参加手段の敷居の低さが合わさって初めて、政治性・対抗性なき公的事柄への言及が成立したと考えられる。つまり、『ビックリハウス』という政治性・対抗性なき若者共同体は、編集者たちが読者たちを社会運動への揶揄や率直な差別発言をするよう導いたから成立したわけではなく、投稿という自主的・主体的な行為による共同体への参加と、その参加の敷居を下げるためのシステム構築によって初めて成り立つ「意図せざる結果」だったのだ。

9-3 「書くこと」がもたらした解放とその行方

『ビックリハウス』の読者・編集者たちは、誌上で政治的・社会的事柄に言及するものの、その言及は政治性・対抗性を欠いていた。その背景には、教条的・規範的であることを避け、若者の感性や自主性を尊重した編集者らの姿勢と、参加の敷居を下げた「パロディ」という投稿の手法があった。

しかし、生活綴方運動の先行研究は若者がメディアに自分の言葉を書くことが政治的主張や対抗のための試みであったことを明らかにしている。おそらく鶴見の『ビックリハウス』評も、そのような試みを踏まえた上での評価であろう。

投稿はそもそも政治的な試みであったはずが、『ビックリハウス』はそうではない。『ビックリハウス』における投稿は、政治的・社会的コミットメントとなるにあたり何が足りなかったのだろうか。本節では、生活綴方運動の先行研究を踏まえながら、『ビックリハウス』における若者共同体を政治的たらしめるにあたって、彼らの「書くこと」には何が欠如していたのかを考えてみたい。

若者が「書くこと」に関する研究は、一九五〇年代の生活綴方運動（生活記録運動）に遡る。[41]また北河賢三は、五〇年代の生活記録運動の高まりが戦後民主主義運動の底流をなし、平和運動・勤評闘争から安保闘争に至る社会運動の高揚に対応したと論じる。[42]生活綴方運動は、その後、教師や労働婦人の間でも広まった。[43]

自らの体験や生活を具体的な言葉で書き、共有する営みは、投稿にも見られる。五〇年前後から、新聞の読者投稿欄（生活記録欄）では戦争の体験や戦中戦後の経済的困窮下における生活が綴られた。[44] さらに、生活を書く活動は「サークル」や小集団という形で集合化し、全国紙・地方紙、雑誌の投稿欄を通じて知り合った個人が集まり書きあい話し合うことがひとつの潮流となった。[45] 朝日新聞に一九五四年から設けられた投稿欄「ひととき」の投稿者の多くは主婦であったが、その投稿者らが市民団体「草の実会」を結成し、その後五〇年にわたって多様な市民運動に取り組んだ事例もみられる。[46] これ以外にも青年学級、婦人会など地域を基盤に形成された集団や、労働組合や労働者サークルの文化活動のなかで文集や機関誌の刊行が活発に行われたという。このようなサークルは、戦後において大人たちを再社会化する重要な場であり、エージェントであった。[47]

しかし、生活を書く営みが共同体形成に結びつくにせよ、それがなぜ社会運動や抵抗運動へと展開したのか。天野正子は生活綴方運動を通じて、人々が自前の概念や表現をもつようになったことが「家」という既存の共同体から個として自立・独立した思考をもつ契機になったと論じる。[48] これは農村共同体でも同様で、生活綴方運動は繊維労働者に「貧乏人でも、女でも、勉強していいのだ、ものを言っていいのだ」[49] と、女性や労働者に旧来の共同体から独立した思考・発言をできるよう促した。また東北の農民の中でも生活記録は「囚われた意識からの解放と生活のあり方の見直しをもたらす」[50] 効用があったという。例えば農村の若妻の生活記録は、労働や貧困の辛苦から、家父長制への反感や嫁姑問題まで幅広いイッシューにわたった。また貧しい家計状況を「恥」とし、寮生活の不平を知らず抱えていた多くの女工にとって、生活記録は自身の状況を対象化し、自分たちの労働環境や農家が置かれた構造的問題を共有・改善する機会となった。[51]生活綴方運動は農村のみならず都市の工場労働者も共同体の規範や桎梏から解放し、個としてのアイデンティティを確立させる機会となった。[52]

五〇年代の若年労働者にとって「書くこと」は自分自身の表現を通じた思考の中で、諸個人の置かれた状況を社会の問題として捉える機会となった。これを道場親信は、抵抗としての生活記録という側面と、生活記録を通じた主体の創出という二面からまとめている。[53]道場は五〇年代後半以降、書くことから抵抗としての側面が薄れ「メディア・イベント」としての性格が前景化したと論じる。[54]つまり、自らの直面する社会問題を認識する、また書くことそのものをもって政治・社会に対抗する性質よりも、新聞や雑誌というメディアに自らの言葉を載せる性格のほうが重要視されたということだろうが、第2章でも言及したとおり、五〇年代以降の人生雑誌や娯楽雑誌の読者共同体にも、読者共同体が形成され、そこで日々の悩みが語られることもあれば社会運動につながることもあるなど、「書くこと」の共同体としての性格は部分的に共有されている。[55]

このように見ると、『ビックリハウス』の共同体と生活綴方運動の共同体は、あるメディアに「書くこと」を通じた共同体であっても大きく異なるように見える。福間良明や阪本博志の研究によると五〇年代の生活記録運動と六〇年代以降の投稿活動に共通したのは、書き手の「貧しさ」への苦い思い[56]だろう。多くの書き手が女工や農業従事者、事務員や土工といった勤労青年であり、書くことを通じて家庭・職場での葛藤や、故郷を離れて生きる居場所のない孤独、親世代への反発・批判や、進学を希望しつつもそれが叶わない鬱屈を共有していた。「書くこと」により個を確立し、共同体の抑圧から解放され、自らの苦境を認識した若者たちの読者共同体は、格差や抑圧と闘う推進力となった。しかし、七〇年代に入ると「国民生活に関する世論調査」(内閣府)における階層帰属意識をみても、「中の上」「中の中」「中の下」と答える人々が九割に達し[57]、過去ほど若者の自己認識は貧しいわけでもなく、家や地域といった共同体の束縛は強いと言えない[58]。

しかし五〇年代の生活綴方運動に従事した若者たちと、七〇―八〇年代の『ビックリハウス』読者たちにとって「書くこと」が「解放」であった点は共通している。書くことをもって農村共同体や家父長制から解放され、それが運動への推進力になった五〇年代の若者たちと同じように、『ビックリハウス』読者にとっては、自らの生活について自由に書くこと、政治的・社会的トピックをおちょくることが、既存の社会――強化される表現規制や「きれい事」ばかりの言論、政治性や対抗性抜きにサブカルチャーを享受すべきではないという風潮――彼らが率直に、あけすけに自分の思いを「書くこと」によって解放されようとしたのは、戦後日本社会に内在する規範性や教条主義からの「解放」だったのだ。

しかし、『ビックリハウス』の編集者たちは、書くことをもって解放された若者たちに何らかの政治的立場や対抗文化的色彩を与え、社会運動化することをいやがった。『ビックリハウス』の読者や編集者は、「規範」「大義」「強い力」「べき」で人々を引っ張ろうとした先行世代に対して強く反抗・対抗したためだ。彼らは社会運動がもたらした女性の自立や反戦平和といった価値観には共感を寄せるものの、政治に対する無関心・無理解を標榜する。

七〇―八〇年代の『ビックリハウス』に関わった人々が社会運動を嫌ったのは、彼らがいわゆる「シラケ」「新人類」「無共闘」世代であり、政治に無関心だったからではない。消費社会の影響を強く受け、孤立した消費と趣味の世界としての私生活に埋没したからでもない。豊かな社会に生まれ育ったから不満をもっていなかったわけでもない。むしろつとめて民主的であり、強制や動員を嫌い、自分より若い世代の自主性と主体性、感性やセンスを尊重したからこそ、明示的に集合的な運動へと向かうのも、向かわせるのも嫌ったのだ。

---

(1) 榎本了壱「現象としてのパロディ」『現代思想』一九七七年一一月号、青土社、一五頁。
(2) 『読売新聞』一九七八年二月一二日付、一九八四年五月二七日付など。
(3) 「スペシャル・インタビュー『転機で出会った人、出来事』」『婦人生活』一九八五年九月号、婦人生活社。「ゆかいなゆかいな英雄たち②『ビックリハウス』の編集長はなぜ奇人?」『サンデー毎日』一九八五年八月四日号。『クロワッサン』各種コラムなど。
(4) 「ギャル語は言葉の暴走族、自己の存在証明です」『週刊平凡』一九八五年六月一四日号、「みんな思いあたるかなァ。なにしろ、いま若い女性はスゴイ!!こんな隠れた会話を聞いてヨ！」同一九八〇年二月一四日号。

（5）高橋章子「若者の〝句心〟」『太陽』一九八〇年四月号、平凡社。『読売新聞』一九八二年四月九日付など。

（6）稲垣吉彦「現代若者語事情」『厚生補導』一九八〇年一二月号、第一法規出版。「「思想空間」と「メディア空間」――若者文化の二〇年」『思想』一九八八年一一月号、岩波書店、一三一―一三二頁。

（7）坂口義弘「書評と本誌読者に支えられた『大語海』『ヘンタイよいこ新聞』」『創』一九八二年一〇月号、一九八二年。正確には、朝日新聞では「大語海」若者の〝句心〟の紹介を、毎日新聞では「ヘンタイよいこ新聞」を紹介。読売新聞では両者を紹介。

（8）『読売新聞』一九八二年九月一三日付。

（9）「感性時代の消費者嗜好をどうつかむか」『先見経済』一九八五年六月号、セイワコミュニケーションズ、一二頁。星野英晴＋松田典之＋榎本了壱「座談会 編集長が若者を解く 少年は大志よりも身近な幸せ」『リクルートキャリアガイダンス』一九八四年一二月号。

（10）「テレビＣＭ雑評」『広告批評』一九七六年一二月号。高橋章子「ＢＨからのメッセージ ＣＭ言いたい放題」『月刊アドバタイジング』一九七九年四月号、二二頁。

（11）青木保＋榎本了壱＋手塚真「座談会 ことばからパフォーマンスへ――〝感覚派世代〟現象はホンモノなのか」『望星』一九八五年四月巻四号、二七頁。

（12）「みんな思いあたるかなァ。なにしろ、いま若い女性はスゴイ!!こんな隠れた会話を聞いてヨ！」、一二九頁。

（13）高橋章子＋高山英男「辞書を使う」『思想の科学』第7次、第一九八七年二月号、四九―五〇頁。

（14）「連載・対談 どうも、シンボーです。」『てんとう虫』一九八八年七・八月合併号、一六頁。

（15）「男たちを挑発しつつ現代を疾駆する女たち」『ＥＬＬＥ ＪＡＰＯＮ』一九八四年一一月号、六一頁。

(16)「文春図書館〈新春座談会〉われら女性編集長――小説新潮、ランナーズ、海、ビックリハウス、クロワッサン」『週刊文春』一九八三年一月一三日号、一四八頁。
(17) いいだもも「「ビックリハウス」論」『広告批評』一九八〇年七月号、四六頁。
(18)『読売新聞』一九八〇年五月四日付。
(19) 栗原彬『やさしさのゆくえ=現代青年論』筑摩書房、一九八一年。
(20) 与那原恵・萩原朔美「ビックリハウス――ハウサーの投稿が、権威を褒め殺した。」『東京人』二〇一七年三月号、三〇一頁。
(21) 椎名誠「ハチャメチャ雑誌論④『ビックリハウス』の巻」『噂の真相』一九八〇年一月号、五〇頁。
(22) 高橋章子+高山英男「辞書を使う」、五〇頁。
(23) 高橋章子「BHからのメッセージ CM言いたい放題」二〇頁。
(24) 田辺聖子+高橋章子「女の幕の内弁当④アホに定年なし」『週刊文春』一九八三年五月五日号、文藝春秋、六三頁。
(25)『週刊読売』一九八二年一月二四日号、七八頁
(26) 大塚英志『「おたく」の精神史――一九八〇年代論』星海社、二〇一六年、九一―九二頁。
(27) 鶴見俊輔「五十年おそく 糸井重里を読む」『広告批評の別冊③ 糸井重里全仕事』広告批評、一九八三年、八頁。
(28) 同右、一〇頁。
(29) 栗谷佳司「鶴見俊輔から『ひとびと』の社会学へ――戦後日本の文化研究に向けて」『同志社社会学研究』二二号、二〇一八年。
(30) 日本作文の会編『生活綴方事典』明治図書出版、一九五八年、四四〇頁。

(31) 椎名誠「いまパロディはまっくらけ」『潮』一九八〇年六月号。
(32) 椎名誠「ハチャメチャ雑誌論④『ビックリハウス』の巻」、五一頁。
(33) 関肇『新聞小説の時代――メディア・読者・メロドラマ』新曜社、二〇〇〇年。中西新太郎『問題としての青少年――現代日本の〈文化―社会〉構造』大月書店、二〇一二年。
(34) 紅野謙介『投機としての文学――活字・懸賞・メディア』新曜社、二〇〇三年。福間良明『「働く青年」と教養の戦後史――「人生雑誌」と読者のゆくえ』筑摩選書、二〇一七年。
(35) 紅野謙介『投機としての文学』、六〇頁。
(36)「ゆかいなゆかいな英雄たち②『ビックリハウス』の編集長はなぜ奇人?」、三五頁。
(37)『ビックリハウス』一九七五年三月号から一九七六年二月号まで。
(38) 同右、一九八五年一一月号。
(39) 同右、一九七五年二月号、三月号、六月号など。
(40) 成相肇「萩原朔美インタビュー」『パロディ、二重の声――日本の1970年代前後左右』東京ステーションギャラリー、二〇一七年。
(41) 辻智子『繊維女性労働者の生活記録運動――1950年代サークル運動と若者たちの自己形成』北海道大学出版会、二〇一五年。
(42) 北河賢三『戦後史のなかの生活記録運動――東北農村の青年・女性たち』岩波書店、二〇一四年、九頁。
(43) 辻智子『繊維女性労働者の生活記録運動』、四―五頁。
(44) 辻智子『繊維女性労働者の生活記録運動』、七頁。北河賢三『戦後史のなかの生活記録運動』。
(45) 天野正子「「つきあい」の戦後史――サークル・ネットワークの拓く地平」吉川弘文館、二〇〇五年、七五頁。

(46) 道場親信『下丸子文化集団とその時代――1950年代サークル文化運動の光芒』みすず書房、二〇一六年、七五頁

(47) Tsurumi, Kazuko, 1970, *Social Change and the Individual: Japan Before and After Defeat in World War II*, Princeton Legacy Library, p.247.

(48) 天野正子『「生活者」とはだれか――自律的市民像の系譜』中央公論社、一九九六年、九四―九八頁。

(49) 辻智子『繊維女性労働者の生活記録運動』、八〇頁。

(50) 北河賢三『戦後史のなかの生活記録運動』、三二頁。

(51) 辻智子『繊維女性労働者の生活記録運動』。

(52) Tsurumi, *Social Change and the Individual*, p.226.

(53) 道場親信『下丸子文化集団とその時代』、七六頁。

(54) 道場親信『下丸子文化集団とその時代』。

(55) 阪本博志『「平凡」の時代――1950年代の大衆娯楽雑誌と若者たち』昭和堂、二〇一二年、福間良明『「働く青年」と教養の戦後史――「人生雑誌」と読者のゆくえ』筑摩書房、二〇一七年。

(56) 北河賢三『戦後史のなかの生活記録運動』。辻智子『繊維女性労働者の生活記録運動』。福間良明『「働く青年」と教養の戦後史』。福間良明『「勤労青年」の教養文化史』岩波書店、二〇二〇年。阪本博志『「平凡」の時代――1950年代の大衆娯楽雑誌と若者たち』昭和堂、二〇一二年。Tsurumi, *Social Change and the Individual.*

(57) 神林博史「階層帰属意識からみた戦後日本――総中流社会から格差社会へ」数土直紀編『社会意識からみた日本――階層意識の新次元』有斐閣、二〇一五年。

(58)『第2日本人の意識――NHK世論調査』至誠堂、一九八〇年。

10 意図せざる結果への小路——結論と考察

本書は、一九七〇年代以降、日本人は本当に政治と社会運動に背を向けたのか？という問題意識を端緒とし、人文社会科学領域で影響力をもつ「消費社会の台頭による私生活主義が公的関心への減退を招いた」という命題を検証した。実際には六〇―七〇年代以後も、私生活から生じた問題意識を通じて政治・社会にコミットする「新しい社会運動」が台頭し、量としても質としても小さくないインパクトがあったものの、私生活を通じた共同体はこのような運動と切り離して捉えられ、政治的・社会的コミットメントの実態を検討されてこなかった。

消費社会における私生活を通じた政治的・社会的コミットメントの可能性が十分に検討されず、現代に至るまで「私生活」と「公的生活」が相反する営為と見られ、消費社会の隆盛による私生活主義と公的関心からの乖離という命題が強い影響力をもち続けているのはなぜなのか。その問いを解くために、本書は七〇―八〇年代において「政治に背を向けた」主体とされ、「消費社会の担い手」としての若者共同体を検討することで、七〇―八〇年代の消費社会における私生活を通じた公的関心へのコミットが政治的・社会的とみなされるにあたり何が足りなかったのかを明らかにした。

10-1 本書の知見がもつ普遍性

問題意識に即して本書の知見をまとめると、消費社会において私生活主義に埋没した若者も、嗜好や趣味に基づく共同体を形成して政治や社会にコミットしうる。しかしそのコミットメントのあり方は、新しい社会運動や先行世代のように批判性や政治性を帯びたものとは言い切れなかった。彼らは女性の自立や反戦・反核という価値観を支持する一方で、先行世代の社会運動や政治参加に内在する規範や教条主義を忌避・回避する。その結果、彼らはあえて政治への無関心を標榜し、マイノリティへの「差別」的言動をある種の遊戯として行うこともある。

さらに『ビックリハウス』の読者・編集者共同体は、共同体参加のハードルを低く設定し、かつ自主的で主体的な参加を歓迎していたがゆえに、前述した性質を、強制性を伴わず、かつ教条的・規範的でない形で共同体に浸透させることができた。

このような特質を有していたのは、『ビックリハウス』とそれに携わる編集者・読者だけと思われるかもしれないが、決してそうではない。以降、本書の知見の普遍性を七〇年代以降の日本社会における「自主性と主体性の尊重」と「表現・言論の自由」という価値観から検討したい。

『ビックリハウス』の読者・編集者共同体がもっていた自主性や主体性への尊重は、若者に限らず七〇年代以降に広く見られる、戦後日本を規定する社会意識の一つである。第2章でも言及したが、政治に対して「人任せ」ではなく、一人一人が自主的に参加するものが公共であるという意識が浸透し、七〇―八〇年代を通じて市民参加への意識は向上してきた。(1) この点を踏まえるのであれば、『ビックリハウス』編集者がもつ自主性・主体性に基づく共同体参加への礼賛そのものが、七〇―八〇年代においては世代や地域を問わず広く日本人に見られたため、『ビックリハウス』だけに見られる特徴ではなく、ある程度同時代的な傾向と言える。

この点と関連して、六〇年代以降、私生活主義・マイホーム主義に対して強い抵抗を示してきた「参加民主主義」を基盤とした大衆社会論、自治論のもつ楽観性に対しても本書は反論するものである。市民個々人の共同体へのコミットを主張し、私生活主義と公的生活を対極的な位置に置く大衆社会論(2)は、参加民主主義を「参加の積極的価値」「自主性・主体性」「平等性」の点で肯定的に捉えた。(3) しかし、この点では『ビックリハウス』に従事した人々も大きく変わるものではなく、本誌の若者共同体はむしろ参加や自発性を尊重し、「人それぞれ」のあり方を許容したからこそ、参加民主主義を肯定的に捉えた論者が重視した「公的関心」をもたないことをも許容していった。そのため、参加民主主義論が参加や自主・主体性といった価値に対していささか楽観的である点を批判的に指摘する必要はあるだろう。

参加や自主性を礼賛する態度が誌面に反映されることにより参加のハードルが下がり、非政治的・非対抗的なパロディや素朴な社会的弱者いじりの投稿が見られた『ビックリハウス』だったが、参加の敷居を低くすれば皆が参加して共同体が活性化するという議論は、市民運動にも選挙のような政治参加にもある程度広く見られる。しかし、第7章、第8章からわかったことは、素朴な感性や「普通の人」の生の声に基づくアマチュアリズムの尊重が、向かう方角によっては、対抗性や政治性を忌避し、差別のような行為を笑いのネタとしかねないような、共同性や公共性に対する逆機能にもなりうる可能性でもある。

最後に、他のサブカル誌と『ビックリハウス』に通底する表現・言論の自由への感覚も、七〇年代以降に高まったもので、決してサブカルチャー従事者に特有の傾向ではない。NHK放送世論研究所(4)は、「青少年の教育上悪影響を与える映画・出版物の制限賛否」に関して、五八年では「加えるべき」が七五パーセント、「加えるべきではない」が一一パーセントだったのに対し、七五年は六七パーセントが「加えるべき」、「加えるべきではない」が一八パーセント%と、年々表現に制限をかけない方向に人々の意識が向かったという点では、『ビックリハウス』で見たような、表現を規制する市民運動への忌避感は、多くの人に共有されていたのだろう。

10-2 時代論・世代論への反論

本書の知見は、社会学・社会批評を中心に、七〇―八〇年代日本を論じてきた時代論・世代論への応答・反論となりうる。

見田宗介・大澤真幸・宮台真司といった社会学者らは、戦後から六〇年代、六〇―七〇年代、また七〇年代以降を「〇〇の時代」として区切ることを好んだ。本項で対象とした七〇年代後半から八〇年代はそれぞれ「虚構の時代[5]」、「〈自己〉の時代[6]」とまとめられている。いずれにせよ、一九七〇年代後半を大きな転換点とし、七〇年代後半以降を「政治熱の冷却と脱臭の過程」や「現実さえも言語や記号によって枠づけられ、構造化される一種の虚構が支配する時代[7]」として捉えている。この認識を規定する社会変動には、高度経済成長による大衆消費社会の進展と政治の季節の終焉があるだろう。

本書で見てきた七〇年代後半は、確かに表層だけを見れば「政治熱の冷却と脱臭の過程」と言えるかもしれないし、『ビックリハウス』の若者たちは、記号化し差異化を繰り返す消費に支えられた若者共同体のありようを示したと言えるかもしれないが、その背景には消費社会のみならず戦後日本における「自主的・主体的な参加」と「他者の自主性の尊重」という価値観が大きく関わっている。この点で、「消費社会」と「政治の季節」を説明因とする時代論は、まだまだ取りこぼしている変数があるのではないか。

同様の指摘は、「世代論」にも投げかけることができる。社会学でも社会批評の文脈でも七〇—八〇年代の社会変容を団塊世代と新人類世代の差異から語るというやり方はよく見られるが、問題は世代の差異ではなく、共同体参加のメカニズムにある点は、本章の冒頭で指摘したとおりである。具体的に批判を加えると、岩間夏樹と藤村正之はそれぞれ、モラトリアム世代やしらけ世代、新人類世代の特徴を、「連帯への忌避」に見る。岩間は全共闘世代への忌避感が形成した「政治嫌い」と、若者であること自体が何かの同質性を担保しなくなった世代的状況ゆえに、新人類世代が団塊世代的な連帯志向に距離を置くと論じ、[8]藤村は連帯に向けて自己の立場を明確化させることと、モラトリアムの未決定性との相性の悪さに求めた。[9]「政治嫌い」と「同質性の低さ」が連帯への忌避を生じさせるという論は、ロックに関する人それぞれの語りなどに見られた本書の知見とも重なるが、その説明因を世代に求めるのはいささか短絡的だろう。本書で示したとおり、政治性・対抗性の回避、連帯のもつ強制性への忌避感はすでに『ビックリハウス』編集者らの多くを占める団塊世代にも見られ、そうした姿勢が若者共同体に共有されたのは直接的には世代的要因ではなく、むしろ共同体の参入手法である「パロディ」を通じてであった。

また政治への忌避を時代と世代に紐づける語りは、社会批評などの文脈でも、七〇—八〇年代に若者文化に従事した当事者の論考などでもよく見られる。ここでは主な論者として、香山リカと宮沢章夫の論を引いてみたい。自身も『ビックリハウス』読者で、一九八〇年代のサブカルチャーに耽溺していた香山は、中沢新一との対談の中で「共通していたのは政治の話をしなかったこと」「あさま山荘事件などで左翼の息の根を止められて〔…〕カッコ悪さをなんとかしたい」[10]（発言は中沢）といった内容の対話を行なっている。

また、八〇年代サブカルチャーの担い手である宮沢章夫は、八〇年代を、一つひとつに重い意味を詰め込んだ戦後の延長線上にある七〇年代の文化がもっていた「重さ」を抜き取って成立した「軽さ」の時代であると批評し、自身も「軽さ」を志向することで物事の本質を追究したと述懐した[11]。宮沢は第8章で紹介したスネークマンショーの作品に関わり、六〇―七〇年代フォークシンガーのパロディである「中津川フォークジャンボリー君」など、六〇年代対抗文化や「差別」ネタといった形で本書の示したような「政治性・対抗性の回避・忌避」としての若者文化を担ってきた一人である。

しかし、宮沢の従事したサブカルチャーは決して政治への忌避や回避にとどまったわけでなく、若者の「参加」による、また市井の人々による「大衆」の文化でもあった。香山が「政治の話をしなかった」のは、単なる無関心からではなく、先行世代の形成した「左翼」イメージへの反発でもあっただろう。それらは表面的には空疎かもしれないが[12]、間違いなく上世代の形成してきた規範性や教条主義、正統性にこだわる態度への反発という、六〇―七〇年代とはまた異なる形での政治と対抗の営みだったのではないか。

10-3 「人それぞれ」を超えて

本書の問いに戻ろう。七〇―八〇年代日本における若者共同体は、政治的・社会的コミットの主体となり得なかった。では、どのような若者共同体であれば、私生活をきっかけとしつつ、政治性・対抗性を保ちながら公的事柄にコミットすることができたのかを考察し、本書の締めくくりとしたい。

本書が七〇―八〇年代若者文化に足りなかったと考えるのは、「論争」と「啓蒙」、そして「強制」である。

消費社会と私生活を通じた共同性の再構築を提唱した論者に山崎正和がいた。山崎の論理からすれば、『ビックリハウス』に見られるような若者共同体はどのように判断されるだろうか。実は山崎は対談集『柔らかい個人主義の時代』において、八〇年代に数多く見られたアンダーグラウンド劇場や若者中心の劇団について、「演る方と観る方の間に一種の隠語の関係」がある「一種の親衛隊みたいなもの」[13]として、その内閉性を批判している。山崎によるアンダーグラウンド劇場批判は、前章でいいだももが『ビックリハウス』に投げかけた批判に近く、事実『ビックリハウス』の中には読者・編集者にしかわからない隠語が数多くあり、その閉塞性や内輪性は先行研究において難波功士や北田暁大も指摘したとおりだ。[14]

山崎は、「同好の士が形成した共同体」を政治的・社会的コミットメントの主体として成立させる要素として、「社交」を重視する。この「社交」は、同好の士とのコミュニケーションを通じて、自分は何者かを発見する過程である。消費と社交を通じ、自分が社会においてどのようなものを欲望する立場であるかがわかれば、そこから社会に対して何をすべきかが見えてくる。天野正子の分析した「生活クラブ」や、『面白半分』などのサブカル誌で見られた活動は、消費財や文芸作品、あるいはマリファナやモデルガンといった嗜好品や娯楽を通じて、環境問題や食の安全、表現の自由や政府による規制といった問題に気づき、制度内政治や司法にコミットする契機を作りだした。

本書で検討した「同好の士が形成した共同体」のうち、最も山崎の論じた「社交」に近いものは、おそらく第6章で論じた「ロック」に関するコミュニティだろう。『ビックリハウス』のロック愛好者たちはロックの消費者として、どのような聴き方が最も正しいかという論争を経て、「けなしあい」「あげあし取り」を禁止した「極私的ロック論」を交わし合うようになる(6-2)。相互批判や論争は厳禁とする編集姿勢は、規範や教条主義を忌避し、読者の創造性やセンスを尊重する編集者たちの姿勢がよく反映されている。しかし、『ビックリハウス』の若者の共同体は、難波や北田が指摘したとおり、あくまで内輪にとどまった。『宝島』のロック愛好者のように論争に興じ、コンサートやライブハウスをめぐる問題を社会に提起するには至らなかった。

北田や大塚英志といった論者は『ビックリハウス』の支持した多様性や消費のあり方に優劣をつけない脱階級性の志向と消費社会の関連を指摘している。[15] 北田は「わかる人しかわからない」発話が可能な『ビックリハウス』に代表される内輪空間が、消費社会のもつ差異化の論理と合致しながら、自分の個性を認めてくれる他者の承認による自らの価値の信憑を繰り返す「タコツボ化」のコミュニティとなっていくさまを論じた。[16] また、大塚は消費というふるまいにおいて、垂直方向の階級差をすべて等価のものとして「水平方向の差異」に置き換える糸井ら編集者の姿勢を一種の闘争とみなす。[17]

同じく八〇年代消費社会の先導者であり分析者でもあった辻井喬と上野千鶴子による、消費社会における「ベタな啓蒙」に関する議論は本書の知見を考察する上で参考になる。啓蒙のもと、よき生活者・消費者となることを志した生活協同組合のマーケティングと、啓蒙を回避した西武・パルコの戦略を対比した[18]上で、自立した消費者・社会人を育成するという点では生協も西武も変わりがないとしながらも、辻井は「生協の人たちの啓蒙型というのは消費者にとって鼻につく」「消費者は『たまんないな、啓蒙されてたまるかよ』と思っている」と語る。[19]『ビックリハウス』の若者共同体が政治関心を有しつつも政治的・社会的コミットメントの主体になりえなかった理由は、まさにこの啓蒙を避けたためではないか。

このような辻井の消費者・生活者に対する認識は、『ビックリハウス』の編集者・読者間のコミュニケーションにも合致している。彼らもまた、共同体形成において啓蒙や規範・教条主義の存在を嫌った。しかし、自主性と主体性を尊重し、表面的には参加者間の優劣をつけない平等な共同体が、政治性・対抗性なきパロディや、ともすれば差別ネタを用いた競争や遊戯に陥ってしまう可能性を考えると、やはり「啓蒙」や「規範」の必要性を認めざるを得ない。

本書では一点まだ回収していない論点がある。実はこの点こそが、「啓蒙」の必要性にかかわっている。第5章において『ビックリハウス』の女性編集者たちは、他誌によって憧れやロールモデルとともに提示された「キャリア・ウーマン」とも、堅実で貞淑な「主婦」とも距離を置く「どちらでもない人間」としての自己を表現した。これもまた、辻井・上野が言うところの「ベタな啓蒙」の回避ととることができる。しかし「啓蒙なき」彼女たちが「どちらでもない」自分たちの姿を提示することを試みても、彼女たちは男性読者・編集者から投げかけられる、社会の提示する理想的な女性像(「主婦」「美人」)からこぼれた「どちらにもなれない」役割(「いき遅れ」「ブス」)を当てはめられてしまう。第5章では、女性編集者たちが「ブス」や「便秘」、「デブ・肥満・ぜい肉」といった言葉で自らを形容してしまうさまを説明したが(5-2)、これは男性編集者・男性読者が投げかけた容姿に対する非難を反復したものである。[20]最初は「美女メン」と名乗っていた女性編集者たちが、男性編集者・読者から「結婚できない女」のレッテルを貼られるうち、その像にすすんで自らを合致させるような語りを行ってしまう。理想像やロールモデルの提示によらない女性たちの語りは、読者たちによる親しみや共感を呼び、だからこそ類似した語りが読者と編集者の間で反復されることになるが、一方で、現実社会の支配的な価値観を投影された女性像を自ら演じ、再生産するという帰結に至ってしまった。[21]

もう一つは「動員」や「強制」の重要性であろう。第1章においても示したとおり、多くの社会運動が七〇年代以降停滞する中、労働組合運動だけは争議件数を保っており、ストライキに対する理解も七〇年代以降のほうが高まっている。一九七五年には公務員のスト権ストが失敗し、ストライキや労働争議への支持が離れたにもかかわらず[22]、結果としてその後の発生件数や労働組合員数に影響しなかったのは、組織の基盤が明確であるためではないか。そのように考えると、政治・社会へのコミットを考える上で、自主性や主体性といった価値が尊重されるのはもちろん重要なことだが、組織がもつ強制力というものを見直してもよいのではないだろうか。

多くの識者や研究者には、七〇―八〇年代の若者たちが私生活に耽溺し、共同体を拒み、公的事柄に政治的・社会的コミットメントを行わなくなったように見えたかもしれない。しかしその無関心の表明や政治性・対抗性への忌避、差別的な言明そのものが、既存の社会運動や政治参加がもつ規範性や教条主義、表現に対する抑圧への対抗だった。

七〇―八〇年代の若者たちが社会的・政治的コミットメントを嫌ったのは、世代のせいでも、生まれた社会の豊かさゆえでも、嗜好やライフスタイルによる多様化や細分化ゆえでもない。

むしろ戦後日本が共同体参加において重視してきた自主性や主体性という価値を受け継ぎ、「人それぞれ」の多様性を尊重したからこそ、啓蒙や強制を伴う政治参加や社会運動を忌避したのだ。

（1）三宅一郎・山口定・村松岐夫・進藤榮一編『日本政治の座標――戦後40年のあゆみ』有斐閣、一九八五年、二六九―二七〇頁、三一一頁。

（2）松下圭一編『現代に生きる6――市民参加』東洋経済新報社、一九七一年など。

（3）大嶽秀夫『自由主義的改革の時代』中央公論社、一九九四年。

（4）ＮＨＫ放送文化研究所『図説　戦後世論史　第二版』日本放送出版協会、一九八二年。

（5）見田宗介『現代日本の感覚と思想』講談社、一九九五年。

（6）宮台真司『私たちはどこから来て、どこへ行くのか』ＰＡＲＣＯ出版、一九九三年。

（7）日高勝之編『１９７０年代文化論』青土社、二〇二三年、一七頁。

（8）岩間夏樹『戦後若者文化の光芒』日本経済出版、一九九五年、六九頁。

（9）藤村正之「若者の生き方の変容」安田常雄編『シリーズ戦後日本社会の歴史――社会を消費する人びと』岩波書店、二〇一三年、八二頁。

（10）香山リカ『ポケットは80年代がいっぱい』バジリコ、二〇〇八年、一八四頁。

（11）宮沢章夫、ＮＨＫ「ニッポン戦後サブカルチャー史」制作班・編著『ＮＨＫニッポン戦後サブカルチャー史』ＮＨＫ出版、二〇一四年、六九頁。

(12)『別冊宝島110　80年代の正体――それはどんな時代だったのか　ハッキリ言って「スカ」だった！』ＪＩＣＣ出版局、一九九〇年など。

(13)山崎正和『山崎正和対談集――柔らかい個人主義の時代』中央公論社、一九八五年、一五〇―一五一頁。

(14)難波功士「〝-er〟の系譜――サブカルチュラル・アイデンティティの現在」『関西学院大学社会学部紀要』一〇〇号、二〇〇六年、一八一―一八九頁。北田暁大『嗤う日本の「ナショナリズム」』日本放送出版協会、二〇〇五年。

(15)北田暁大『嗤う日本の「ナショナリズム」』。大塚英志『「おたく」の精神史――一九八〇年代論』星海社、二〇一六年。

(16)北田暁大『嗤う日本の「ナショナリズム」』、一一二頁。

(17)大塚英志『「おたく」の精神史』、九二―九五頁。

(18)辻井喬・上野千鶴子『ポスト消費社会のゆくえ』文藝春秋、二〇〇八年、一〇三―一〇四頁。

(19)同右、一一四―一一五頁。

(20)『ビックリハウス』一九八〇年六月号、一九八一年二月号、他多数。

(21)本議論を展開するにあたっては紙幅が限られるため、詳細な検討は富永京子「1970-80年代の雑誌を通じた「性の解放」と「個の解放」――『ビックリハウス』における女性の身体・キャリア言説を通じて」(『社会学評論』七四巻二号、二〇二三年)を参照していただきたい。

(22)道場親信「戦後日本の社会運動」『岩波講座　日本歴史　近現代5』岩波書店、二〇一五年。

おわりに

筆者は一九八六年（昭和六一年）生まれである。この本の対象とする『ビックリハウス』が刊行された期間は一九七四―一九八五年であるから、ビックリハウスが休刊して、翌年に私が生まれたことになる。資料中の「昭和」表記にどうにも馴染めず、いつも自分の年齢から逆算して西暦変換していた。そんなまどろっこしいことせずに、一九七五年を「昭和五〇年」として認識すれば楽であることに気づいたのは研究のもう終盤にさしかかってからだ――昭和六〇年代生まれの自分にとって昭和五〇年代とは、要はそれだけ遠かったのだ。にもかかわらず『ビックリハウス』の若者共同体は、まるで自分がいたかのように近く感じられた。

私はこの本を通じて「政治に関心をもて。私的な趣味の世界に耽溺せず公共との関わりを真面目に考えることが大事なんだ」と言いたいわけでもなければ「個人的なことは全部政治的なことだ。趣味をどのように楽しむか、友達と何をネタにして笑い合うか、あなたの一挙手一投足がすべて政治に関わっているんだ」と殊更に強調したいわけでもない。

ただ、私たちが何気なくやっている、他人からは子どもじみて見えるかもしれない共同体でのおちょくりや論評といった営為が、文化の受容を豊かにしたり、ときに政治にコミットする装置として機能しうることもあれば、「からかい」や「イジり」として何らかの価値を毀損しうる、そういう可能性について書きたかったのだ。

私たちはいつも何かに加担しうる。それは私とて同じだ。「私ブスだからさあ」で始め、幾度となく披露した自虐と下ネタ。ぬるくなった場の空気をどうにか波立たせたくて放つ、ブラックジョークというには洗練もされてない不謹慎な毒舌。一方で空気が悪くなれば「まあ、とはいっても人それぞれだからね」とお茶を濁す。なぜそれほどにも私は、規範や啓蒙を嫌い、ときには「価値観の押し付け」として忌避し、「本音」という名の露悪に突き進んだのだろうか。ほどよく閉鎖された共同体で繰り返す冗談やおちょくりの渦は、公正や平等といった価値を「きれい事」や「偽善」とみなす方向に、私の心を知らず知らずのうちに巻き込んでいった。

二〇年以上をこうした共同体の渦の中で泳いだ私にとって、ときに自分ではない他者のために活動し、公正や包摂を志す社会改革である「社会運動」は好奇と疑問の対象だった。社会運動の研究を始めて一〇年経ち、ではなぜこれほど私が社会運動を嫌っていたのか（かつ、日本には私と同じく社会運動を嫌う人がなぜ多いのか）が気になった。この疑問が、本書を執筆する契機となっている。

人は公正や平等といった価値を認めていないわけでも、公共への関与や政治参加の重要性を否定したいわけでもない。おそらくそれは『ビックリハウス』も、他のサブカル誌を通じた若者共同体もそうだっただろう。

彼らは、「しらけ」たくてしらけたのでもなければ、政治に無関心になろうとしてなったわけでもなく、人権や平和といった理念を「おちょくり」たかったわけでもない。むしろ彼らの尊重していた自主性や主体性、「人それぞれ」といった価値観が、消費社会における読者共同体の参加メカニズムと組み合わさることで、「政治に無関心な若者文化」として結晶化してしまったのだ。


『ビックリハウス』の研究を始めたのは、前前著『社会運動と若者』の脱稿後に出かけた「パロディ、二重の声――日本の1970年代前後左右」(東京ステーションギャラリー、二〇一七年二―四月)で『ビックリハウス』の展示を見かけたのがきっかけだった。「しらけ世代」とか「新人類」と呼ばれる世代が中心的な読者だったその雑誌にこれほどの熱量があったにもかかわらず、その熱量がなぜ「しらけ」や「無共闘」と呼ばれるまでに至ったのを追いかけてみたかった。

同時期に編集者の竹田純さんが「ハガキ職人を主題にして本を書いてくれないか」とお声がけくださったこともあり、一つの研究プロジェクトとしてまとめる覚悟をした。六年かけて、氏も私も公私ともに色々に変わったと思うが、お互いライフイベントを乗り越え、時事のあれこれについて語り合いながら、一貫して、公正さや包摂がどのように可能となり、公共的であることがこれほど難しいのは何故なのかを考えた素晴らしい友人であり、伴走者であったことは変わりがない。

この研究プロジェクトを始める上で、科学研究費に加え、多くの民間財団・基金の支援を得た。それぞれの財団の関係者の方々と、資金調達に際し心強いサポートを下さった村井佳寿子さん（立命館大学衣笠リサーチオフィス）にお礼申し上げる。

なぜこれほど資金を必要としたのかと言えば、「『ビックリハウス』全号の誌面をテキスト化してコーパス分析をしてみては」という二〇一九年サントリー文化財団中間報告会で山室信一先生にいただいたコメントがきっかけである。労多くして実りの少なそうなプロジェクトだが、むしろそういうことほどやってみたかった。私は研究に着手するとすぐに成果を出さねばと焦ってしまう。そしてその成果と意義を社会に還元せねばとも思ってしまう。そうでないことがしたかった。徹底的に「社会的貢献」になりづらく「意味」や「意義」がすぐには見つからないことがしたかったのは、この数年間、私が各種メディアを通じた社会的発信にかかわり続け、同時に研究業績を出さねばという重圧に焦り、そういったもろもろに多少疲弊していたこともあるだろう。一年に何本論文を出すとか、有名な雑誌に載せるとか、それとは異なる意味で研究者らしいことがしたかった。

私は社会科学の単独研究プロジェクトとは思えない額の資金を調達し、二〇一九年度から『ビックリハウス』のテキスト化を開始した。それまで勤めていた職場を辞め、専属の研究補助者として関与くださった戸井珠美の尽力が、約一〇〇〇万語にわたるテキスト化を実現させた。間違いなく、本書の最も大きな功労者は彼女であるだろう。

また、データセットの作成、文献渉猟に関しては、富永研究室の大学院ゼミに参加されていた寺下和宏氏、目黒茜氏、楊雨双氏、また菊川太誠氏、カンリョンヒョン氏、園田美咲氏、鶴嶌英輝氏ら富永ゼミの学部生の協力を要した。社会はそう簡単に変わらないし、自分の力で変えられるものでもない。ただ過去から見れば着実に変わってきたのだということを、私たちは共同作業の中で見てきた。

現代日本の社会運動を調査する質的調査者である自分にとって、一九七〇―八〇年代の雑誌研究は新しい挑戦であった。その挑戦は、メディア論と歴史学・歴史社会学、政治学をはじめとする様々な分野の人々の協力によって成り立っている。

科研費プロジェクト「メディア文化史における「一九七〇年代」の戦後史位置の再考」（科研費番号17H02307）でお世話になった日高勝之先生、藤巻光浩先生、米倉律先生、福間良明先生、飯田豊先生、長崎励朗先生にはメディア論の視点をご教示いただいた。対象のおもしろおかしさをただ記述するだけでなく、どう研究にするか、一雑誌の知見をいかに普遍化するかという点で、先生方の議論は大変示唆に富むものだった。日高先生、福間先生、飯田先生は立命館大学産業社会学部の同僚でもある。すでに産業社会学部に着任して一〇年目になってしまったが、それなりに年次を重ねた教員であるにもかかわらず、こうして研究に専念させて下さる産業社会学部の先生方にも心よりお礼申し上げたい。

飯田先生には、『ビックリハウス』初代編集長である萩原朔美先生にもお引き合わせいただいた。研究対象によっては、非当事者の研究が歓迎されないことも少なくない。時代的にも読者としても非当事者である私にとって、萩原先生との対面は緊張するものであったが、鷹揚に時代と雑誌について語っていただいた。

また歴史学（現代史）に関する文献渉猟は、河西秀哉先生のアドバイスなくしては不可能だったが、しかしまだまだ不足もあるだろう。今後研究を発展させるためにも、多くの方からご感想をいただければ幸いである。テキスト分析についても、塩谷昌之氏の助言とレクチャーを参考に行ったが、まだまだ初歩的な段階である。今後より一層の方法的な洗練を心がけたい。各章の内容に関しては、樋熊亜衣氏、山本昭宏氏、清水亮氏、小森真樹氏、渡壁晃氏、濱貴子氏、佐藤健二先生に特に多くのご助言をいただいた。

坂本治也氏、金澤悠介氏には、科研費プロジェクト「「社会意識の分断」に着目した政治行動の計量的解明と新たな政治社会学モデルの構築」（科研費番号：20H01588）を通じて七〇年代以降の政治意識・社会意識について数々のサーベイデータを紹介いただいた。私はどうも

「先輩」の意見に弱く、すぐに従ってしまうくせがあるが、この本でようやく彼らの知見を相対化できたのではないかと思う。独立した研究者同士、今後も胸を借りられれば有難い。

五年もの間毎週の朝を「スカイプ読書会」でお世話になった髙橋かおりさん、藤田祐さん、照井敬生さん、松井健人さんをはじめ、ご参加いただいた多くのみなさんにもお礼申し上げたい。取り上げた書籍は様々であったが、メディア論、文化社会学、歴史学、読書史といった分野からのコメントが多いこの読書会が本書の執筆に役立ったのは言うまでもなく、この本を書いているとき「彼らならどう読むか」ということをずっと考える程度には、私にとって本と彼らは切り離せない存在だった。

本研究主題を取り組む上でずっと考えてきたことは、私たちは、今の価値観からすれば不謹慎と捉えられかねない発言や振る舞いをどのように償えばいいのか、という問いだった。その主題を考える上で、私の研究と、各種メディアを通じた社会的発信は常にともにあったように思う。その点で、とりわけ社会的発信を支えてくださった湊彬子氏、定塚遼氏、平岡春人氏（ともに朝日新聞連載『モジモジ系時評』を担当）、堀潤氏、津田大介氏らとの有意義なやりとり、また私の発信に膨らみのある感想を下さるファン（というのも口幅ったいが……）の皆様には、やはり心からの感謝を申し上げたい。

この本の執筆の多くの時間と空間を、全く異なる世代の三名と一緒に過ごした。一九六二年生まれの富永かおる、一九七四年生まれの武田俊輔、二〇二一年生まれの富永史である。

特にこの本は、時代の当事者であるかおると、尊敬する歴史社会学の研究者である俊輔という、生活を共有する二人なしには成立していない。しかしそれを、「支えてくれた二人に」や「二人の協力なしでは」と言いたくない。彼らとの、言葉にすればたちまち搾取や犠牲に転化してしまいかねない絆を何と書けばいいのかまだわからない。ただこの本は、私の仕事は、やはり彼らあってのもので、彼らなくしては世間に出ていない。だから感謝の意を記す。

本書を通じて、その時は良かれと思って行った言動が、後の未来に意図せず与えてしまった悪い影響について見てきた。この本を書き終えて、私は仕事の一環としてメディアを通じ史について語ってきたさまざまなことを思い出していた。史について私が語ったことが、お互いの未来のしこりとなる可能性も十分にあるだろう。そのとき私たちがするべきは、過去の言動をただ後悔することでも糾弾することでもないと思う。

この研究が未来の私たちに何かを残すとしたら、何が「悪いもの」の端緒だったのかを、歴史を紐解くことで実証できる可能性だ。

私たちは未来から見て皆間違う。だから間違いを恐れないでくれればと願う。

＊本書の研究は、科学研究費補助金（17HO2307, 19K13929, 22K01894, 20H01588）、公益財団法人松下幸之助記念財団、公益信託高橋信三記念放送文化振興基金、公益財団法人電気通信普及財団、一般財団法人財団せせらぎ、公益財団法人サントリー文化財団、公益財団法人三菱財団、公益財団法人放送文化基金、公益財団法人稲盛財団、公益財団法人小笠原敏晶記念財団の支援を得た。

初出一覧

本書の内容は、以下の論文に基づき作成されている。

第1章：書き下ろし
第2章：書き下ろし
第3章：書き下ろし
第4章：書き下ろし
第5章：富永京子「1970─80年代の雑誌を通じた「性の解放」と「個の解放」──『ビックリハウス』における女性の身体・キャリア言説を通じて」『社会学評論』七四巻二号、二〇二三年、二九八─三一五頁。富永京子「「からかい」から見る女性運動と社会運動、若者文化の70年代─雑誌『ビックリハウス』におけるウーマン・リブ／フェミニズム言説を通じて」日高勝之編『1970年代文化論』青弓社、二〇二三年、三〇─五六頁
第6章：書き下ろし
第7章：富永京子「若者文化における政治への関心と冷笑──雑誌『ビックリハウス』を事例として」『年報社会学論集』三三号、二〇二〇年、八五─九六頁
第8章：書き下ろし
第9章：富永京子「「書くこと」による読者共同体の形成メカニズム──若者雑誌『ビックリハウス』の投稿を事例として」『ソシオロジ』六七巻一号、二〇二二年、九九─一一六頁
第10章：書き下ろし

参考文献

ＮＨＫ放送文化研究所『図説 戦後世論史 第二版』日本放送出版協会、一九八二年。

ＮＨＫ放送文化研究所『現代日本人の意識構造』ＮＨＫ出版、二〇二〇年。

ＮＨＫ放送文化研究所編『現代社会とメディア・家族・世代』新曜社、二〇〇八年。

赤田祐一『証言構成『ポパイ』の時代――ある雑誌の奇妙な航海』太田出版、二〇〇二年。

秋山洋子『リブ私史ノート――女たちの時代から』インパクト出版会、一九九三年。

浅井良夫「二〇世紀のなかの戦後日本」安田常雄編『シリーズ戦後日本社会の歴史１――変わる社会、変わる人びと』岩波書店、二〇一二年。

天野正子「問われる性役割――『自己決定』権の確立に向けて」朝尾直弘ほか編『岩波講座 日本通史 第21巻 現代２』岩波書店、一九九五年。

天野正子『「生活者」とはだれか――自律的市民像の系譜』中央公論社、一九九六年。

天野正子『「つきあい」の戦後史――サークル・ネットワークの拓く地平』吉川弘文館、二〇〇五年。

粟谷佳司「鶴見俊輔から『ひとびと』の社会学へ――戦後日本の文化研究に向けて」『同志社社会学研究』二二号、二〇一八年。

安藤丈将『ニューレフト運動と市民社会――「六〇年代」の思想のゆくえ』世界思想社、二〇一三年。

安藤丈将『脱原発の運動史――チェルノブイリ、福島、そしてこれから』岩波書店、二〇一九年。

飯塚邦彦「二次創作する読者の系譜――「おたく系雑誌」における二次創作の背景を探る」『成蹊人文研究』二三号、二〇一五年。

池松玲子「雑誌『クロワッサン』が描いた〈女性の自立〉と読者の意識」『国際ジェンダー学会誌』一一号、二〇一三年。

池松玲子『主婦を問い直した女性たち――投稿誌「わいふ／Wife」の軌跡にみる戦後フェミニズム運動』勁草書房、二〇二〇年。

石川千穂「『社会』をめぐる話法としての対抗文化――日本のロック雑誌の変遷から――」『年報社会学論集』二七号、二〇一四年。

伊藤綾香「『わっぱの会』における対抗文化的手法の変遷」『社会学年報』四五巻、二〇一六年。

伊藤公雄「戦中派世代と戦友会」高橋三郎編著『共同研究・戦友会（新装版）』インパクト出版会、二〇〇五年。

伊藤公雄「メディア社会・消費社会とポピュラーカルチャー――戦争と暴力のイメージを中心に」『岩波講座 日本歴史 近現代5』岩波書店、二〇一五年。

井上輝子『女性学とその周辺』勁草書房、一九八〇年。

井上輝子「マスメディアにおけるジェンダー表象の変遷」NHK放送文化研究所編『現代社会とメディア・家族・世代』新曜社、二〇〇八年。

井上輝子・女性雑誌研究会『女性雑誌を解読する――COMPAREPOLITAN 日・米・メキシコ比較 研究』垣内出版、一九八九年。

井上義和「『文藝春秋』――卒業しない国民雑誌」竹内洋、佐藤卓己、稲垣恭子編『日本の論壇雑誌』創元社、二〇一四年。

岩田正美『消費社会の家族と生活問題』培風館、一九九一年。

岩間夏樹『戦後若者文化の光芒――団塊・新人類・団塊ジュニアの軌跡』日本経済出版社、一九九五年。

岩見和彦『青年の変貌――青年社会学のまなざし』関西大学出版部、一九九三年。

上野輝将「ナショナリズムと新保守主義」歴史学研究会・日本史研究会編『講座 日本歴史12 現代2』東京大学出版会、一九八五年。

上野千鶴子「日本のリブ――その思想と背景」井上輝子、上野千鶴子、江原由美子編『日本のフェミニズム1

リブとフェミニズム』岩波書店、一九九四年。

上野千鶴子『〈私〉探しゲーム 増補』筑摩書房、一九九二年。

榎本了壱『東京モンスターランド――実験アングラ・サブカルの日々』晶文社、二〇〇八年。

榎本了壱「挑発を仕掛ける――『天井桟敷』と『ビックリハウス』」中江桂子編『昭和文化のダイナミクス』ミネルヴァ書房、二〇一六年。

江原由美子『女性解放という思想』勁草書房、一九八五年。

江原由美子「フェミニズムの70年代と80年代」江原由美子編『フェミニズム論争――70年代から90年代へ』勁草書房、一九九〇年。

大澤真幸『戦後の思想空間』筑摩書房、一九九八年。

大澤真幸『不可能性の時代』岩波書店、二〇〇八年。

大嶽秀夫『自由主義的改革の時代――1980年代前期の日本政治』中央公論社、一九九四年。

大塚英志『「おたく」の精神史――一九八〇年代論』星海社、二〇一六年。

小形桜子『モア・リポートの20年――女たちの性を見つめて』集英社、二〇〇〇年。

岡満男『婦人雑誌ジャーナリズム――女性解放の歴史とともに』現代ジャーナリズム研究会、一九八一年。

片瀬一男『若者の戦後史――軍国青年からロスジェネまで』ミネルヴァ書房、二〇一五年。

金子勝「『高度成長』と国民生活」歴史学研究会・日本史研究会編『講座 日本歴史12 現代2』東京大学出版会、一九八五年。

紅野謙介『投機としての文学――活字・懸賞・メディア』新曜社、二〇〇三年。

蒲島郁夫『戦後政治の軌跡――自民党システムの形成と変容』東京大学出版会、二〇一四年。

蒲島郁夫、境家史郎『政治参加論』東京大学出版会、二〇二〇年。

小沢弘明「新自由主義下の社会」安田常雄編『シリーズ戦後日本社会の歴史1――変わる社会、変わる人びと』岩波書店、二〇一二年。

小谷敏・土井隆義・芳賀学・浅野智彦編『若者論を読む』世界思想社、一九九三年。

香山リカ『ポケットは80年代でいっぱい』バジリコ、二〇〇八年。

川島美保「私生活主義の今日的意味」『家政経済学論叢』二〇号、日本女子大学家政経済学会、一九八四年。

川島美保「現代労働者の生活意識──私生活主義をめぐって（覚え書）」『日本女子大紀要（家政学部）』三〇号、日本女子大学家政学部、一九八四年。

神林博史「階層帰属意識からみた戦後日本──総中流社会から格差社会へ」数土直紀編『社会意識からみた日本──階層意識の新次元』有斐閣、二〇一五年。

北河賢三『戦後史のなかの生活記録運動──東北農村の青年・女性たち』岩波書店、二〇一四年。

北田暁大『嗤う日本の「ナショナリズム」』日本放送出版協会、二〇〇五年。

桑原茂一2監修、吉村栄一著『これ、なんですか？　スネークマンショー』新潮社、二〇〇三年。

桑原桃音「1970～1990年代の『セブンティーン』にみる女子中学生の性愛表象の変容」小山静子・赤枝香奈子・今田絵里香編『セクシュアリティの戦後史』京都大学学術出版会、二〇一四年。

栗原彬「日本型管理社会の社会意識」見田宗介編『社会学講座 12』東京大学出版会、一九七六年。

栗原彬『やさしさのゆくえ＝現代青年論』筑摩書房、一九八一年。

アンドルー・ゴードン『日本の200年（下）新版』森谷文昭訳、みすず書房、二〇一三年。

行動する会記録集編集委員会『行動する女たちが拓いた道──メキシコからニューヨークへ』未來社、一九九九年。

河野啓「現代日本の世代」NHK放送文化研究所編『現代社会とメディア・家族・世代』新曜社、二〇〇八年。

高野光平『昭和ノスタルジー解体──「懐かしさ」はどう作られたのか』晶文社、二〇一八年。

国立歴史民俗博物館『企画展示「1968年」――無数の問いの噴出の時代』国立歴史民俗博物館、二〇一七年。

『50年史』編集委員会編『日本雑誌協会 日本書籍出版協会50年史――1956→2007』日本雑誌協会、日本書籍出版協会、二〇〇七年。

小森真樹「若者雑誌と1970年代日本における「アメリカナイゼーション」の変容――『宝島』、『Made in U.S.A. catalog』、『ポパイ』、『ブルータス』を事例に」『出版研究』四二号、日本出版学会、二〇一一年。

近藤正高「みーんな投稿欄から大きくなった♪――サブカルチャー雑誌・投稿欄盛衰記」『ユリイカ』二〇〇五年八月号、青土社

斉藤正美「『ウーマンリブとメディア』『リブと女性学』の断絶を再考する――1970年秋『朝日新聞』都内版のリブ報道を起点として」『女性学年報』二四号、二〇〇三年。

斉藤正美「クリティカル・ディスコース・アナリシス――ニュースの知/権力を読み解く方法論――新聞の「ウーマン・リブ運動」(一九七〇)を事例として」『マス・コミュニケーション研究』五二号、一九九八年。

斎藤美奈子『モダンガール論』文藝春秋、二〇〇三年。

斎藤美奈子『あほらし屋の鐘が鳴る』文藝春秋、二〇〇六年。

斎藤美奈子・成田龍一編著『1980年代』河出書房新社、二〇一六年。

坂本佳鶴恵『女性雑誌とファッションの歴史社会学――ビジュアル・ファッション誌の成立』新曜社、二〇一九年。

阪本博志『『平凡』の時代――1950年代の大衆娯楽雑誌と若者たち』昭和堂、二〇一二年。

佐藤彰宣『〈趣味〉としての戦争――戦記雑誌『丸』の文化史』創元社、二〇二一年。。

佐藤健二・吉見俊哉『文化の社会学』有斐閣、二〇〇七年。

佐藤卓己「『世界』――戦後平和主義のメートル原器」竹内洋・佐藤卓己・稲垣恭子編『日本の論壇雑誌』創

元社、二〇一五年。

佐藤嘉尚『「面白半分」の作家たち——70年代元祖サブカル雑誌の日々』集英社、二〇〇三年。

佐藤嘉尚『「面白半分」快人列伝』平凡社、二〇〇五年。

塩谷昌之「工作記事は少年たちに何を語ってきたのか——戦前・戦中の「発明」に見る実用主義の精神」神野由紀・辻泉・飯田豊編著『趣味とジェンダー——〈手づくり〉と〈自作〉の近代』青弓社、二〇一九年。

篠原章『日本ロック雑誌クロニクル』太田出版、二〇〇五年。

清水亮『「予科練」戦友会の社会学——戦争の記憶のかたち』新曜社、二〇二二年。

庄司俊作・三宅明正「現代社会運動の諸局面」歴史学研究会・日本史研究会編『講座 日本歴史 現代2』東京大学出版会、一九八五年。

絓秀実『反原発の思想史——冷戦からフクシマへ』筑摩書房、二〇一二年。

関肇『新聞小説の時代——メディア・読者・メロドラマ』新曜社、二〇〇〇年。

千石保『「まじめ」の崩壊——平成日本の若者たち』サイマル出版会、一九九一年。

総合ジャーナリズム研究編集部「概説・現代女性雑誌群 PART1」『総合ジャーナリズム研究』一四巻三号、一九七七年。

大門正克「高度経済成長と日本社会の変容」『岩波講座 日本歴史 第19巻 近現代5』岩波書店、二〇一五年。

高田昭彦「草の根運動の現代的位相——オールタナティヴを志向する新しい社会運動」『思想』岩波書店、一九八五年一一月。

高田昭彦「青年によるライフ・スタイルとしてのオルターナティヴ形成——「本来性追求のアイデンティティ」の達成過程とオルターナティヴな生き方の成立」栗原彬・庄司興吉編『社会運動と文化形成』東京大学出版会、一九八七年。

高橋章子『アッコです、ドモ。——高橋章子大全』筑摩書房、一九八六年。

高橋章子『ビックリは忘れた頃にやってくる』筑摩書房、一九九六年。

高橋徹「後期資本主義社会における新しい社会運動」『思想』岩波書店、一九八五年一一月。

高橋由典「戦友会をつくる人びと」高橋三郎編著『共同研究・戦友会（新装版）』インパクト出版会、二〇〇五年。

竹内洋『教養主義の没落――変わりゆくエリート学生文化』中央公論新社、二〇〇三年。

田中義久『私生活主義批判――人間的自然の復権を求めて』筑摩書房、一九七四年。

田村正紀『消費者の歴史――江戸から現代まで』千倉書房、二〇一一年。

谷本奈穂『美容整形というコミュニケーション――社会規範と自己満足を超えて』花伝社、二〇一八年。

辻井喬・上野千鶴子『ポスト消費社会のゆくえ』文藝春秋、二〇〇八年。

辻智子『繊維女性労働者の生活記録運動――一九五〇年代サークル運動と若者たちの自己形成』北海道大学出版会、二〇一五年。

鶴見俊輔「五十年おそく糸井重里を読む」『広告批評の別冊3 糸井重里全仕事』広告批評、一九八三年。

鄭仁和「萩原朔美『ビックリハウスの仕掛け人』」『サンデー毎日』一九九一年一二月二九日号。

富永京子「若者文化における政治への関心と冷笑――雑誌『ビックリハウス』を事例として」『年報社会学論集』三三号、二〇二〇年。

富永京子「「書くこと」による読者共同体の形成メカニズム――若者雑誌『ビックリハウス』の投稿を事例として」『ソシオロジ』六七巻一号、二〇二二年。

富永京子「1970―80年代の雑誌を通じた「性の解放」と「個の解放」――『ビックリハウス』における女性の身体・キャリア言説を通じて」『社会学評論』七四巻二号、二〇二三年。

外山恒一『改訂版　全共闘以後』イースト・プレス、二〇一八年。

中北浩爾「自民党政治の変容」安田常雄編『シリーズ戦後日本社会の歴史1――変わる社会、変わる人びと』

岩波書店、二〇一二年。

長崎励朗『「つながり」の戦後文化史――労音、そして宝塚、万博』河出書房新社、二〇一三年。

長崎励朗「『朝日ジャーナル』――桜色の若者論壇誌」竹内洋・佐藤卓己・稲垣恭子編『日本の論壇雑誌――教養メディアの盛衰』創元社、二〇一五年。

長崎励朗「『ロッキング・オン』――音楽に託した「自分語り」の盛衰」佐藤卓己編著『青年と雑誌の黄金時代――若者はなぜそれを読んでいたのか』岩波書店、二〇一五年。

中瀬剛丸「日常生活と政治との新たな接点」NHK放送文化研究所編『現代社会とメディア・家族・世代』新曜社、二〇〇八年。

中西新太郎『問題としての青少年――現代日本の〈文化―社会〉構造』大月書店、二〇一二年。

中西新太郎「消費社会と文化変容――教養からサブカルチャーへ？」安田常雄編『シリーズ戦後日本社会の歴史――社会を消費する人びと』岩波書店、二〇一三年。

成相肇「萩原朔美インタビュー」『パロディ、二重の声――日本の1970年代前後左右』東京ステーションギャラリー、二〇一七年。

難波功士「広告化する都市空間の現在」吉見俊哉編『都市の空間 都市の身体』勁草書房、一九九六年。

難波功士「〝-er〟の系譜――サブカルチュラル・アイデンティティの現在」『関西学院大学社会学部紀要』一〇〇号、二〇〇六年。

難波功士『族の系譜学――ユース・サブカルチャーズの戦後史』青弓社、二〇〇七年。

難波功士『人はなぜ〈上京〉するのか』日本経済新聞出版社、二〇一二年。

日本作文の会編『生活綴方事典』明治図書出版、一九五八年。

日本放送協会放送世論研究所『第2日本人の意識――NHK世論調査』至誠堂、一九八〇年。

萩原朔美、飯島裕子「『ビックリハウス』萩原朔美」『編集会議』二〇〇四年五月号。

博報堂生活総合研究所編『「分衆」の誕生――ニューピープルをつかむ市場戦略とは』日本経済新聞社、一九八五年。

花崎育代「「核戦争の危機を訴える文学者の声明」と大岡昇平」『日本文学』五五巻一一号、日本文学協会、二〇〇六年。

原宏之「ポストバブル文化論」岩崎稔・上野千鶴子・北田暁大・小森陽一・成田龍一編著『戦後日本スタディーズ〈3〉――80・90年代』紀伊国屋書店、二〇〇九年。

原山浩介「戦時から戦後へ」安田常雄編『シリーズ戦後日本社会の歴史2――社会を消費する人びと』岩波書店、二〇一三年。

樋口耕一『社会調査のための計量分析――内容分析の継承と発展を目指して［第二版］』ナカニシヤ出版、二〇二〇年。

樋熊亜衣『日本の女性運動――1970年代から何が引き継がれたのか』首都大学東京大学院人文科学研究科社会行動学専攻社会学教室　二〇一八年度博士論文、二〇一八年。

日高六郎『戦後思想を考える』岩波書店、一九八〇年。

日高六郎「戦後青年の意識」日高六郎編『戦後日本を考える』筑摩書房、一九八六年。

日高勝之編『1970年代文化論』青土社、二〇二三年。

平井一臣『ベ平連とその時代――身ぶりとしての政治』有志舎、二〇二〇年。

平野浩「日本における政治文化と市民参加 ―選挙調査データに見るその変遷―」『政策科学』一九巻三号、二〇一二年。

藤井徳行・関藤一智「1982年反核運動の政治的意義――平和教育への展開」『学校教育学研究』五号、一九九三年。

藤枝澪子「日本の女性運動――リブ再考」『女性学年報』一一号、一九九〇年。

福間良明『「戦争体験」の戦後史——世代・教養・イデオロギー』中央公論新社、二〇〇九年。

福間良明『「働く青年」と教養の戦後史——「人生雑誌」と読者のゆくえ』筑摩書房、二〇一七年。

福間良明『「勤労青年」の教養文化史』岩波書店、二〇二〇年。

藤田栄史「現代における労働者生活の変化——手段主義・私生活（中心）主義をめぐって」『ソシオロジ』二二巻一号、社会学研究会、一九七七年。

藤村正之「若者の生き方の変容」安田常雄編『シリーズ戦後日本社会の歴史2——社会を消費する人びと』岩波書店、二〇一三年。

ロバート・N・ベラー・リチャード・マドセン・ウィリアム・M・サリヴァン・アン・スウィドラー『心の習慣』島薗進・中村圭志訳、みすず書房、一九九一年。

本田宏『脱原子力の運動と政治——日本のエネルギー政策の転換は可能か』北海道大学出版会、二〇〇五年。

毎日新聞社『読書世論調査　1983年版』毎日新聞社広告局、一九八三年。

増田通二『開幕ベルは鳴った——シアター・マスダへようこそ』東京新聞出版部、二〇〇五年。

松井剛「消費と『自己実現』——消費社会の進歩主義的理解の歴史的再検討」一橋大学博士論文、二〇〇〇年。

松下圭一編『現代に生きる6——市民参加』東洋経済新報社、一九七一年。

松田洋子「ビックリハウス・ゲイトウェイ」『ユリイカ』二〇〇五年八月号、青土社。

松原惇子『クロワッサン症候群』文藝春秋、一九九一年。

三浦雅士『夢の明るい鏡——三浦雅士 編集後記集 1970.7〜1981.12』冬樹社、一九八四年。

見田宗介『現代日本の感覚と思想』講談社、一九九五年。

道場親信「戦後日本の社会運動」『岩波講座　日本歴史　近現代5』岩波書店、二〇一五年。

道場親信『下丸子文化集団とその時代——一九五〇年代サークル文化運動の光芒』みすず書房、二〇一六年。

満薗勇「新生活運動協会——1960年代半ば〜1970年代」大門正克編著『新生活運動と日本の戦後』日

本経済評論社、二〇一二年。

南田勝也『ロックミュージックの社会学』青弓社、二〇〇一年。

南田勝也「音楽言説空間の変容——価値増幅装置としての活字メディア」東谷護編『拡散する音楽文化をどうとらえるか』勁草書房、二〇〇八年。

南田勝也「日本のロック黎明期における「作品の空間」と「生産の空間」」南田勝也編『私たちは洋楽とどう向き合ってきたのか——日本ポピュラー音楽の洋楽受容史』花伝社、二〇一九年。

宮島喬「仕事と私生活のあいだ」石川晃弘・梅澤正・高橋勇悦・宮島喬『みせかけの中流階級——都市サラリーマンの幸福幻想』有斐閣、一九八二年。

宮台真司・石原英樹・大塚明子『サブカルチャー神話解体——少女・音楽・マンガ・性の30年とコミュニケーションの現在』PARCO出版、一九九三年。

宮台真司『私たちはどこから来て、どこへ行くのか』幻冬舎、二〇一四年。

宮沢章夫・NHK「ニッポン戦後サブカルチャー史」制作班編著『日本戦後サブカルチャー史』NHK出版、二〇一四年。

村上泰亮『新中間大衆の時代——戦後日本の解剖学』中央公論社、一九八四年。

村本武『プレイガイドジャーナルへの道1968〜1973——大阪労音—フォークリポート—プレイガイドジャーナル』東方出版、二〇一六年。

モア・リポート班編『モア・リポート——女たちの生と性』集英社、一九八五年。

矢崎泰久『「話の特集」と仲間たち』新潮社、二〇〇五年。

安丸良夫「現代の思想状況」『岩波講座 日本通史 第21巻 現代2』岩波書店、一九九五年。

山口節郎「労働社会の危機と新しい社会運動」『思想』一九八五年一一月号。

山口定「戦後日本の政治体制と政治過程」三宅一郎・山口定・村松岐夫・進藤榮一編『日本政治の座標——戦

後40年のあゆみ』有斐閣、一九八五年。

山崎隆広「雑誌メディアにおける〈情況〉と〈運動〉、〈他者性〉をめぐる問題――『ニューミュージック・マガジン』1970―1974年――」『群馬県立女子大学紀要』三七号、群馬県立女子大学、二〇一六年。

山崎正和『柔らかい個人主義の誕生――消費社会の美学』中央公論社、一九八四年。

山崎正和『山崎正和対談集――柔らかい個人主義の時代』中央公論社、一九八五年。

山田真茂留「若者文化の析出と融解――文化志向の終焉と関係志向の高揚――」宮島喬編『講座社会学7 文化』東京大学出版会、二〇〇〇年。

山田真茂留『〈普通〉という希望』青弓社、二〇〇九年。

山本昭宏「一九八〇年代の雑誌『宝島』と核の「語り易さ」」『原爆文学研究』一一号、二〇一二年。

山本昭宏『核と日本人――ヒロシマ・ゴジラ・フクシマ』中央公論新社、二〇一五年。

山本昭宏『戦後民主主義――現代日本を創った思想と文化』中央公論新社、二〇二一年。

山本英弘「社会運動論――国家に対抗する市民社会」坂本治也編『市民社会論』法律文化社、二〇一七年。

吉本隆明『「反核」異論』深夜叢書社、一九八三年。

綿貫譲治ほか『日本人の選挙行動』東京大学出版会、一九八六年。

Avenell, Simon Andrew, 2010, *Making Japanese citizens: civil society and the mythology of the shimin in postwar Japan*, University of California Press.
Hebdige, D, 1976, *Subculture: The Meaning of Style*, Methuen & Co Ltd.（ディック・ヘブディジ『サブカルチャー――スタイルの意味するもの』山口淑子訳、未來社、一九八六）.
Tsurumi, Kazuko, 1970, *Social Change and the Individual: Japan Before and After Defeat in World War II*, Princeton Legacy Library.

富永京子 TOMINAGA Kyoko

1986年生まれ。立命館大学産業社会学部准教授。専攻は社会学・社会運動論。東京大学大学院人文社会系研究科修士課程・博士課程修了後、日本学術振興会特別研究員(PD)を経て、2015年より現職。著書に『社会運動のサブカルチャー化―― G8サミット抗議行動の経験分析』(せりか書房)、『みんなの「わがまま」入門』(左右社)、論文に “Social reproduction and the limitations of protest camps: openness and exclusion of social movements in Japan”, *Social Movement Studies* 16(3)ほか。

「ビックリハウス」と政治関心の戦後史

サブカルチャー雑誌がつくった若者共同体

2024年7月31日 初版

著者 富永京子

発行者 株式会社晶文社
東京都千代田区神田神保町 1-11
〒101-0051
電話 03-3518-4940(代表)・4942(編集)
URL https://www.shobunsha.co.jp

装丁 奥定泰之

装画 松田洋子

DTP 飯村大樹・髙井愛・福田正知

印刷・製本 ベクトル印刷株式会社

ISBN978-4-7949-7436-5 Printed in Japan